马良◎编著

影响孩子一生的七个关键期

一本讲述孩子关键期教育的圣典秘籍

SEVEN 强力推荐 SACRED CHEATS

内蒙古出版集团
内蒙古文化出版社

图书在版编目(CIP)数据

影响孩子一生的七个关键期 / 马良编著 .—呼伦贝尔：内蒙古文化出版社，2010.10
ISBN 978-7-80675-845-8

Ⅰ.①影…Ⅱ.①马…Ⅲ.①家庭教育 Ⅳ.① G78

中国版本图书馆 CIP 数据核字（2010）第 193893 号

影响孩子一生的七个关键期
YINGXIANG HAIZI YISHENG DE QIGE GUANJIANQI
马良　编著

责任编辑　海　燕
装帧设计　书心瞬意

出版发行　内蒙古文化出版社
地　　址　呼伦贝尔市海拉尔区河东新春街4－3号
直销热线　0470－8241422　　**邮编**　021008

排版制作　北京鸿儒文轩文化传播有限公司
印刷装订　三河市华东印刷有限公司
开　　本　710mm×1000mm　1/16
字　　数　210千
印　　张　19
版　　次　2010年11月第1版
印　　次　2022年4月第2次印刷
印　　数　8001—13000 册
书　　号　ISBN 978-7-80675-845-8
定　　价　52.00元

前　言

“望子成龙，望女成凤”是每个父母所盼望的，在漫长的人生旅途里，孩子能否健康成长，能否成为未来的栋梁之才，这将取决于父母如何教育孩子。专家指出，教育孩子要抓住孩子成长的七个关键阶段，这七个关键阶段是孩子的动作敏感阶段、心理反抗阶段、智力发育阶段、性格独立阶段、心理危机阶段、多彩花季阶段和人生转折阶段等，这些阶段囊括了孩子从出生到20岁左右的人生，家长只要抓住了这七个阶段的教育重点，孩子就会有一个迥异于其他同龄人的多彩人生。

孩子的心灵是美好而纯洁的，它就像一张有待书写的空白画纸，而父母手里则握着辅助孩子走向人生之路的第一支画笔，很多家长都想在这张画纸上描绘出最亮丽的色彩，但却往往不知道该如何着色。抓住孩子的关键阶段，对其进行适时的、不失时机的开发，就能涂上最适宜孩子成长的精彩一笔。孩子从出生到幼儿园的过渡，从幼儿园到小学的过渡，从小学到初中的过渡，从初中到高中的过渡，从高中到大学的过渡，每一个过渡期都是孩子成长的关键期。这时，孩子的心理会产生很多冲突，思想会产生许多变异，父母要掌握这些变化，科学地不失时机地进行引导，努力为孩子的健康成长铺路搭桥。

春种秋收，四季轮回，孩子的成长也要遵循一定的自然规律，这个规律就是在每一个关键期通过正确的引导，获得正确的前进方向。

“关键阶段”的概念是奥地利动物心理学家洛伦兹提出来的。他认为，无需强化的、在一定时期容易形成的反应叫做“印刻”现象，“印刻”发生的时期叫做“发展关键阶段”。他指出，人类的某种行为与技能，在某个阶段发展得最快，也最容易受影响。特别是孩子在成长过程中，更是如此。现代父母，从两三岁就开始让孩子背唐诗，四五岁就学英语，上学后还要请家教、上辅导班，这些做法都是正确的，但是，家长也不能忽视另外一个问题，那就是在孩子的成长关键期，并非只是高分数、好成绩就能涵盖一切，还有许许多多的其他问题需要我们去解决，这些问题表面上看来可能很小，也很不起眼，但它常常能决定孩子的命运，比如说孩子各个时期的心理问题、性格形成等等，只有解决好这些问题，孩子才能真正地健康成长。

总之，七个关键阶段对一个人的成长十分重要，它如同炼钢工人掌握火候一样，错过出炉的温度就会成为废钢，而七个关键阶段就是将孩子铸造成好钢的最恰当的温度。孩子就像是刚刚熔化的铁水，在七个关键期可以浇铸成各式各样的形状。但等孩子长大了，或者说等到铁水冷却了，再改变就困难了。

《影响孩子一生的七个关键期》一书，能让家长了解在孩子的成长过程中，哪些阶段是关键的转折点，在这些阶段要重视哪些问题，如何进行科学辅导等等。世界上每个人都不一样，都有其各自的潜质，因而，出色的教育，特别是家庭教育能够使他们的人生释放出最灿烂的光彩。

最后，祝愿每一个孩子都能健康快乐地成长！每一名家长都是成功的家庭教育者！

目 录

第一章　孩子的动作敏感阶段（0～3岁）

0～3岁是孩子的动作敏感期，也是早期大脑发育的最佳时期，这一时期被称为孩子的第二次降生。孩子刚从母亲的子宫里来到一个新奇的世界，他要适应这个世界，就只能用触觉、嗅觉和视觉去慢慢感知、慢慢认识。这一时期在孩子1岁左右的时候，就要让孩子学走路，发展其肢体动作，不要把孩子一直抱在身上。

在孩子的动作敏感期，父母应让孩子充分运动，使其肢体动作正确、熟练，以促进左右脑的均衡发展。另外，还要对孩子进行手眼协调的细微动作教育，这样不仅能培养其良好的生活习惯，也能促进孩子的智力发展。

让妈妈又爱又厌的安抚奶嘴

宝宝刚出生时，在接触空气的瞬间，内心充满了恐惧。因为他对生活的新环境感到陌生与不适应，所以会通过吮吸手指和奶嘴的方式来自我安抚，随着宝宝年龄的不断增长及对周围环境的慢慢适应，宝宝的兴趣会从安抚奶嘴转移到其他方面，比如说一个玩具、一幅画、一首歌，或者一个微笑……

所以当妈妈们带着宝宝接触更多事物时，宝宝自然而然地就不会再用安抚奶嘴来安抚自己了。

事例1

张女士的儿子强强6个多月了，从出生起，强强就喜欢吸安抚奶嘴，这个孩子吸奶嘴与其他孩子不一样，他不仅睡觉时喜欢吸，哭的时候爱吸，就是平常没事时也要吸在嘴里。张女士曾尝试把它拿掉，但一拿掉，孩子就哭。张女士听人说这样吸是很耗费小孩精力的，所以心里非常焦虑。

事例2

金金从半岁开始吸安抚奶嘴，特别是睡觉时一定要把安抚奶嘴含到嘴里，平时吵闹时，妈妈只要给他安抚奶嘴他就不吵了。都快一岁了，孩子晚上睡觉时还要吸，金金妈妈听说，经常吸安抚奶嘴会使宝宝的齿槽变形、嘴巴变尖，因此非常害怕这种不良习惯会给宝宝的成长带来不利影响。

● 事因分析

奶嘴对于很多孩子来说，更多的时候是一种安慰，他们习惯吮吸的动作，这让他们感觉舒服和安心，但是长期使用奶嘴对于孩子的牙齿发育和牙床咬合都会产生负面影响。

宝宝从出生至两岁的阶段属于口欲期，这个时期通过口欲满足才能有心理上安全感和精神上的满足感。吸安抚奶嘴除了能喝奶之外，它还能在心里和精神上安稳宝宝的情绪。从心理学的角度来看，吸安抚奶嘴对宝宝的性格发展，具有正面影响。

有一点家长要注意，不要让宝宝养成吸奶嘴成瘾的习惯，如果宝宝对其长时间、用力地吸吮玩咀，尤其是玩咀质量劣质的奶嘴，将会使得宝宝齿槽变形、嘴巴变尖、咬合不正，在成长的过程中影响他日后的面貌形象。因此，家长在宝宝的婴儿期，要替宝宝挑选品质好的安抚奶嘴，如果宝宝长牙之后仍吵着要安抚奶嘴时，可以拿别的东西吸引他，也可以抹上少量辣椒，让孩子慢慢戒掉这项习惯。

♥爱心贴士

宝宝在一岁以前偶尔使用安抚奶嘴，不会影响他的牙齿发育。但是如果孩子养成了玩咀安抚奶嘴的习惯，总是不让它离嘴，这就要小心他的牙齿了：出牙的时间可能会比正常的晚，或是牙齿长得不整齐，以及出现两个牙齿重叠等现象。所以要让孩子正确使用安抚奶嘴，尽量让孩子在一岁以后不要再使用安抚奶嘴，可以为他选择其它的安慰物。

据专家介绍，使用高质量和大小适合的安抚奶嘴反而有利于牙齿的发育。但如果达不到标准，最好还是不要让宝宝使用。家长可以试试以下几种方法戒除宝宝的这种习惯：

1．给孩子一个让他感兴趣并能动手玩一会儿的玩具。

2．与孩子做游戏、讲故事，如拍手、传球、玩偶表演等。

3．给孩子做睡前全身按摩或捏脊。

4．1～2岁的婴儿可做床上的被动操。

5．可用随时发生的事情来转移孩子的注意，如倾听窗外鸟叫或汽车声、看下雨等。

6．当注意力只能暂时被转移时，不妨连续多用几种方法，千万不要气馁。

不要怕孩子摔跤、跌倒

1岁的宝宝由于爬、站立和行走的技能日益增强，他可以满屋子到处探索周围的环境了。此时，由于宝宝的腿还有些软，常常站立不稳，有时走着走着可能会摔跤、跌倒，家长看到后，千万不要大惊小怪，或者赶紧上前拉起孩子。我们应该做的是，在孩子摔倒后，鼓励孩子站起来继续走，而不是急于去帮助他。只有从小锻炼宝宝的自立精神和勇敢精神，才能培养出具有坚强性格的有用人才。当然，如果宝宝遇到危险，家长则应该及时处置，决不能让宝宝受到伤害。

事例1

洋洋在家里扶着墙壁移动，他发现靠近墙脚有几个小孔，就用小手去摸，那是家里的备用电器插座，妈妈正在给洋洋冲牛奶，看见洋洋要用小手指去摸插孔，吓得大叫一声："不许动！"

洋洋正欲把手伸进孔内，听到叫声，顿时吓得不知所措。

事例2

李女士的女儿佳佳刚满1岁，走路还不怎么稳，但却很莽撞，不是这儿破了就是那紫了，仅一个月内就发生了两次重大意外事故：第一次是把额头撞伤了缝了4针，还有一次是把胳膊摔骨折了。胳膊骨折的那几天，刚开始有点疼还老实，到第三天就又开始蹦跳了。胳膊好后没过几天，李女士给她洗澡时，又发现她肚皮上肋骨外被蹭伤了……李女士天天上班都提心吊胆地，担心一不留神佳佳又会出事。

事因分析

1岁的宝宝活动能力增强了，训练中的婴儿，已经会离开妈妈自己蹒跚走路了，蹒跚学步的孩子总爱摸来摸去，凡是手够得着的东西就想拿过来放在嘴里咬一咬，或把东西拿来扔一扔，等等。这些行为都是宝宝在好奇心的驱使下做出来的，更主要的是，宝宝已经开始用自己的方式来认知世界，增长知识。这时家长应注意，千万不要用粗暴的态度去压制宝宝的这种好奇心。

专家认为，1岁的宝宝正处于动作敏感期，此时的孩子好动，喜欢探索一切未知的事物。因此，家长必须设法满足孩子的这一愿望。

对1岁左右的孩子，除了精心呵护外，还要教育引导他们，而不要去打骂宝宝。要是宝宝不听话，例如，故意把正在喝的牛奶杯摔在地上、用手捏蛋糕等，家长应当耐心地教导宝宝听话，有时也可稍加惩罚，比如用手轻轻拍拍他的手，这样也可使他有所领悟。有时他执意要去拿取一些贵重物品，家长不必大声吆喝，较为明智的方法是，用其他东西来分散他的注意力。

当然，在满足孩子的愿望时，你必须要做一些相应的准备工作，例如，整理一下房间，消除一些不安全的隐患，把诸如那些能够砸到孩子、烫到孩子的东西都放到孩子碰不到的地方等。对于一时没注意到的威胁，当宝宝触及时，切不可大喝一声“不许动”，而应当放到他够不着的地方，或者立刻设法转移他的注意力，以免伤害他正在萌芽的自尊心和自信心。

一般来说，危害1岁宝宝的不安全因素有如下几类：

1. 电源插座

电视机、DVD、音响……一般这些电器都放置于客厅中，各种电线、电源插座也都随之统统暴露出来，而且一般距离地面都不大高，宝宝很容易触摸碰到。更让人担忧的是，似乎电源插座上的那些小孔小洞对宝宝有无穷的吸引力。

对策：电视机、DVD机等比较重的电器，要远离桌边(或桌子足够高)，并且把电线隐蔽好。

在电源插座上安上安全电插防护套，或者用强力胶带封住插座孔。也可使用安全电插座，这种产品更为常见，当没有电插头插入时，它的插眼是自动闭合的。

2．门

小小一扇门，危险可不小。

当门被大风吹刮或无意推拉时，很容易夹伤宝宝娇嫩的手指。此外，现在房间的门把手多采用金属材质，有些还带有尖锐的棱角。宝宝经过的时候很容易碰伤小脑袋。

对策：在家中所有门的上方装上安全门卡，聪明的妈妈也可以用漂亮的厚毛巾系在门把手上，一端系在门外面的把手上，另一端系在门里面的把手上。当风吹过时，只能吹动而不会关上。

用棉花、棉布做成漂亮可爱的门把手套，套在门把手上，这样宝宝就不会受到门的伤害啦。

3．茶几

不仅仅是茶几边缘，家中楼梯、桌椅、橱柜、梁柱等尖锐的地方，统统都是危险源。在宝宝学习“坐、爬、站、走”的过程中，它们的危险指数急速上升。此外，很多茶几设计得相对较低，方便了我们，也方便了宝宝触摸茶几上的东西，这可不是好事哦！

对策：桌角、茶几边缘等这样的家具边缘、尖角要加装防护设施(圆弧角的防护垫)，或者装修的时候选择边角圆滑的家具。

矮茶几(或其他相对较矮的家具)上不要放热水、刀(剪、针)等利器、玻璃瓶、打火机等危险物品，万一被宝宝够到，可能会对他造成很大伤害。

4．地板

打磨得光亮整洁的石质地板比较坚硬，而且相对比较容易打滑，对要多多练习爬行、站立、行走的宝宝来说，难度相当大，很容易摔倒。而且，坚硬的地板更容易磕伤宝宝的头部，并伤及胳膊和腿。

对策：地板不要打腊，因为打腊容易使蹒跚学步的宝宝跌跟头。

地面溅上水或油渍的时候，要及时清理，以免增加地板的滑度。

宝宝活动比较频繁的区域，地板上最好铺上泡沫塑料垫。即使摔倒，危险度也会降低。

5．抽屉

“天知道为什么宝宝对抽屉这么好奇。”每次妈妈打开抽屉，小家伙就放下手头上一切活儿，乐颠颠地过来往里面瞅。有时候甚至自己动手去开抽屉。滑动自如的抽屉成了继门之外，夹伤宝宝手指的第二“元凶”。此外，妈妈们往往会把家中的危险品藏在抽屉中，例如，剪刀和刀叉之类尖锐器具，后果不堪设想。

对策：可以使用抽屉扣，防止宝宝任意开启抽屉。

橱柜中的小抽屉可以使用安全锁，将橱柜抽屉的一侧与橱柜侧面相连的转角处装上安全锁。

6．楼梯

现在，家中有楼梯的家庭越来越多，一不注意，宝宝就摸爬到了楼梯上，这很容易使宝宝从楼梯上滚落下去，伤害到孩子的身体。

对策：最好在楼梯处装上安全栏杆，防止小婴儿攀爬。

宝宝学步的时候虽然有诸多危险，但只要我们处置妥当，仍然可以将对宝宝的伤害降低到零。家长们切不可因为有危险，就不让孩子下地行走，更不能长期将孩子抱在身上，背在背上。这样做，表面上孩子是没有什么危险，但却限制了孩子的行动自由，扼制了其智力发展，这是一种百弊而无一利的错误行为。

家长正确的做法是，在做好一切安全防范的基础上，任由孩子去进行他的各种冒险探索。另外，在宝宝独自玩耍时，尽可能的不要去打扰他。跌倒了，不要理他，他会自己爬起来，如果宝宝一摔跤，家长就急忙拉他起来，久而久之，他就会形成依赖思想，这对宝宝的健康成长也是不利的。

爱心贴士

宝宝的健康成长，常常需要家长付出很多的努力。在1至3岁这个关键阶段，建议家长多为宝宝做一些按摩操，如穴位按摩、捏积等。另外，要多引导孩子进行爬行练习，这可以锻炼孩子的平衡能力和协调能力，许多孩子大了之后成绩不好，不是智力原因，而是感觉统合失调。还有，就是要多注意孩子的心理健康，不要以为孩子一哭就是饿了，要多和孩子交流，多逗笑，多说话，并开始情商的培养，以满足他们的好奇心和求知欲。

培养宝宝生活的规律性，从1岁时就要开始抓起，如饭前洗手，吃饭时不能看电视、不要跑来跑去，睡觉前洗漱的习惯等。

家长教会孩子正确的行为规则比只教会宝宝什么是正确的概念要好。让宝宝学会一种健康的生活方式，锻炼宝宝自己制定目标和规则，并坚持按规则生活。

父母在生活习惯上要保证始终如一，否则三天两头地变化会让宝宝无所适从。例如只准在餐厅吃饭，当宝宝看到大人在客厅边看电视边吃饭时，他就会感到很困惑。

当宝宝不听你说话时，你可轻轻地抓住他，直到他的注意力集中到你身上为止，然后再解释让他停下来的原因。

当宝宝哭闹不停时，你可以把他抱起来，告诉他这样的行为是不允许的。在纠正宝宝的行为时，应尽量采用积极的手段，以免损伤宝宝的自尊心。

家长应尽可能地称赞鼓励宝宝好的行为，例如“你真勇敢”、“你能帮助他人，真好”、“你表现的很棒”等，这些口头表扬会使宝宝更热衷于正确的行为，宝宝将会成长得更好，并体验到更强的自信心。

当宝宝所做的事对自己及他人构成危害时，你要坚决对他说“不行”。用不着长时间的解释给他听，因为他还根本听不懂。宝宝可能没记住，并会再犯同样的错误。家长就要不厌其烦地继续解释并示范正确的行为，宝宝自己最终会明白的。

两岁的宝宝为什么咬人

幼儿在发育发展过程中，嘴是一件很重要的器官。在宝宝非常柔弱的时候，他们通过用嘴吮吸母乳或者咀嚼安抚奶嘴，使自己内心得到满足，他们用嘴去感知自己周围的世界，这就是为什么会经常看到小年龄的婴儿总是把玩具往嘴里放的原因了。

嘴在孩子感知世界过程中曾经起着非常重要的作用，它一度是宝宝感知事物、获得表象、探索世界，甚至是获得精神愉悦的一个工具。在这个过程中，孩子还通过口、齿、唇的运动锻炼了咀嚼功能，并为语言的发展打下了基础。

可是，有些宝宝一直喜欢用嘴作工具，去感知见到的事物。这是他们了解外部世界的一种途径，也是他们自我放松的一种方式。

宝宝的口腔敏感期一般会在一岁左右中止，从这个意义上说，两岁了的宝宝还咬人是值得重视的，但也不必恐慌，因为咬人背后的种种原因表明，这种现象仍然是值得宽容的。处于这个时期的宝宝有时会冷不防地咬人一口，也属正常现象。但是频繁出现咬人现象，就应当引起家长的注意了。

事例1

小宇上了幼儿园，第一天还真怕他不适应，不过还好，三天过去了，宝宝没有什么不良反应。

但是，好日子不长，就在第八天，小宇放学回来就带来一份特殊的纪念，脸上有两个深深的牙齿印——他被小朋友咬了。妈妈问他：“你今天被小朋友咬了？”“嗯。”小宇委屈地回答。妈妈又问他：“为什么有人会咬你的脸呢？”小宇半天也没有开口，可能他还太小，说不清楚或者根本就不会说。

出乎意料的是，第九天到家，小宇的脸上又多了一对被咬的痕迹。

妈妈猜测或许是小宇和其他小朋友发生了争执。第二天，她提前来到学校。当她看到小宇时，小宇正在吃老师发的点心，孩子没有看见妈妈，他在一心一意吃他的食品。小宇身边有一个孩子，胖乎乎的，不知是已把食品吃完了，还是老师没有给他发。他正眼巴巴地望着小宇手里的东西。

妈妈想，要是她没有猜错的话，小宇脸上的牙印就是这个胖孩子留下的。果然，胖孩子向小宇伸出了小手。小宇不给，把点心藏到身后，够不着食品的胖孩子急了，他扑上去抱着小宇的脸就咬了一口。妈妈在外面不禁“啊”了一声，小宇则在教室里哭了起来。

事例2

一天下午，李太太突然接到幼儿园里打来的电话说让她马上到幼儿园里去一趟。到了学校，老师告诉李太太：“你的女儿萍萍又咬人了。”只见老师旁边小朋友的手腕上有两排深深的牙印。“前天你女儿咬人时，我在全班小朋友面前批评了她，教育小朋友这样做是不对的。结果事与愿违，第二天，她又咬了别的小朋友，而且今天已经有三个小朋友被她咬了。”李太太听了，马上把事情的经过问了一遍，原来是她抢别人的玩具，抢不过就咬人了。听完之后，李太太把女儿拉到一边对女儿说：“玩具是要大家玩，不要抢，而且咬人是不对的，你看那几个被你咬的小朋友多疼啊，你们是朋友应该大家一起玩才对啊。”

但没过几天，女儿就又咬人了，妈妈非常担忧，怎么自己的孩子有这么野蛮的攻击性行为，不知该怎么教育才好……

● 事因分析

有关专家认为：两岁宝宝习惯用嘴去感觉事物，这是他们了解外部世界的一种途径，也是他们自我放松的一种方式。所以，两三岁的宝宝发生咬人事件相当频繁，你的宝宝或许也被人咬过，或者你的宝宝也张口咬过别人。那么，真的如上例所讲的那样：宝宝是真的想攻击别人吗？他们真的野蛮吗？怎样的教育才能适当制止宝宝的咬人行为呢？

美国心理学家奥本·史达姆博士认为："一个两岁左右的宝宝咬人并无恶意。""这是刚刚学步的孩子还不懂得用语言表达他们的生活感受，常常喜欢通过咬人这种方式来表达他们的兴奋和激动。"

为什么会出现这种情况呢？有关专家分析，主要有以下几点：

1. 长牙发痒而引起的咬人行为

这个年龄段是宝宝生理发育的高峰期，在这种身体快速增长的情况下会带来生理上的不适感，如关节痛、肌肉酸等。

在宝宝长牙的阶段，会因为牙龈粘膜受到刺激而发生牙痒痒的现象，宝宝因为牙痒难忍而禁不住去咬人或者其它东西，这个时期宝宝有强烈啃咬的欲望。

针对这种情况，家长给宝宝一个可以满足他咬的需要的替代品，来缓解宝宝的这一特殊时期的特殊需要。可以给宝宝吃五香豆、兰花豆、青苹果、白菜、菠菜等纤维较丰富的新鲜蔬菜及水果，也可以给宝宝干净的软毛巾或者吃磨干棒，让宝宝有更多的咀嚼机会。

2. 语言贫乏所致

两岁的宝宝这时已经学会走路，随着宝宝活动能力的日渐增强，他的活动范围也在不断扩大，宝宝与外界的交往也越来越频繁。这个时期宝宝的口头表达的词语比较贫乏，还不懂得如何与人交往，所以他们常常用推、拉、咬等非常手段来引起同伴的注意，以此实现交往和表达意愿的目的。

针对宝宝的词语贫乏，家长应该着重让宝宝学会更多的词语运用，从而来表达自己的意愿。

针对宝宝因为心理不满而咬人时，要让宝宝明白，在他生气和不安时，有比咬人更好的表达方式。告诉宝宝他可以向对方说："我不要。"如果宝宝不能把自己的意见表达清楚的话，可以向大人求助。要是宝宝咬人是因为喜欢对方，想要和他做朋友而不知道如何表达，这时家长就要告诉他："我很喜欢你，我们做朋友好吗？"家长和宝宝一起进行这样的游戏，宝宝在游戏中学会用语言和别人交流，以后就不会再去用嘴和牙齿去和别人交流了。

3．咬人是一种发泄

两岁的宝宝往往表现出强烈的自我心理，当他的这种心理得不到满足时，就要通过咬人发泄出来。如果经常打骂宝宝，他很可能咬小朋友，这是情感置移的方式，把自己内心的愤怒和不满发泄在其他小朋友身上。同时也可以说是他在模仿大人的行为。比如，他们在与其他孩子一起玩的时候，别人把玩具抢走了，那么他们的反应往往不是打人就是咬人。

攻击性咬人是有意的侵犯行为，不利于宝宝与他人的交往和建立良好的同伴关系，需要高度注意。可以建议宝宝用不伤害别人的办法来转移负面情绪，如拍打枕头，撕报纸等，要对宝宝反复强调，咬人是一种很不好的行为，爸爸、妈妈和小朋友都不喜欢，这会伤害别人，不是一个好宝宝的行为。同时你也需要重新审视自己的教育方式和教育观念，思考对宝宝进行惩罚是否恰当，否则将会出现双重标准。宝宝会糊涂：大人为什么可以使用暴力，他却不可以呢……

针对这种情况，如果可能的话，家长应该马上采取行动进行制止。如试试缩短与其他孩子一起玩耍的时间，或使一起玩的人少一些。应当注意两个孩子可能会想玩同一个玩具的情况，一旦他们开始抢同一个玩具时，马上将他们分开。或者让他多玩安静的游戏，或尽可能保证孩子睡眠的充分。研究证明：强度刺激是引起咬人的最常见的因素之一，一个拥有安静的睡眠，并且睡眠充足的宝宝一般很少用牙齿咬人。让宝宝玩安静的游戏，保证他充足的睡眠可以平静宝宝的情绪，当他们心理有不满时，也不至于极端地采取咬人行为。

4．出于好奇的模仿

有时候宝宝咬人是一种社会性模仿，要知道宝宝的好奇心总是特别强烈，当他们看到其他小朋友咬人时，自己也会尝试着去咬人。由于这阶段的宝宝模仿能力特别强，就会导致群体中的咬人事件频繁发生。

针对这种情况，父母应该明确地告诉宝宝，咬人是一种很不好的行为，爸爸、妈妈、老师和伙伴都不喜欢，因为咬人会伤害到别人。要对宝宝反复强调这是一种不良行为，当看到宝宝有咬人的倾向时，就要用话语或眼神严厉地制止，应该让他明白，爸爸、妈妈不希望他这样做。

5. 用咬人来表达爱意

两岁的孩子，尽管在人与人交往的意识方面有了很大提高，但交往技能却没有相应地发展，以至于把咬人作为表达爱意的方式。

对那些经常被爸爸、妈妈亲吻的宝宝来说，因为被爸爸、妈妈亲吻时感觉很好，于是便模仿着去亲吻别人，但由于尚不懂得如何把握“亲吻”的度，结果把牙齿也用上了。

针对这种情况，一方面，家长要相信宝宝随着交往技能的发展，用咬人来表达爱意的行为会渐渐消失，另一方面，可以通过积极引导或避免可能产生负面影响的示范，让孩子放弃或忘记这种表达方式。在孩子面前别再用亲吻来表达爱意，以免孩子进行不恰当的模仿，并对孩子表达爱意的方式进行指导。

6. 还有些孩子咬人是一种心理因素

他可能总是从父母那里得不到自己的要求，或是很少得到父母的关注、支持和鼓励，感觉父母不喜欢他。这种缺乏被爱的感觉使他去咬别人，发泄自己的情绪。

一岁多的宝宝基本上还不会用语言来表达他的意愿和感受。如果家长在看护的时候忽视宝宝的安全需求，让他一个人独自玩耍，就会导致他对新鲜、陌生环境的害怕和恐惧。咬人则成为宝宝战胜恐惧，进行自我保护的惟一方式。

针对这种情况，家长就要改变自己对孩子的教育方法，让宝宝在心里有安全感。宝宝渴望被关注和爱护，当他需要的时候保护他，永远在他身边，对他来说非常重要。不要笑话宝宝的胆小，尤其是男孩子，不要因胆小而惩罚他。这样做并不能消灭恐惧，反而会极大地伤害宝宝的心理。也不要去逼迫宝宝克服胆小，这只会让他更加胆怯。

不要过高要求孩子，根据孩子的实际情况加以帮助和鼓励，使孩子树立自信心，消除心理障碍。最好是经常和宝宝交谈，反复告诉他，你是多么爱他，你是他的保护神，不会允许任何人伤害他。这样，一段时间后恐惧感自然会消失，使他认识到咬人的不对，以后就不会再去咬人了。

7. 家庭教育不当

有些家长为怕自己的孩子在外吃亏，常会鼓励自己的孩子与别人争吵时不能示弱，有的孩子在争吵中偶然采取咬人手段而“获胜”，得到家长的赞许，促使孩子以后用咬人欺负、吓唬别人，逐步形成咬人的不良习惯。

针对这种情况，家长首先要端正态度，改进教育方法。如果自己孩子咬了人，要给予批评，并向人家检讨认错，同时进行必要的物质和精神补偿，让孩子在实际行动中受到教育，从而改掉其不良行为。

爱心贴士

小孩在一岁左右的时候，有时会冷不防地咬人一口，这一般都被看作是正常现象。因为此时的孩子正在长牙，看见什么都喜欢用牙咬一咬，他们此时还分不清到底咬的是人还是物。

但是，两岁多的孩子如果还咬人，那就有一些客观原因了。如果只是和别的孩子发生矛盾，偶尔咬了对方一口，这倒没什么，但如果宝宝的精神经常处于紧张状态，不管高兴或不高兴都咬人，就应当引起家长们的注意了，一定要避免宝宝养成小气、霸道等不良性格。家长一旦发现孩子是习惯性咬人，最好请儿科医生加以诊断。也有的幼儿是由于药物治疗引起情绪不稳，可通过调整药物进行改善。

父母对于咬人的孩子不要过多责备，以免对孩子造成负面的影响。应对其进行正面教育，培养孩子辨别是非的能力，这样，既能有效地防止孩子的过失行为，还能培养孩子正确处理与人相处时遇到意外事件的能力。

坏脾气是怎么养成的

1～2岁的宝宝，路走得稳了，活动范围大了，对陌生人会表示新奇，很喜欢看小朋友们的集体游戏活动，但并不想去参与，爱单独玩，由此而来的独立意识开始萌生。此时的孩子喜欢用空盒子、小桶等有空间的容器装玩具；喜欢模仿成人的动作、语气；喜欢玩球，会做把球举过头抛起来的游戏；喜欢和大人一起做认指眼、耳、鼻、口、手等认识人体器官的游戏。

孩子的知识在增长，脾气也在增大，当不如意时，他会扔东西，发脾气，表示不服从。当孩子发脾气时，不要喝斥他，小孩子的注意力很容易分散，用别的事情吸引他，他会很快忘掉这些不愉快的事情。

事例1

这天天气很好，妈妈带园园到外面和小朋友玩耍，小区的环境很好，到处绿树成荫，鲜花怒放。园园见好多小朋友都在这里玩，显得很高兴。一个四五岁的小姐姐正在玩呼拉圈，呼拉圈五颜六色的非常好看。园园过去就抓住，并使劲朝自己这边拉。小姐姐不给，他依然边拉边看着妈妈。妈妈忙说："园园乖，这是姐姐的，园园不要。"园园一听妈妈不让要，就耍赖赖在地上使劲地哭了起来，妈妈哄了半天不起作用，气得在他小屁股上打了两下，谁知园园哭得更厉害了。

事例2

乐乐快两岁了，可还是一刻都不能离开妈妈，一看不到妈妈就哭，连上厕所也要跟着，睡觉也要陪着睡，中途若醒了发现妈妈没睡在身旁，就开始哭，别人怎么哄都没用。白天看电视的时候，妈妈让他站远一点，他反而走得更近，好像故意要气妈妈。妈妈做事情，他感兴趣的时候也要做，但是却不会听从妈妈的指挥，经常弄得一塌糊涂……

事例3

小光两岁了，有一天小光在玩妈妈的化妆镜，妈妈对小光和颜悦色地说："宝宝，镜子是玻璃做的，你摔了的话就会坏掉了，明白吗？"小光听懂了似的点点头，可还没等妈妈回过神来，这镜子就被他高举起来摔了下去。

● 事因分析

宝宝在两周岁左右的时候，开始有了"自我"的意识，在心理上进入了第一个反抗期，这是宝宝必经的一个成长过程。其表现为以自我为中心、有什么不顺心的事就发脾气、摔玩具，和小朋友闹别扭就挥起小拳头。

从心理学的角度来看，孩子发脾气也是一种心理需求的表现。宝宝随着生理、心理的发育，开始逐渐接触更多的事物。宝宝对这些事物认知在脑海里没有正确与否的概念，也不会像成人那样先进行理性的分析后，再做出行动的决定。宝宝都是凭着自己一时的情绪与兴趣来做的，不会顾及这些事物对他是否适宜、有利，也不会想到是否会对自己造成伤害。

当宝宝遇到挫折或是感到不舒服的时候，很自然的就会通过发脾气来表达，比如摔东西或是拉扯妈妈的头发。这样的行为只能是偶尔出现的情况，并不能作为宝宝惯有的一种习惯。

其实这些都是正常的，因为这是所有的宝宝在两周岁左右几乎都会做的事情。只是有些宝宝表现的明显，有些不明显而已。

另外，宝宝的成长环境也是导致宝宝发脾气的一个重要因素。父母是宝宝的第一老师，爸爸妈妈的性格较暴躁、易怒，经常发生家庭战争，这些都会给宝宝的心灵造成伤害，在潜移默化中，宝宝也会像爸爸妈妈一样，在遇到困难、处理问题时采用简单暴力的方法。

还有一些沟通能力比较弱的孩子也会经常发脾气，他想和小朋友表示友好，却不知怎么表达，就会故意做出一些表现异常的事情，像咬人、打人、哭闹等，有攻击力倾向的宝宝并不一定都是个性强悍的，相反是因为他们的内心都比较脆弱，想用武力来保护自己。

造成孩子脾气暴躁的原因很多，根据不同的情况，父母可以分别对待。

1. 孩子从小身体不好，经常生病，得到家人各方面的百般照顾，使他养成了别人就应该依从我的心理。一旦不依从，从心理上便无法自控。

2. 父母平时不在孩子身边，短暂的相聚恨不得给孩子所有的补偿，即使是孩子的一些过分要求也会盲目满足。因此，当孩子的欲望得不到满足时，常常大发脾气。

3. 孩子平时受到过分的宠爱，很少受挫折，心理承受力差。当他遇到批评或相反的意见，便无法忍受。

4. 有些孩子曾经有过这样的经历，当他大发脾气，大哭大闹后家长就屈服了，从此，他就发现发脾气的妙用，把发脾气作为要挟父母的手段。

5. 由于父母情绪不好或脾气暴躁，经常使孩子莫名其妙地受责骂，或父母许诺了的事情又言而无信，孩子无法理解，长时间的心情压抑或不满，会用发脾气来发泄。

孩子发脾气时可以先冷处理，把他暂时搁置一边，因为这时的孩子是什么也听不进去的。等他情绪略微平静下来，家长可以把宝宝搂在怀里，慢慢地问他："刚才为什么发这么大的脾气，发脾气能解决什么问题吗？能和妈妈说说你的道理吗？"一定要听听孩子的想法，了解孩子发脾气的原因，帮助孩子控制自己的情绪，学会用适当的方法解决问题。要想改变孩子的坏脾气，还应注意以下问题：

1.要鼓励孩子用语言表达自己的感受和需求，对正当的需求应尽量满足，不能满足时应耐心解释，帮助孩子提高自控能力。

2．父母及家人对待孩子的态度要统一，当孩子没有道理的发脾气时，不能因孩子的哭闹而妥协。

3．父母应注意和孩子的情感交流，不能因大人的情绪变化，时而严厉，时而娇惯。使孩子因无所适从而爱发脾气。

爱心贴士

在宝宝和其他朋友玩的时候，不要对宝宝进行过度地保护，特别是当小朋友之间发生小冲突的时候，您也不必多加指点，应该让宝宝自己学会处理冲突。如果两个宝宝抢玩具，您也不要以成人的心理，强迫自己的宝宝放弃自己心爱的玩具，那样会让宝宝迷惑不解，而且还会因此非常伤心。您要让宝宝有机会维护自己的权利，这也是社会交往的基本规则。这会为宝宝今后的性格形成打下良好的基础。

五彩玩具的快乐启示

两岁的宝宝，开始对玩具产生更大的兴趣。他已经能够玩比较复杂的玩具，并在玩耍时加进自己想象的成分。

如果给这时的宝宝一个玩具电话，他不再像刚满 1 岁时那样往地上扔了，他会对着话筒叽叽咕咕地“通话”；如果给他一个布娃娃，他也会帮小布娃娃脱衣、穿衣、洗脸、洗澡，忙得不亦乐乎。这种最初的角色扮演游戏表明宝宝已展开了想象的翅膀。这一时期是充分利用玩具教育宝宝的大好时机。这意味着你不应随时随地用玩具教孩子学知识，比如孩子拿起圆形玩具，你就要求他记住“圆形”，这样刻意追求用玩具作教具，会使玩具失去原有的意义，减少玩的乐趣。

事例1

舫舫的小手越来越灵活了，他会用珠子穿成一串项链让妈妈戴上；喜欢用笔涂涂抹抹，即兴画一堆“面条”。宝宝也尝试学着妈妈的样子画鸡蛋，不管画出的是什么，他都高兴地叫“鸡蛋、鸡蛋”。家里的每一样东西，他都要翻一翻、动一动，从来没有安安生生、老老实实呆一会儿的时候。宝宝就是这样通过手脚不停地摆弄各种东西，来逐渐了解他周围的世界。

事例2

妈妈把两岁的阳阳送进了托儿所，刚去的时候，阳阳天天哭闹，但时间一长，妈妈就发现阳阳喜欢去托儿所了。这个变化让妈妈挺高兴的，她认为宝宝长大了，听话了。可没过多久，老师就找到阳阳的妈妈说，阳阳平时挺乖的，就是一到玩玩具的时候，就爱和同学抢，抢不到了还会推小朋友，推不动还会去咬人。老师请阳阳妈妈管管她的孩子。

阳阳妈妈听了，心中非常惊讶，因为阳阳在家里不是这样的呀？

● 事因分析

两岁以后，宝宝的自我意识开始觉醒，会主动要求自己穿、脱衣服。会拿着电话，学着父母的样子，走来走去的哇哪哇哪“打电话”，这时父母不应该表现出不耐烦的情绪，相反，还应该趁热打铁，耐心地协助孩子。

比如，在宝宝打电话时，你随着宝宝的“啊哇”声，多和他应答几声，这样就能增强宝宝自娱自乐的兴趣，提高他的自信心，使其多进行类似的游戏。

玩具称之为学龄前儿童的教科书，说明玩具对开发智力及儿童早期教育的重要意义，如何帮助启发幼儿玩玩具，很多家庭还没有认识到它的重要性。按照幼儿年龄的特点可以分成以下几点：

0～1岁：宝宝出生后的第一年里，是身体和心理发展速度最快的年龄段，这个时期身体机体和神经系统的功能迅速发展，视觉、听觉和对声音的反应逐步完善，这个年龄段的宝宝，需要成人利用语言动作或玩具的色彩声响引起儿童的注视，或成人拿着玩具使孩子视线移动。这样可以促进视听触摸能力的发展和练习翻身、爬行、站立行走等动作。

1～2岁：宝宝的独立性迅速发展，从刚刚学步到逐渐能独立的行走，逐步学会了跳跃、攀登、投掷等基本动作，这个时期开始能用简单的语言与人交往。

适合这个年龄段发展动作的玩具有推拉玩具、球类玩具和积木积塑玩具，成人只有根据玩具的特点引导孩子玩，才会在训练宝宝平衡发展上取得更好的效果。

2～3岁：这个年龄的儿童已经学会跑、跳、攀登、握笔、扣扣子等动作，词汇量增长很快，观察能力和思维能力得到了充分发展。

对这个年龄段的宝宝除选择适当的玩具和引导孩子玩外，还要及时培养孩子良好的习惯，如爱护玩具，不要因玩具过多而喜新厌旧，与小伙伴玩时应注意团结友爱、不自私，注意力应集中等。

这一阶段的宝宝因为还没有形成什么是对，什么是错的概念，所以对自己喜欢的玩具都想拿在自己手中才高兴，再加上现代家庭孩子都比较少，在家里他是惟一的宝贝，他会理所当然地认为："所有的东西都是我的！"所以到托儿所后，看到自己喜欢的玩具出现在别的孩子手上时，就会出现"抢"的情形。这是这一时期宝宝的一个特性，它常常让父母和老师们感到很棘手。

爱心贴士

两岁的宝宝打电话、学穿衣、抢玩具，目的都是为了满足自己的快乐感受，也是成长的见证。随着年龄的增长，孩子的慢慢长大，这些过程，都会变成美好的回忆。大人不用干涉孩子的行为，让孩子学着自己处理和自己玩耍。如果在这个过程中阻止孩子，甚至打骂孩子，都会对宝宝的健康成长造成心理影响。在平时的教育中，家长可以用说故事的方式鼓励孩子向好榜样学习，以影响他的态度和行为。

好动带来的安全警示

1～2岁孩子的身体活动能力明显增强，周岁还不能走路的孩子，到了1岁两三个月就会独立迈步了，1～1.5岁的孩子步伐可迈得较快。不管是满周岁就会走路还是晚走两三个月甚至1岁半才会走路都是如此，他们还能后退，会爬台阶。由此就会带来许多安全隐患，这是每位家长不可掉以轻心的重大事情，否则出事了就会后悔莫及。

事例1

冬日，温暖的阳光照耀着大地，江女士感到室内很闷，就打开阳台，抱着两岁的女儿月月到阳台上晒太阳，太阳很暖和，母女俩都很惬意。一会儿，月月玩饿了，想喝牛奶。江女士对月月说："宝宝别动，妈妈给你冲牛奶。"月月懂事地答应了。江女士冲好牛奶回来，抬眼一看，不禁吓出了一身冷汗。原来，月月不知什么时候，已经从阳台上的木椅上，爬上了没有护栏的阳台，正欲站起来呢。阳台外是六层楼的高空，江女士知道孩子掉下去的后果。她扔了奶瓶，蹑手蹑脚地来到孩子身后，一把搂住了孩子，身体一软坐到了下面的木椅上，半天心还在狂跳。

事例2

一天中午，张太太见两岁的星星一个人在玩耍，就自己去做家务。谁知没过多久，忽然听见星星一声惊叫，她急忙跑过去。只见星星正一手举得老高，站在开水瓶前哭呢。张太太上前一看，原来是星星把开水瓶上的塞子拔了出来，她抓过星星的小手一看，只见孩子细嫩的手上已烫起了大泡。张太太心疼地把孩子抱在怀里，心里懊悔不已。

● 事因分析

在宝宝还没有学会走路时，爸爸、妈妈不大会觉得家中有什么不安全，因为这时的孩子还不会自由活动。当宝宝学会走路后，随着身体活动能力的增强，宝宝在好奇心的驱使下，对外界一切事物都感兴趣，总喜欢冒险，到处乱跑，爬高爬低，见什么抓什么，这样就会发生一些如跌伤、碰伤、烫伤、触电、吞食异物等等意外。

这时宝宝“自立”的倾向愈加明显，常会趁大人不备，独自跑到户外，在没有大人监护时，就会出现危险和意外。所以这个年龄段的孩子，最需要成人照顾以防意外事故。诸如孩子从阳台上掉下或楼梯上滚下的情况在这个年龄段发生的最多，因此，阳台上不能放东西，通向阳台或楼梯的房门一定要关紧，水缸要盖好，不让孩子摆弄、玩耍玻璃、金属制品、电器等。家中的药物一定要放在孩子够不到的地方。

在孩子学会走路后，细心的父母会发现宝宝的周围处处存在不安全因素，即使时时刻刻有人照看孩子，也可能在一转身

之间发生危险。

据报道，全世界每年发生的儿童意外伤亡事故中，大约有200万起是由于家中的不安全状况造成的。称其为意外事故，看似无法避免，但事实上，如果使用保护儿童安全的适当产品，其中许多事故是可以避免的。所以，花一些时间用保护儿童安全的产品把家装备一番，是非常必要的。

房间的安全措施有如下几条：

1. 安装电插座保护盖。

保护盖有两眼和三眼两种选择，把它插入不使用的电插座内，防止孩子因好奇而把手指或玩具插入插座眼内，导致触电事故发生。

2. 安装防撞台角

家中所有有棱角的家具都应该装上它，例如餐桌和茶几，可以在孩子跌倒时防止撞伤。注意事项：必须严格按照说明书指示使用台角与家具紧密粘牢，以防被孩子轻易取下。

3. 安装大塑料夹

如果家中窗户使用卷帘的话，把卷帘绳折叠收高，用晾衣服的大塑料夹牢牢夹住，使孩子够不着，防止孩子使劲拽卷帘绳，导致卷帘下坠伤人。

4. 安装安全门卡

把它套在家中所有门的上方，防止门不慎关上时，夹住孩子幼嫩纤细的手指。父母须时常检查门卡有无碎裂迹象，以防其碎裂后落下，孩子误食碎片。

5. 安装安全门锁套

如果想长期禁止孩子进入家中的某些房间，在门把手上装上门锁套就可以了。父母必须注意：家中所有的门不论从哪一面锁住，都应能从另一面开启，以防孩子不小心将自己锁入房内。

为了防止宝宝被锁在房间里，妈妈们一定要注意，平时不要把房间钥匙放在相应的房间里。否则出现宝宝和钥匙同时被锁在同一房间里的情况，那时会增加危险。建议妈妈们另备一份房间钥匙，放在客厅不易被拿到和发现的地方。

6. 安装无绳电话

如果条件允许，在家中最好使用无绳电话。它可以帮助父母在打电话的同时照看孩子，特别是孩子在厨房或卫生间的时候，防止危险发生。对那些爱煲“电话粥”的妈妈来说，尤其需要无绳电话。

爱心贴士

随着智能的提高，1～1.5岁的孩子对周围世界很敏感，但他们欠缺对外界事物的应变和防御能力。因此，这一时期就需要家长付出大量的精力来照顾孩子，千万不可图一时的省事，而忘记了孩子的安全。任何时候，任何地点都不能产生丝毫的松懈情绪，上面事例中的例子就是每一位年轻父母的警戒。

胆小怯生的性格矫正

有的宝宝在家里的时候，别人一逗就笑，和父母也处得很好，感觉很活泼。可是一旦带他们到外边玩耍的时候问题就来了，见了陌生人不仅不喜欢打招呼，还拉着家长要走。家长要是不走，宝宝就会哭闹。看见小朋友也不愿意在一起玩，别的小朋友过来拉他的手，他很害羞，既不说话也不愿意玩，其实这是宝宝有点怯生胆小。

宝宝的怯生胆小，怕与家长分离是宝宝的正常心理反应，是对母（父）亲的依恋。这说明孩子需要在依恋家长的基础上建立更为复杂的社会性情感、性格和能力。

怯生胆小是孩子心理发展的一个自然过程，父母要理解这种现象。家长千万别用严厉的表情和斥责的语言来对待孩子，不要再给宝宝增添心理压力。否则，严重的话，宝宝在心理上会形成社交恐惧症。

宝宝的怯生胆小是父母带孩子外出较少与外界接触较少的结果。研究表明，怯生的程度和持续时间与教养方式有关。因此，应加大同孩子外出的密度，经常带孩子逛大街、上公园。在平时可让宝宝看看电视、和自己的洋娃娃玩、听收音机里的人讲话，或者经常在他面前摆弄新奇玩具，使孩子习惯于体验新奇的视听刺激、降低怯生程度。

事例1

平平妈妈发现儿子在小区玩的时候，总是喜欢一个人。周边有很多和他年龄差不多的小朋友，可他从不主动和他们玩耍。平平妈妈鼓励他去找其他小朋友玩，他就是不肯。有一次，平平妈妈给他洗澡的时候问他："平平的好朋友叫什么名字呀？"平平回答的却是自己的名字，平平妈妈说："那寒寒、冬冬（这两个孩子经常会和平平玩）是你的好朋友吗？"平平回答："不是。"

事例2

亭亭在家是个快乐的孩子，但一出门就赖在大人身边，总是不愿意和别的小孩一块儿玩耍，不管是比他大点的、小点的，还是和他差不多的，一看到小孩就拉着大人的手要离开。如果有特别想玩的玩具把他留下了，他也会一直拉着大人的手，让大人和他一起玩。平时父母也常领他和小朋友玩，但他玩的时候总是离小朋友远远的。亭亭的妈妈为此非常苦恼。

事因分析

在日常生活中经常遇到一些孩子，见生人就哭，不敢自己去做事，处处需要大人陪着，造成宝宝胆小怯懦的原因是什么呢？

心理学家研究表明，婴儿生来惧怕两样东西：一是怪而大的声音，二是身体失去支持和跌倒，其他的惧怕心理都是后来养成的。

父母的恐吓或是遇事时的大惊小怪都会让宝宝产生惧怕心理。家长要消除这些不良诱因，不要吓唬孩子，不要讲恐怖故事。正确的做法是：家长应经常带宝宝去接触那些他所害怕的东西，以便于孩子了解、熟悉和习惯对方。

两岁左右的宝宝胆小怯懦是出于他的本能反应。人们面对未知危险、强大对手时都会表现出胆怯、恐惧、退缩、无所适从。

胆小怯生形成固定的行为方式，通常是在孩子先天气质的基础上，再加上成长中多次遇到"威胁"刺激，而逐渐形成了一种反射性的行为。宝宝最初采取的对应行为多是自然反应，如果不加以干预，就会成为行为习惯。

宝宝在一个刺激下的反应会泛化到其他情景中。假如一个宝宝在外面对其他小朋友"抢玩具"的行为听之任之，那么在家中也会对前来串门的"霸道"小客人一让再让。被厉害的小朋友欺负时不能采取适当的反应去保护自己。如此一而再，再而三”地重复，于是孩子的行为呈现出固定化模式。

即便是天性懦弱的孩子，也可以在教育下尝试新的应对方式，而非总是被动和忍让。如果孩子一直不能选择新方式有效地应对“强横”，也就意味着丧失了学习人际交往中适应性行为的机会。

就天性来说，胆小宝宝的表现为：安静、温和、腼腆、顺从、忍让、谨慎、软弱，少有主动要求。这些行为有很大一部分是遗传造成的，天性不容易改变。对这样的宝宝，家长要多些宽容和接受，对其多加鼓励，赞扬其做事有独立性，勇敢有为。只有实践过程带给宝宝的真切感受，才是属于他自己的经验“资本”。

从后天的角度上看胆小只是一种表面现象，只能说明宝宝的独立性欠缺。对这样的宝宝，切忌简单粗暴、严加管束、过度保护、批评贬低、包办代替。家长要是大包大揽的话，会造成宝宝的“窝囊”无能。

总的来说，宝宝胆小都是缺乏自信心的表现，所以自信心的培养对宝宝显得十分重要。

第一，父母要多为宝宝创造一些交往和沟通的条件和机会。由于现在基本上都是独生子女，父母总是精心呵护，导致了孩子很少有与人交往的机会，致使宝宝不知道该如何与小朋友相处，在与人交往时显得胆怯畏缩，缺乏必要的自信。对于这样的孩子，父母要多带他们串串门、参加一些聚会，孩子会在观察父母与别人的交往过程中学到不少东西。同时，在熟悉的环境中孩子也会比较放松，胆子会逐渐大起来，并慢慢变得自信。

第二，宝宝自己的交往圈子也很重要。父母在适当的时候放手，让他单独和不同年龄的小朋友一起玩。跟大孩子玩，能学会遵守规则；跟小孩子玩，可以学会照顾别人。待他交到几个好朋友之后，胆子自然也就大了。当然，年幼的孩子之间往往会发生一些出乎意料的小“纠纷”，最好试着先让他们自己解决，实在解决不了了，大人再出面。

在家里，父母有意识地让宝宝自己在另外的房间玩耍。你要时不时地和他说几句话，让他放心。和宝宝一起玩的时候，有意识地给宝宝设计一些情境，比如让他单独去另一个房间给你取书或是他的玩具，锻炼宝宝的胆量。

能否解决宝宝胆小的问题关键在于父母，而且基本上是顺其自然的事情。当然，要缩短孩子适应环境的时间，主观努力也有一定的作用。

爱心贴士

既然孩子的胆小是多种原因造成的，父母就应该采取措施及时纠正，否则，必将对孩子的成长产生重大影响。父母不要经常地责怪孩子表现不佳，允许各种各样的弱点贯穿于孩子的成长过程中，才是理性的父母。

不要忽略孩子的感受。一些以大人经验看似简单的事，在幼小心灵中“非同小可”，您应该耐心讲解。或许孩子不一定能听懂你讲的知识，但是讲解本身会让他感觉危险的程度在减弱，起码在这个时刻是安全的。另外，当孩子真的处于恐惧中时，他需要你实际的支持和陪伴，不仅限于口头安慰，最好在行动上让孩子感到你理解他。对于幼童来说，父母就是依靠，和父母在一起才是绝对的安全。

自立自主性格的萌生

2～3岁，是幼儿自立意识和自主意识萌生的阶段。通常在这个阶段，许多孩子都会努力表现自己，想得到大众的夸奖和赞美。然而，由于现在多是独子家庭，在父母眼里，孩子太小，没有自立能力，所以事事都帮助孩子去做，岂不知，这样对孩子的成长是有百害而无一利！

事例1

这天，郝大妈带着刚学会跑的小孙子到楼下去玩，孩子和楼下的小朋友玩得很高兴。到了该吃饭的时间了，小朋友们都各自回家了。郝大妈带着孙子刚到楼梯口，正准备抱他，小孙子却挣扎着不要抱。“他不会想自己上楼梯吧？”看着有二十多个台阶的楼梯郝大妈心里这么想着。谁知郝大妈刚一松手，小孙子就蹒跚着直奔楼梯，“我要上高高，我要上高高！”原来，小孙子真要自己上楼梯，“他能上去吗？腿还没有台阶高呢！太危险了！”郝大妈想着赶紧走过去，抱住他。谁知他极力挣扎着要下来，没办法，郝大妈只得将小孙子放下来。看着他手脚并用，吃力地一点点地往上爬，郝大妈心里紧张极了，忍不住就想去扶他。谁知，当小家伙感觉到奶奶的手时，就腾出一只小手使劲往外推：“不要奶奶扶！”

事例2

星期天的早上，张女士3岁的儿子对妈妈说：“妈妈，我要自己做早饭。”“这孩子一定是看见我每天给他冲奶粉了，觉得既容易又好玩。”张女士边擦着手边这么想着。待张女士擦干净手，可爱的儿子已经站在小凳子上，打开了奶粉罐的盖子，只见他舀了满满一勺奶粉，动作迅速地倒在了他的小杯子里。然而，奶粉只有三分之一倒在杯子里，其余的都撒在了桌子上。

事例3

一个小男孩和一个小女孩在玩滑梯时，小男孩挤了小女孩的手，小女孩就嘟起了嘴。这时，老师并没有像“裁判”一样评判谁是谁非，也不说“玩时要当心，谁也别碰了谁！”而是和蔼地问那小男孩：“你知不知道她为什么不开心呢？”小男孩沮丧地说：“因为我挤了她的手。”老师就笑着说：“噢，原来是这样。那么，你能不能试试用个什么好办法，让她高兴起来？”那男孩想了想，就走到那小女孩面前说：“对不起，我不是故意的，原谅我吧！”那小女孩不吭声，但脸色好多了。老师便蹲下来，问那女孩：“你感觉好些了么？”小女孩提出自己的要求，说：“我觉得用凉水洗洗手会好些。”老师就赶紧表示赞成，让那小男孩陪小女孩去洗手间洗手。一会儿，两个孩子就手牵手从洗手间出来了。小男孩高兴地告诉老师：“她感觉好多了！”于是，两个小朋友和好如初。孩子中的诸多摩擦，老师多数情况下是充当了“裁判”的角色，评判谁是谁非，而没有想到这正是培养他们自己解决纠纷的实践机会。

事因分析

直接行动思维是人类最低级的思维方式，是3岁以前主要的思维方式。上述的例子，都是处于三岁以前的孩子直接行动思维的表现，也都是宝宝自立意识的表现。

幼儿在1岁后，进入建立自主阶段，开始尝试克服身边的困难。如他们会自己动手冲奶粉，这是他们在尝试探索自己的自主程度，此时的父母不应该为了保护孩子而替代孩子的双手，应该让孩子自己去尝试。当孩子成功了第一步，父母应该给予鼓励，才能让他继续去尝试、去探索。

当大人们看到孩子费力地在爬楼梯，因怕孩子可能会碰着摔着，便急忙上前去保护。这样做只会使孩子感到自己的“能力有限”，孩子就会潜意识地不再去尝试，并会感到不安。所以在幼儿探索定位的阶段，父母要细心衡量什么事情是孩子有能力做到的，在哪个时间插手最好，哪个时间放手最宜。

一两岁的孩子充分显示出了想模仿大人的天性，这个时期的孩子们有了“我能做”的强烈想法，他们渴望自己尝试某些活动。为了独立，他会抛开平时最爱自己的父母，去完成自己认为能够完成的事情。比如自己爬楼梯，自己做饭之类的事情，虽然做起来要比他们预料的困难多得多，但孩子为了证明自己能行，通常会坚决抵制大人的帮忙。

实际上，孩子这种反抗行为完全表达了他对父母的爱和信任。因为孩子只有在感觉安全的情况下，才会放开手脚，勇敢地去做自己想做的事情，并能坚持下去。父母的爱是孩子独立和探索外面世界所需要的动力。

对于父母来说，当孩子正在做自己有能力独立完成的事情，需要父母的存在却不需要父母插手代办的时候，父母应该尽量满足孩子的要求，这样才能更有效地培养孩子的自立能力。只有家长端正教育思想、有意识地培养孩子的这种能力，孩子才能成为独立自强、身心健康的人。家长在日常生活中要注意做到以下几点：

1.充分尊重宝宝，把宝宝当做一个具有自主性、有内在要求和发展潜力的个体，而不仅仅是家长的附属物或是“小皇帝”。

2．经常有意识地为宝宝提供机会，让宝宝独立做一些力所能及的事，而非事事包办或是代替。

3．有意识地引导和教育宝宝，在日常生活中培养宝宝主动适应和发展能力，比如从穿脱衣服到洗脸都由宝宝自己独立完成。让宝宝给自己冲杯牛奶，给奶奶冲杯牛奶，提高宝宝的动手能力和意识。

4．有意识地改变观念，减少对宝宝们的溺爱与迁就，从小培养宝宝的独立生活能力，给宝宝更多自我锻炼、自我服务的机会，减少宝宝对父母的依恋和依附，提高宝宝对社会生活的适应能力，这将有助于宝宝独立性的发展。

5．突出宝宝交往中的自立意识。从宝宝自身的特点来看，一方面他们还很不成熟，很难自立；另一方面，他们有时确有自立能力。引导宝宝在交往中树立自立意识，这对提高宝宝交际能力有很大作用。首先这种自立意识有助于形成独立人格，其次能调动宝宝的自尊心和自信心，使他们在人际交往中有着积极的心态，以便长大后能以和谐美好的姿态去处理人际关系。

爱心贴士

或许，孩子的这种行为会让一些家长担心，害怕孩子因为年纪太小而受到伤害。其实大可不必，因为这正是锻炼孩子自立能力的好时机。孩子总有一天会远离父母，要一个人独自去面对社会，与其让他们长大以后在社会上无所适从，不如从小锻炼他们，让他们从小种下自立自强的种子，只有这样培养出来的孩子才能在竞争激烈的社会中生存下来。

第二章　孩子的心理反抗阶段（3~5岁）

3～5岁是孩子的第一个“反抗期”，也是孩子的心理反抗阶段。此时的孩子往往会有许多令大人头痛的表现，但这一阶段也是教育孩子的第一个关键阶段。

俗话说：“从小看大，三岁知老。”孩子长大后的性格、爱好、处世方式和三岁前的差不多。3～5岁是人的个性初步形成阶段，这一阶段在人格发展的过程中占有重要地位。此时既可以反映出婴儿时期人格发展的趋势，也可预知将来发展的成就。

所以，当孩子进入心理反抗阶段时，父母要对孩子采取正确的方法来进行教育引导，努力使孩子健康地、愉快地度过这一时期。

追求以自我为中心

3～5岁，孩子处于正常发展中的一个重要阶段。此时幼儿的基本特质，有一个相当明显的心理倾向，那就是以自我为中心。“自我中心”是人类从幼年走向成熟的一个自然的、必经的阶段。“自我中心状态”会影响幼儿对自己、对他人的认识，影响幼儿与别人的友好关系。因此，父母要帮助自己的宝宝逐步摆脱自我中心状态，让孩子经常和别人交流看法，多考虑其他孩子的想法，以便使其快速地融合到其他孩子之中。

事例1

一天，刘女士在菜场上买了几根黄瓜，女儿好奇地凑上来问：“妈妈，这叫什么菜？”

刘女士回答她说：“这是黄瓜。”

她听了马上抗议道：“不对不对！这不是黄色的，这明明是绿色，应该是绿瓜，你说错了。”

刘女士说：“囡囡说对了，熟透的黄瓜应该是黄色的，可是熟透的黄瓜皮厚不鲜，所以，人们都喜欢吃还没有熟透的嫩黄瓜，而嫩黄瓜就是绿色的。”

女儿说：“照这么说，还是应该叫绿瓜。”

事例2

3岁的小刚在幼儿园内玩耍时，搬着小椅子不小心碰到了另一名男孩小光，小光冲上来就用小拳头使劲地朝小刚的头部打去。老师见状立即上来制止，小光却气呼呼地说："谁让他碰我了，他碰我，我就得揍他！"

● 事因分析

一般来说孩子在发育的过程中会有两个逆反期，3岁是儿童第一反抗期的高峰阶段，所谓"反抗期"是指儿童逆反心理。儿童的逆反心理不是异常现象，它是由于父母和孩子之间价值观的不一致而产生的正常心理过程。这个时候由于儿童的自我意识的发展，说话、运动、认识事物能力的发展，他会感到有些事情自己可以做了，所以跟父母的教育观点就会产生冲突。以自我为中心是儿童早期自我意识发展的一个必然阶段。常常体现在：

1.入园时大哭大闹，跺脚、在地上打滚耍赖，拼命拉住家长不放手，不吃饭，不上床睡觉。

2. 在活动中不明原因的大哭，有时是因为受了小伙伴的欺负，有时是因为想小便，总之什么事都用哭来解决。

3. 不由分说地抢玩具，一边抢一边说"我的、我的"，当老师告诉他不能抢玩具时，他通常都是若无其事地说："我要玩！"

4. 有的孩子远离群体，喜欢一个人玩，经常一个人在班上走来走去，嘴里还念念有词。

5. 即使是共同性活动，孩子们也经常各做各的，互不理睬。

6．在合作活动中，大多数孩子不会主动地去寻找合作伙伴，而是原地不动，等待着别人来找自己。

7．在游戏中不让别人碰自己的东西，有人动了他的东西，就会出现打人等现象。

8．不听父母的话，觉得自己说的就是对的，比如上述“黄瓜与绿瓜”的事例。

9．没有容忍度和宽容度，常常是别的小朋友碰自己一下就要还手，比如上述事例中小光。

造成孩子以自我为中心其原因有以下几种：

1.自我心理意识

大约到了3岁左右，孩子的自我意识处于萌芽阶段。在此阶段，儿童以自我为中心观察世界，认为周围跟自己密切相关的人、事、物都应该服从自己的需要。他们往往从自我出发来进行行为选择和活动设计，从不考虑他人。这个时期的孩子总是认为，自己的观点是对的，这在大人看来则是逆反心理的表现。

2．家庭的疏忽

在独生子女越来越多的今天，每个孩子无不是父母心中的宝贝，家长只顾满足孩子的物质愿望，而忽视孩子的社会性教育。专家提倡从两岁开始就要鼓励幼儿之间的交往，发展幼儿的交往能力，让孩子喜欢交往，性格开朗，讲文明懂礼貌。

自我中心人人都有，只是在知识程度和发展速度上存在着个体差异。如果自我倾向过于严重，不仅影响孩子的交往合作能力、自我控制能力，还会给孩子带来心理上的问题，如社会性行为问题、性格和情绪问题等。以自我为中心是每个孩子都要经历的人生阶段，需要家长帮助两三岁的孩子从“以自我为中心”中摆脱出来，适应集体生活，学会与人交往，与人合作。

3．家庭不当的教育方式

青少年心理专家指出，现在的幼儿在家受到过度的溺爱，太过于以自我为中心，受不得半点委屈，不懂得与人相处时的宽容和忍让，导致了他们稍微遇到一点外界刺激便怒火爆发。除此以外，家长对幼儿的错误教育方式也是导致孩子有这种反应的重要原因，一些家长怕孩子在外受气，便告诉孩子“谁打你你就打谁”，这种错误观念的灌输让孩子常常动不动就大大出手。老师问犯错的小朋友为何要打别人时，很多孩子都回答说：“我妈妈说了，谁欺负我，我就打谁。”

面对此情况，作为父母可以运用以下方法来减低孩子“以自我为中心”的思想：

1. 转移家庭注意的焦点

这里所说的转移家庭注意的焦点是指父母和祖辈不要把注意力全集中于孩子身上，这样很容易溺爱孩子。而溺爱更强化了孩子的自我中心意识，这样很容易使孩子认为“自己是世界的中心”，其他人理所当然就得围着自己转。如果父母有意识地转移家庭注意的焦点，把孩子视为独立的一个人，视为与其他家庭成员平等的一个人。这样就会使孩子能正确地认识自己，看到别人的存在，弄清楚人与人之间的关系。

2．“冷处理”

当孩子在不能马上满足需要而大哭大闹时，家长可以“冷处理”，过一段时间后孩子就会自己停止哭闹，当停止哭闹后再满足他。这样可以让孩子明白，采取哭闹的方式是达不到目的的，以慢慢减轻他们的任性行为。

3．运用启发式问答

比如上面我们所提到的事例，孩子问：“黄瓜不是绿色的吗？应该叫绿瓜才对。”这时候运用启发式回答更合适。比如说：“对呀，黄瓜是绿色的，叫绿瓜才对，妈妈也觉得叫绿瓜才合适。”“但我们去菜场买瓜的时候，说绿瓜人家知道是什么吗？冬瓜也是绿的，丝瓜也是绿的，好多瓜都是绿的呀！”

用这种启发式的问答来引导孩子去思考探索，让孩子在思考的过程中，改变错误的自我思路。当孩子的自我意识得到了缓解，加上父母的有效引导，把自己思考问题的过程展现给孩子看，自己想到了哪些方面，在哪里产生了疑惑，都展现给孩子看。这样引导孩子，孩子就不会再以自我的思路走下去。

4．让孩子多参加集体活动

过度限制、封闭或是保护孩子也是非常不利的。应该让孩子多参加一些集体活动，在集体活动中，能使孩子接触更多的人，体验到与他人合作的意义，从而走出自我的圈子。

爱心贴士

“中心”是一切事物的核心，“以自我为中心”，是指孩子做任何事都把自己放在首位，做任何事情都从自己的角度出发，完全不顾及别人的想法和情绪。孩子年龄越小，“自我为中心”就越严重。但对于孩子，尤其是2～3岁孩子的这种行为，绝不能将其同成人的这种行为相提并论，因为孩子毕竟是孩子，他需要家长及时地、巧妙地进行引导。只要父母予以重视，就有可能及时扭转孩子的这种倾向，使其朝着健康的、正确的方向发展。

片面理解人生概念

3～5岁的孩子，还没有什么知识，更谈不上有阅历，所以，他们常常会片面理解某些人生的概念。在我们中国，“死”是一个被人们所忌讳的字眼，人们都不愿公开谈论，对于孩子，更是忌言。这样一来，在孩子中间就会出现年龄与死亡观不相符的现象，甚至有的成人仍持有很幼稚的死亡观，这就不能不引起我们的注意了。

事例1

有一个3岁的小女孩，养了一只小兔，小兔的眼睛是纯黑色，特别可爱。小女孩非常喜欢小兔，每天都忘不了给它喂菜叶。可是，有一天小兔不知得了什么病，不吃不喝，很快就死了。面对如此情况，女孩就跑去问妈妈：“妈妈，小兔怎么了，他是不是睡着了呀，怎么不起来和我玩？”妈妈当时想也没想就对女儿说：“它死了，不是睡着了。”女孩眨着满含泪水眼睛的泪水说：“死了，什么是死啊？”“这个……就是不在了。”有一天，孩子杯子里的牛奶喝完了，她对妈妈说：“妈妈，牛奶也去世了！”让父母听得哭笑不得。

事例2

佳佳是××幼儿园里性格比较内向的女孩，平时不太爱表现，即使发言，声音也很轻。可是这一阵子，佳佳总对妈妈说：“妈妈，我不想长大！”妈妈问她为什么，她说：“等我长大了，妈妈就会老了，然后死去，我不想让妈妈死！”

或是："等我长大就会变老，老了就会死的，我不想死！"有时说着眼泪就流出来了，很可怜、很伤感的样子。面对女儿，佳佳妈妈真不知道应该怎样回答孩子提出的问题。

过了没几天，幼儿园的小朋友们正午睡，老师帮佳佳脱着衣服，突然她用专注的眼神看着老师问："老师，等到我长大会不会死呢？"

老师一愣，一个5岁的孩子，怎么会这么想呢？老师感觉心里酸酸的，一下子不知道怎么回答了。

佳佳默默地把头埋在了被子里。

为了让孩子释怀，老师笑着说："才不会呢！我们都不会死！"

"老师，不是这样的，你骗我，我妈妈说，每个人都会死！"说完，眼圈又红了。

"嗯，对不起佳佳，刚刚老师骗了你，其实我们每个人都会死……因为人体是靠很多器官运做来维持，就像一台机器，等到很老或生病的时候，器官开始旧了，坏了，人就会死了！"看到她还是很伤心的样子，老师忙补充了一句："不过没有关系，你还很小，生命才刚刚开始，以后还很长呀！而且，老师也希望你快快长大，等学到很多本领后，发明一种让人类长大却不死的药呀！"

听到老师这么说，佳佳若有所思地想了想，点了点头。

老师为佳佳擦去了眼泪，给她盖好被子后，轻轻地拍着她入睡……

孩子的心是细腻的，他们的想法又是天真的。老师知道，对于这样的敏感话题，这样的回答缺乏可信度，也不能完全解开孩子的心结，但在孩子面前，老师却找不出能让孩子听懂并接受的说法。

● 事因分析

佳佳向妈妈提到关于"死"的问题，不禁让妈妈惊愕，没有教育意识的佳佳妈妈一时不知道该如何回答女儿提出的问题。没过几天，佳佳对老师也提出了同样的问题，这让老师也很意外，但老师站在尊重孩子，了解孩子的基础上，给了孩子一个满意的回答。"死"是自然界的规律，就如花开花谢。

日常生活中，我们没必要在孩子面前刻意回避"死亡"的话题。碰到此类问题，作为孩子的父母，首先要泰然处之，在回答问题时，可通过转移孩子的注意力；也可间接、巧妙的告诉他们；有必要时，也可以直接回答。因为这些都是孩子应该了解的，只有让孩子知道了，懂得了，才能更进一步地正确引导孩子，让孩子用一颗明朗的心对待生活中的每一件事……

针对上述事例，父母可采取以下具体措施：

1. 首先要了解孩子真正想说的话。当孩子问“人为什么会死？”“死了会到哪里去？”“他会不会变成鬼？”的时候，他的心里既迷惑又恐惧，他害怕自己会死，害怕人死后会变成鬼来抓自己。在孩子已经有了死亡的恐惧时，家长通常可以这样回答：

女儿眨着含泪的眼问：“死了，什么是死啊？它不能活过来吗？”

“不能，而且也没有人能做到。”用肯定的语气告诉她。

“我将来也会死吗？”女儿试探性地问。

“对啊，这是很自然的事，就像花开花谢，不是吗？”

“为什么人都会死呢？”

“我也不明白，有很多科学家正在努力寻找这个答案。”

“那我会不会很快死掉？”女儿很不放心。

“不会的，小孩子通常不会很快死掉。”

女儿终于放下心来，笑了。

2. 用心亲近孩子。对于家长来说，要做到有意识的用“心”亲近孩子，力求和孩子多聊天，一个眼神，一个微笑，以朋友间亲切、平等、友爱的气氛来促使孩子适应生活，感受集体活动的快乐。

3．通过运用各种方法，培养孩子多方面的兴趣爱好，积极参加一些有益的活动，以转移她对“死”的过分关注，逐步消除她对“死亡”的心理障碍。

4．省略恐怖情节。千万不要描述尸体的模样，也不要吓唬孩子说人死后会变成厉鬼、僵尸之类的恐怖故事。这些会让小孩子胡思乱想，让她害怕，甚至可能产生精神方面的疾病。只要简简单单地告诉孩子，死亡是失去所有的知觉就行了。

5．家长应多带孩子走出去接触更多的人，鼓励其在群体面前大胆地表现。在开放性的教育中，培养孩子活泼、乐观、自信等健全人格。

6．用孩子能懂的语言交谈。和小孩子讨论死亡问题时，应该尽量用孩子能懂的话来说。孩子的理解力有限，尽量不要用一些科学术语来解释死亡，那样会使孩子更糊涂。

7．别害怕说实话。在3～5岁幼儿的心目中，死亡是一种分离，一种旅行，甚至就是睡大觉，所以他们认为死了的人可以想回来就回来。所以不要用“睡大觉”、“升天”、“上天堂”等字眼来描述死亡，小孩子可能会把死亡和睡眠联

系在一起，而害怕睡觉。把死亡说成是“去极乐世界”就更糟，有的孩子不理解会导致悲剧，他们会用自寻死路来探究一番。

因此，对幼儿解释死亡要明确地告诉他：“人如果死了，就再也不会回来。”

爱心贴士

随着我国的教育观念不断更新，教育行为不断改善，家长以及老师已有意识地通过积极的互动来提高幼儿教育的有效性。但在这个过程中，我们最容易忽视的问题就是与幼儿积极、有效的情感交流，正是由于这一情感问题被忽视，才使得幼儿教育显得消极和被动。

所以，在幼儿教育的各个环节中，家长与老师应该积极配合，要善于从日常的生活与活动中捕捉幼儿感兴趣的问题，甚至是让人为难的问题，及时为他们解答。只有这样，我们才能在尊重孩子的基础上，引导孩子健康成长。

用“不”反抗父母

3～5岁期间，是孩子心理发展的重要阶段。这个阶段的孩子都会有不听话的时候，心理学家把这一时期称为“第一反抗期”。“第一反抗期”是儿童心理迅速发展、自立、成熟的表现。处在这个时期，他们常常使用“不”字，来对付一切问题。其实，他们自己也并不一定知道自己究竟想要做些什么，他们只是响应心底的呼唤，想以“不”来和父母对抗。而这个时候，也正是发展他自信和独立性的大好时机。

有位专家做过这样的研究：将2～5岁的幼儿分成两组，一组反抗性较强，另一组反抗性较弱。结果发现，反抗性较强的幼儿中，有80%长大以后独立判断能力较强；反抗性较弱的幼儿中，只有24%长大以后能够自我行事，但是独立判断事情的能力仍比较弱，常常依赖他人。

专家对此得出结论：第一反抗期的孩子已经有独立的想法，这是他发展判断力和独立自主的好时机，应该得到父母的重视。如要求孩子事事听话，反而会阻碍孩子判断力的发展。

对两三岁的孩子来说，反抗不是什么大毛病，更不是坏毛病。做家长的要突破传统的“听话”束缚，勇于接受孩子的想法，甚至容许他对你说“不”。不要觉得孩子不听话就是“不懂事”、“大逆不道”，孩子的反抗并不是反叛，这只是他表现自我的方式之一，家长应该虚心接受孩子的想法，而不是当个高高在上的权威者。

事例1

王女士有一个可爱的宝宝，现在刚满3岁。但是，令王女士苦恼的是，这段时间以来，不管要宝宝做什么，宝宝总说“不”。王女士还说：“当我给他平时他最爱吃的香蕉时，他竟然会把香蕉扔到一边，嘴里嘟囔着‘不吃，就不吃。’”到了该洗澡的时间，他更是一溜烟就跑了，同时尖叫着“不”。更叫人无法理解的是，他甚至在别人向他问好时回应说“不好”。他们实在不敢想象原本那个可爱的小宝宝竟会变得如此叛逆。

事例2

一天，张先生4岁的女儿正在玩新买的洋娃娃，这时嫂子领着她的孩子小佳过来了。小佳看见小姐姐的洋娃娃后露出渴望的眼神。但张先生的女儿玩得正在兴头上，没有让小佳一起玩的意思。张先生在旁边看到后有点生气，觉得女儿不懂事，于是冲她说：“把洋娃娃给妹妹玩一会！”没想到一向听话的女儿竟毫不理会张先生的话，继续一个人玩她的洋娃娃。张先生生气地说：“听到没有，给妹妹玩一会儿。”张先生的声音显然吓着了女儿，她一边把玩具朝身边藏，一边哭着说：“不，不，我不嘛……”

● 事因分析

当一个3岁多的孩子嘴里说着“不”时，实际上他并不是在抵触什么，那只是他们独特的表示自立的一种方式，同时也意味着孩子“第一反抗期”的到来。专家说：“孩子在3岁左右，不论是大脑发育还是身体发育都有一个比较大的飞跃，孩子会意识到诸如‘我可以独立做事，我应该试一试’等概念，他只是想尝试他可以达到的极限，所采取的方式和说的话也不存在任何恶意。”

教育专家指出：小孩子长到两三岁左右，常常会用“我”、“我的”、“我要”来表达自己的意愿，或当大人让他干什么时，他会说出“不”，“不要”等词语，事实上，当孩子说“不”时，他更多地是带有玩耍的意味，而不是所谓的叛逆或脾气不好，更不想与家长对着干。孩子的这种“逆反”行为是自我发展中表现出来的一个正常现象，不同性格的孩子表现也各不相同。而这个时候的家长应该注意自己的教育方式，具体方法如下：

1.提供有限的选择机会。要让一个刚学习走路的孩子有自己做决定的机会，但要记住太多的选择只会让孩子无所适从。例如：你的孩子拒绝洗脸，这时你就可以给他提供两个选择方案：“你自己来洗好不好？”或者是“妈妈帮你把脸洗干净，然后就可以出去玩啦！”

2. 以身作则。众所周知，3岁的孩子是最善于模仿的，而所有孩子口中的“不”字都是从父母那里学来的。所以，作为孩子第一任老师的家长，平时要尽量避免说“不”，如果孩子很少听到你说“不”，他自己也就不会总是提起它了。其次，应该尽量使用比较丰富的语言，在表达反对的意愿时多使用正面的语言，比如“不要爬那么高”可以用“那里太危险”等。

3. 保持冷静，让他从“不”变成“是”。提高嗓门、恐吓或请求一般都很少能够改变孩子的意愿。实际上，愤怒的反应只会更加刺激孩子，使其做出更偏激的行为。所以，要避免激化他的情绪，相反，父母可以采用分散注意力的方法，使他忘记当前所发生的事情。

4. 坚定立场。如果你一定要孩子做某件他不情愿接受的事情，你应该向他做出解释，比如告诉他：“你应该戴上帽子，这样就不会被晒伤了。”然后明确告诉他戴与不戴的结果：“如果你戴帽子，我们就可以在公园里玩；如果你不戴，我们就只好回家了。”你可以给予警告，但必须说到做到，这样可以让孩子领悟到即使是试探也是有极限的。在孩子给予配合的时候，记得要夸奖他，你的鼓励和耐心对他的影响将是长远的。

5．不要用成人的思维方式来教育孩子。就如上述洋娃娃的事例，张先生以成人的眼光来要求女儿，觉得她不懂事，采用了命令的语气让女儿让出自己心爱的洋娃娃，结果遭到了女儿的反对。如果张先生采用缓和的态度抓住女儿的心理来劝解女儿，说不定女儿就会乖乖地把玩具给了妹妹。由此看来，当孩子拒绝父母的要求时，父母不要忙于表明自己的态度和主张，不妨先了解一下孩子的反对是否有道理。然后，用平等的、商量的语气和孩子交谈。这样，说不定会收到意外的收获。

面对孩子的反抗和任性有两种做法不可取：

1．采取高压政策

宝宝说“不”的时候，父母会觉得自己的威信受到了挑战，或者感觉很不耐烦，从而采取高压政策让孩子屈服，结果却往往适得其反。如果经常采取高压政策，不仅不能收到良好的效果，反而会消弱孩子的判断力，因为情绪垃圾的无法排解，又找不到合适的宣泄途径而对心理造成伤害。

2．溺爱和纵容

父母对孩子都是深爱着的，又因为从各种理论经验中得知要尊重孩子，很难在爱与原则之间找到平衡点，因此往往会对孩子过于溺爱，因为不忍心看见孩子哭而每次都甘拜下风，对孩子百依百顺，事事遵从，纵容过度。

爱心贴士

当孩子长到3～5岁左右，由于其生理、身体的原因和好奇心的驱使，无可避免地会出现“反抗期”。反抗期是孩子心理发展的一个必经阶段，也是孩子独立意识十分强烈的一个阶段。这一时期孩子所表现出来的强烈的反抗意识，只是孩子表达自我独立的一种方式，并不是有意识的与父母对着干。家长要明白这一点，不应过多强调孩子听话。有的家长在孩子不听话时，就用暴力恐吓，把孩子的自我意识强行压制回去，这样往往容易导致两种后果：一是造成孩子对任何事情都不去思考，没有判断力，这对孩子的成长不利；二是如果事事要孩子逆来顺受，会限制孩子的独立性、自主性的发展，使孩子不愿与大人交流，自我封闭，变得孤僻、不合群，甚至形成逆反心理。无论是哪一种，都不利于孩子个性的发展。

可见，当孩子不听话时，大人应从孩子的立场出发，设身处地的思考一下：孩子为什么不听自己的话？自己的话，孩子是否非要听？若确实需要，也尽量选择一种能够让孩子乐于接受的表达方式。

喜欢自我表现

孩子到了心理反抗阶段，平时很听话，但只要是家里来了客人就会表现得异乎寻常的活跃，甚至调皮捣蛋或恶作剧起来。很多家长不理解孩子的这种特征，常常感到很苦恼。其实，这只是孩子在生人面前想要显示自己的存在，而表现出的一种“叛逆”行为。

弗洛伊德认为，此乃人类自我表现欲的无端彰显。人由于种种原因受到轻视甚至漠视时，就会千方百计寻找机会表现自我，以引起人们对自己的重视和青睐。这个机会自然以来了外人（生人、客人，直至长辈或上司）为最佳。这种表现由于出自本能和潜意识，所以显得既执拗任性，又率真可爱，有时甚至达到张狂和令人厌恶的程度。这就是人们对其不理解的原因。

事例1

兵兵在父母眼中一向是个听话的孩子，但是，家里一有客人来访，兵兵就变得异常活跃、顽皮，不时的大喊大叫，表现的非常淘气，还不断地展示自己的“拳脚功夫”，甚至硬拉着客人和自己比划两下，有一次竟然把客人的衣服扣都扯了下来。

爸爸妈妈并不是没有说过他，只是这孩子疯起来，把父母的话也变成了耳旁风，你越是不让他干的事，他越是干得起劲。客人也不好意思发火，有时父母的面子实在挂不住了，就把兵兵拉到一边揍得大哭，弄得大家都很尴尬。可下次家中来客人时，他的表现依然故我。

事例2

红红是一个不爱说话的孩子，也不爱疯玩，很乖。但一旦家里来了人，或到了人多的地方，她就一反常态，哭闹得天昏地暗，任凭怎么哄也无济于事。到了五六岁，这种情形犹显张扬。只要家里一来人，或亲或疏，或丑或美，她都要和弟弟故意在人面前跑来跑去，像个疯丫头，自然偶尔也乘机向母亲提出一些无理要求。

事因分析

孩子这种刻意地表现自我并不是没有缘由的，究其原因，主要是由某种心理需要引起的。有的孩子表现欲过强，总想引起别人注意；有的孩子缺少玩伴，生活单调，用“人来疯”发泄精力；有的孩子用“人来疯”达到满足情感或物质需要的目的……

所以，对孩子的这种现象，家长们也不必太过担忧，想要矫正，必先研究原因，对症下药。研究表明，孩子喜欢自我表现的原因主要有以下几点：

1. 孩子的交往需要得不到满足

由于许多家庭都是独生子女，没有姐妹兄弟的陪伴，再加上父母常会为了工作而忽略了孩子的交际，使孩子永远处在家里、家人、玩具或者电视这个狭小的范围，使孩子觉得非常孤独。当家中来客人时，他们就感到好奇、兴奋，希望别人注意自己，和他们做朋友。

如果主客交谈而不理睬孩子，孩子会在心理上觉得被冷落，便有意识地做出一些偏常行为，以得到大人们的关注。当他们发现大人们开始注意自己时，便想尽办法表现自己，以便得到客人和家人的夸奖。

2. 进入幼儿期后，儿童的自控能力在逐渐增强

总体来说，幼儿的自控能力只是刚刚开始发展，他们还常常不能很好的控制自己，行动带有很大的冲动性，且自控行为会随着情景而变化，时好时差。家中有客人时，客人往往会夸奖孩子或与之嬉戏，此时，家长又显得比较宽容，大多不太愿意当着客人的面训斥打骂孩子。孩子察觉到这种变化，便会利用这种机会来解放自己，放纵自己。

3．家长的过度溺爱或过度严厉

由于许多家庭都是独生子女，父母、祖辈对孩子都特别宠爱，不管孩子的要求是否合理，都会尽量满足，这使得孩子的“自我中心”加剧，变得异常自私、任性，甚而在客人面前对父母的话置若罔闻，无理取闹；还有些家庭对孩子期望高、管束过严，限制孩子玩耍的时间，当有客人在场时，家长的注意力更多地集中在待客上，孩子则会抓住时机彻底解放自己，满足自己好玩的天性。

面对如此情况，作为父母可以实施以下措施：

1．为孩子多创造与外界接触的机会，增加孩子的交际范围，如经常带孩子到朋友家、亲戚家串门，或多邀请邻居、朋友到家中做客，或在星期天时经常带孩子去附近的公园、游乐场，总之是有小孩子聚集的地方玩耍，以减少孩子看见生人时的新鲜感。在有生人的场合，应主动把孩子介绍给别人认识，这样可以使孩子不觉得受到冷落，大人们交谈或活动，如果不需孩子回避，可让其参加。

2．幼儿的自控能力是有限的，而表现欲则是强烈的，身为孩子的父母一定要多了解孩子的身心发展特点。在接待客人或去人家做客时，不要忽视孩子的存在，要让他积极参与你们的活动，适时地为孩子提供表现的机会，如：“给小朋友拿糖果”“教小朋友……”让孩子感受到自己的存在是被人欢迎的。他说的有不合适的话，也不要立即训斥，以免伤了孩子的自尊心。如孩子已有不听话的“叛逆”表现，家长不要立即有强烈反应，先淡化转移话题，过后再教育。中国有句古话：“其身正，不令而行；其身不正，虽令不行。”这就需要家长注意了，在孩子幼小的心灵里，父母的每一句话、每一个动作对他们都会产生很大影响。因此，家长在与孩子的相处中要谨言慎行。因为，您的孩子有一双明亮的眼睛和灵敏的耳朵以及一颗好奇求知的心。对他的错误行为进行批评教育时，让他要有所认识，一定还要让他心服口服，这样才有利于孩子确立正确的是非观念。

3．父母和长辈对待孩子的要求应一致，而且这些基本要求不应随情景的变化而改变，因为幼儿的自控行为往往因人、因场合而异。具有一致性和一贯性的合理的行为规则有助于孩子自控能力的提高。另外，父母还可以灌输一些评价自己行为好坏的信息，让他有足够的自我控制能力，如引导孩子将自己的行为与其他人进行比较，逐渐加强他们对自己行为的内部调节。

4．多了解自己孩子的身心发展特点，改变过度溺爱或过度严厉的教养方式，逐渐积累适宜的教育方法，在营造和谐家庭氛围的前提下，多与孩子进行沟通，用自身的言行为孩子树立日常生活的榜样，让孩子愉快地度过童年。

爱心贴士

有些家长总是为孩子的自我表现而苦恼，其实家长应该换个角度来思考：孩子精力旺盛，和小伙伴一起玩耍、逗闹，能使精力得到正常发挥，还培养了交往能力；再一点，孩子有表现欲也不是坏事，这为他以后的道路做了很好的铺垫，只要适当地加以引导、教育，对孩子的成长只会带来好处，没有坏处。

腼腆性格的形成

有的孩子因性格内向而不愿与人接触，见了生人尤其不爱说话，在大庭广众之下还会显得手足无措，这种种表现是典型的性格腼腆。有的家长认识不到，过于腼腆是对儿童个性发展的一种破坏，潜意识地认为腼腆是很正常的事，过分活跃才是没教养、不谨慎，其实腼腆和谨慎是完全不同的两回事。如果说谨慎是一种良好品质，那么腼腆就是一种心理缺陷，时间长了，孩子就会缺乏自信心。

事例1

陈女士的女儿刚满3岁，聪明的宝宝各个方面的发育都很好，能唱很多的儿歌还能背上几首诗词，并且能讲好几个故事。

可是陈女士说："这一切都只能在家里才能做，一到了外面，别说想让她唱歌或讲故事，就是连话也不敢说，走到哪里，总是喜欢跟着我。如果让她自己和小朋友玩，她会往我身后躲。开始我们以为是带她出去和别人交流的机会不够多，她怕生，但是我们努力了这么长时间，却看不到什么效果。真让人伤脑筋，我们该怎么办？照这样下去，孩子上了幼儿园怎么能融入到小朋友中去呢？"

事例2

张先生的儿子不到4岁，聪明、可爱。上幼儿园也有一年了，但是他在幼儿园从不表现自己，也不主动找小朋友们玩。有时带他去亲戚、朋友家，或是家中的客人很多，他总是粘着爸爸、妈妈不去主动与大家打招呼。为此，张先生夫妇真是头痛，怎样才能让孩子克服这种腼腆的行为，让孩子变得大方些呢？

● 事因分析

腼腆的孩子的外在表现是：不敢见生人，喜欢独来独往，不愿与人接触，见了生人就往大人身后躲，不愿引起别人的注意。有时，腼腆者也会走向另一个极端。曾有个幼儿园的男孩，也不管有人听没人听，一天到晚说个不停，一刻不说话就会和其他小朋友拳打脚踢。父母带他到医院检查，才发现原来是孩子的“腼腆”在捣鬼，他的攻击行为不过是一种掩饰。那么，孩子为什么会腼腆呢？下面我们来分析一下原因：

1. 遗传原因

如果父母本身个性内向，那么孩子就容易出现害羞、怕生的个性。

2. 孩子与外界互动机会少

现代家庭子女少，无形之中也减少了孩子与同伴玩耍的机会。再加上有许多父母在孩子小时，样样事情都帮孩子安排好，事事为他代劳，他们以为在如此环境下成长的孩子是最幸福的，但却不知孩子在成长过程中，很难有和大人或者小朋友接触的机会，从而有严重害羞、怕生的倾向。

如果您的孩子

很害羞，那么您应该反省一下，在平时的生活中是不是给了孩子太多的保护？过多的保护和代劳只会束缚住孩子的手脚，时间长了，孩子就变得不爱探索新事物了。

3．不安全感作祟

孩子在小时候会对父母产生强烈的依赖感。如果此时不注意正确引导，容易使孩子对他人产生畏缩、不信任感，并间接影响孩子日后与人相处的关系。

4．父母教养态度

由于父母忙于工作没时间陪伴孩子，和孩子缺少联系，或讨厌孩子吵闹、怕孩子一直跑来问问题，而让孩子以看电视、听录音带等打发时间。当孩子有吵闹行为时，就怒骂他“不安静就要挨打”。孩子有问题来问父母时，不是被奚落一顿，就是要他离开，孩子一再被拒绝，造成日后遇事害羞、怕生的情结，这是很多父母所没想到的结果。

5．缺乏自信心

因为孩子本身沟通或接触社会的技巧不佳，导致孩子缺乏表现自我的信心，而选择以退缩及逃避的行为来掩饰自己的缺点。

6．个性差异

每个孩子的个性气质都不相同，有的内向、害羞、退缩；有的则是活泼、大方。如果孩子生性内向、害羞或胆小，必然比较容易怕生。

斯坦福大学心理学家菲力普·津巴多说：“如果一个人小时候腼腆而父母却漠不关心，那么，这种状况就可能持续终身。”因此，孩子内向不是错，但家长若不及时给予引导，则可能给孩子长大后的性格造成缺陷。所以，对于腼腆的孩子，父母在平时就应该有意识地对其进行锻炼，逐步使其向着大方、开朗的方向发展，具体方法如下：

1.要千方百计增加孩子的自信心

父母要认识到，腼腆的孩子实际上并不比别的孩子笨，他们只是不愿表达，不敢去做，怕做得不好，被别人笑话，被大人责骂。因此，家长可以让孩子从简单的事情开始做起，设法吸引他们参加并能独立完成。孩子有了成绩，一定要给予表扬，来自成功的满足和来自表扬的欢乐，对孩子都是一种支持。

2．要逐渐扩大孩子交往的范围

尽可能为孩子提供与同龄伙伴交往的机会，尤其是独生子女更要注意多和别的小朋友接触，家长应注意教给孩子一些必要的交往技巧。当然，如果孩子过于腼腆就不要突然让他去参加社交活动，也不要用强制的办法让他去和别的孩子玩，更不要总是用“你太胆小”等话去责备他，而应该先让他逐渐适应，并鼓励他和那些好交际，活跃的伙伴一起玩或参加集体活动，有别人带着，腼腆的孩子就不容易感到拘束，而且还能掌握一些具体场合下所必需的交际方法。

3．不要过多指责

腼腆的孩子本来就是因为自卑，没有信心造成的，对于这样的孩子，不管在什么情况下，都应该给予鼓励。一位母亲关切地问9岁的女儿，腼腆是什么滋味？她答：“就像被咒语镇住了，手脚都发僵。”她母亲则说：“我们坚信不管它多么严重，在我们的帮助下你都能克服！”女孩听到这种鼓励后说道：“就像童话里白马王子飘然而至，魔咒被解除了！”

4．家长不要常说“这孩子就爱害羞”，尤其在人多的时候，否则会加重孩子腼腆的心理，不敢向别人表现自我

腼腆的孩子对自己的缺点也很厌恶，家长对他们要抱有同情心，要经常找出他们的闪光点进行鼓励，而不要责难他们。家长可让孩子随意给别人打电话，心理学家认为这是一种训练孩子不害羞的好方法。或者多邀请一些小朋友到家里来玩，让孩子在小伙伴的面前多发表一点自己的见解，对正确的地方家长要多加表扬。另外，还要鼓励孩子多参加学校组织的活动，培养他们的集体观念和勇敢精神。

5．提高自我评价

腼腆的孩子往往自我感觉差，在社会活动中有一种“被抛弃”感。因此，父母要帮助他们发现自己的长处，而后创造条件让孩子发挥自己的长处，使其提高对自己的评价。

6．孩子在游戏时，家长要能够抓住时机，因势利导，也会有明显的效果

因为游戏是孩子的基本活动，游戏最能发挥孩子的主动性。因此，在培养孩子大胆讲话时，还要帮孩子创造轻松愉快的心境，发挥孩子的最大潜能。当幼儿玩得最开心、最尽兴时，性格腼腆的心理障碍就会被游戏时的喜悦而冲淡，这时候引导孩子大胆地讲话则是一个大好时机。

7．进行“角色”演练

腼腆孩子常常诉苦：“我从不知道该说什么！”通过预先排练在不同交际场合怎样说话，就能有效地帮他打破这层“坚冰”。可以写出建议的“开场白”，甚至把“正文”也打个提纲，要求他在镜子前反复练习。

8. 要有意识的培养孩子大胆讲话的能力

在培养孩子大胆讲话的能力时，父母可以采取积极的暗示方法。通过暗示，激发他的情感，使他感受到大家都喜欢他，爱他，对他抱有信心。也许一开始，由于孩子的羞怯心理、自信心不强，可能会对家长的话不作反应。这时候，一定不能逼迫他说话，也不能因此而放弃，要顺其自然，耐心地等待，当他听大人说话的时间长了，就自然会模仿父母而做出反应。

9. 细心观察、聆听

有位心理学家到一所小学听课调查时，老师告诉他，每个班“只有一两个腼腆学生”，但这位心理学家看出腼腆的孩子远远不止这个数。

调查结果表明：5个小学生中就有两个腼腆的孩子，程度因年龄不同而略有差别。至于在初中，50%的男生和60%的女生都是腼腆的。

但父母和教师往往看不出来，因为这些孩子常以课堂讨论不发言、课外活动当观众、平时大家都笑了他才笑等等方式把自己这种特点掩饰起来。津巴多说：“腼腆者竭力把自己变成贴墙纸，使人觉察不到他们的存在。”

10. 寻找校方帮助

学校常常是孩子最先表现出腼腆的地方，也是纠正这种腼腆的重要阵地。然而，老师们很可能因忙于应付那些“调皮鬼”而忽略沉默内向的孩子。因此，父母要主动争取帮助，把孩子拉出自我封闭的圈子。如请老师设法让你的孩子尽量轻松地参与讨论问题。告诉老师，孩子的特殊兴趣，请老师对他的书面作业给予特别注意——在这个领域里，腼腆不会构成障碍。

总之，对待腼腆的孩子，父母和老师要多关心，多鼓励，并为之创造宽松的环境和条件，使孩子产生良好的心境。只有这样，才能发挥孩子自身的潜能和主动性。

爱心贴士

腼腆的孩子从心里感觉到自己不如别人，作为父母应该鼓励他们走向交际圈和同龄人，做一些他们喜欢的事情；不要过多地打骂孩子，而是要用心与他交流，并时常用鼓励和信任的眼光看着他们，让他从心里觉得自己不比别人差，别人能做到的，自己也能做到。由此使他们一步步地摆脱害羞的泥淖，走向健康的人生。

以“哭”进行要挟

3～5岁的孩子还爱哭泣，除了有病外，就有其他原因了。一般说来，这个阶段的孩子好哭，不只是单一的哭泣，而是一种哭诉。哭诉是指向别人倾吐自己心里的委屈、不满。在成年人的眼里，孩子们应该是最幸福、最快乐、最无忧无虑的了。他们一天当中每时每刻都在玩，不必为生活的衣食住行发愁，不必为生存和生活而奔波，然而却有许多3～5岁的孩子竟然学会了哭诉。其实，大人们不知道小孩子们每天也要承受很多的失望。

事例1

马上就要过年了，这天，小娇的妈妈带着宝贝女儿到商场购物。当她们走到一个可爱的狗仔旁，小娇指着小狗仔对妈妈说：“妈咪，你看，小狗狗好漂亮！”妈妈没有任何反应。小娇又说道：“妈咪，小狗狗好漂亮，可以买给我吗？”小娇妈妈就知道，女儿又要这个狗仔，她说道：“娇娇不是已经有了两只小熊仔了吗？娇娇的小熊仔比这小狗狗漂亮多了！”在遭到拒绝后，娇娇带着哭腔说：“可是，我还没有小狗狗呀，我想要这只狗狗！”

娇娇的妈妈有时真后悔给女儿起了这样的一个小名，因为她3岁的女儿的确很“娇气”：稍不如意就委屈地落泪，要是什么要求没满足，她就马上带着哭腔，弄得爸爸、妈妈常常没好气地训斥她：“你好好说话行不行？别总是哭哭啼啼的。”

事例2

郭女士的女儿晴晴5岁了，特别爱哭。遇见不会做的事情，郭女士想鼓励她做，她却会哭起来。晴晴爱跳舞，郭女士就让她去学习。可是遇到没学会的舞步老师叫她跳，她也哭。郭女士问她：“还跳不跳，如果不感兴趣，就不打算强迫你再学下去了。”但晴晴很坚决地说：“要跳。”郭女士感觉自己的教育方法没什么错，她既没有经常批评晴晴，也没有强迫孩子去做什么，但孩子总是哭，她真不知道怎么办才好。

事因分析

看了以上事例，或许大家会认为这些孩子确实够“娇气”。其实不然，如果家长能够多了解孩子的内心发展阶段就会发现，不仅她们如此，很多孩子都是这样，就连男孩儿也不例外，这只是处于这个关键时期的孩子的特性罢了。

孩子大概从两岁开始，一旦要求得不到满足，就会出现哭哭啼啼的现象。孩子的这种表现常常让父母无法忍受，他们会训斥道：“好好说话！”但是这话似乎对孩子起不到什么作用。

这个时候家长们不免会问：“为什么他们变得这么‘娇气’？什么时候孩子才能不这样哭哭啼啼地向父母提出请求呢？”

专家指出，孩子爱哭主要有以下几个原因：

1. 父母下意识地鼓励哭。比如孩子膝

盖上摔了一个小口子，父母过多的担心、焦急的样子让孩子看到就想哭；又比如孩子对什么事不满意或为得不到某些东西而哭，父母就想尽办法让他不哭，把他想要的东西全给他。曾经有过一个心理学实验，要求幼儿等待15分钟作为取得好吃的糖果的条件，否则，只能得到不好吃的糖果。结果，幼儿的表现依实验条件不同而变化：糖果不在眼前时，幼儿坚持等待的时间最长；有一种糖果(好吃的或不好吃的)在眼前时，幼儿能等待的时间减半；两种糖果都在眼前时，幼儿能等待的时间最短。这个实验说明：幼儿对眼前的诱惑物不易抵制，自制力比较弱。

对策：作为家长，一定要有意识地在平日里训练孩子的延迟满足能力，从一件件小事做起，不要让孩子觉得，只要是我想要的，爸妈都会立刻满足，形成一种要风得风、要雨得雨的感觉。这样当孩子偶尔不能如愿以偿的时候，就容易大发雷霆。除了以上针对孩子的具体情况具体对待之外，家长还要注意自身的言行。家长的言行是孩子行为的一面镜子。

家长千万不要助长他的哭。孩子的哭既不要奖励，也不要惩罚，要以中性态度去对待。不过，在孩子情绪过分激动时，可以和他玩一些消遣性的游戏，分散其注意力，或者给予一点亲切的安慰。但是，不要给太过分的同情，否则会给孩子哭的“动力”。

2．由于受忽视而乱发脾气。比如，孩子想妈妈了，而妈妈加班还未回家，孩子委屈得不得了，乱扔东西，怎么劝都不行。

对策：对于这样的孩子，要安抚他们并转移注意力。孩子越小，情感越不稳定，注意力也越容易转移。当发生不愉快时，要采用活动转移法，让他们通过游戏活动或体育活动来宣泄内心的紧张。比如，孩子想妈妈了，而妈妈加班还未回家，孩子委屈得不得了，乱扔东西，怎么劝都不行。这时，家里人可以有意识地提起孩子平时最感兴趣的一件事，转移孩子的注意力。例如，给孩子讲个爱听的、好玩的故事，或者带孩子去玩最喜爱的荡秋千游戏等等。一定要从爱心出发，从感情上安抚他，哄劝孩子不哭，要有耐心，千万不要训斥指责，更不能动怒打骂。否则，孩子的脾气只会愈演愈烈。

3．由于不被理解而发脾气。有时候当孩子喋喋不休地向家长讲述某件趣事时，家长们却常因忙于自己的事情，漫不经心的点点头或哼哼两声，这样孩子就会因不被重视而哭泣。

对策：3岁以上的孩子已经有了自己的思想，对某一件事也有了自己的看法，家长一定要给孩子提供充分表达内心想法的机会，帮助(或引导)孩子把号哭变成语言。家长不妨暂时放下手中的事务，以专注的神情倾听孩子的话语，以欣赏的态度理解孩子的话语，并饶有兴趣地和孩子聊一聊，说一说，教他在遇到困难或不顺心的事时，把自己的想法说出来，家长可以更好地理解他的想法和要求，并有针对性地替他解决，这样对孩子将会是莫大的支持和鼓励。

如此看来，孩子们生活的每一天都要面对很多的挫折和失望。总是受挫，他们就难免要抱怨，会哭啼，或者大声喊叫，这是他们在发泄自己的情绪。因此，作为家长需要注意以下几点：

1. 内心的各种感受是孩子们自我意识形成中的一个重要部分。孩子们在5岁之前，正是形成“我是谁”这样一个概念的时期，他们会发现自己有不同的感受。即使孩子的行为是让人难以接受和容忍的，父母也应该让孩子知道他的感受是健康正常的，这一点对于孩子的健康成长非常重要。

2. 孩子对自己表达感受方式并不了解。孩子们天生就能够对不同事物有自己的感受，但是他们并不知道这些感受是由什么引起的，它叫什么，会持续多久，他们应该怎样去处理和表达这种感受，也不知道他们这种感受将给大人们带来什么反应或者什么烦恼。因此，成年人对孩子们不同感受的反应，要帮助他们对自己的感受有进一步的认识。

3. 哭诉是孩子们成长阶段的一个必然现象。年轻的父母应该知道，这个时期，大多数孩子都会有这种现象。当孩子们已经知道他们提出的要求肯定会被拒绝的时候，他们常常会带着哭腔说话，还不时地哽咽，此时好像只有带着哭腔说话才能最恰当地表达心里的情感，而这也是他们表达感受、渴望得到的方法。

4. 孩子们向父母哭诉是因为他们觉得除了这种表达方式以外，不知道还能有什么方式来表达自己此刻的心情。孩子向父母要求买什么东西，而父母却说“不”，而自己仍然非常渴望得到这件东西时，孩子又不知道该如何表达这种渴望的情感，他就会选择带着哭腔向父母诉说自己的不满。就如还不会说话的孩子们因过度劳累或者饥饿的时候，他们的哭诉表明他们急切需要某些东西一样。

5. 对于孩子的哭诉父母要学会忍受。孩子说话带着哭腔是一种普遍现象，也是一种最让父母不能忍受的表达方式。在成年人的眼里，孩子这样哭哭啼啼抱怨的背后是在向大人们传达另外一个信息：“我要求的你必须答应，不答应就是不行！”但如果父母了解到孩子们还不会用其他的方式来表达他们的感受，而且即使自己不答应也没什么时，对孩子的哭哭啼啼也就不会非常在意，认为无法忍受了。

6．面对孩子提出的那个让自己不能接受的请求时，你要清楚地告诉他你的决定。当孩子提出的那一瞬间，最希望听到的就是你坚定的答案，就是听到你清楚地告诉他，你不会改变主意了。如果你知道自己肯定不会改变决定，那么就告诉你的孩子：“我知道你很失望，但是现在我不会改变主意的，如果你想再哭一会儿，你就再哭一会儿。”过几分钟，你再看看他怎么样了。

7．寻找一种能满足两个人需求的方式，来对孩子的哭诉做回应。也就是说，你要让你的孩子知道，当他哭着提出请求的时候其他人的反应会是什么样的，你应该帮助孩子学会使用大家能够接受的方式表达他的情感。同时要让孩子知道你关心他，也很关心他的各种感受。当孩子哭着请求你给他买什么东西的时候，你可以告诉他：“我知道你因为得不到那个东西而感到非常失望。但是，你用哭着的腔调和我说话，会让我非常不想听……”

8．耐心等待时间的磨练。孩子们的行为是随着年龄的增长，一天天磨练成熟的，不可能希望他们一下子就去改变自己从而达到您的要求。他们需要多次实践，反复听取到父母的教导。虽然孩子们不会一次性地结束哭诉的行为，但是，在他们不断实践的这段时间里，将学会使用其他的方式来表达他们的感受。

爱心贴士

在我们的生活中，父母是孩子的主宰者；在孩子的眼里，世界是由大人们做主的。父母可以决定孩子什么时候吃什么，什么时候该睡，什么时间才能玩；但是，父母绝对不能决定孩子应该有什么样的感受和反应。孩子的感受和情绪是由他自己控制的，意识到这一点对大人和孩子都同样重要。

尽管孩子的哭诉让人难以忍受，但是父母应该认识到：孩子们抱怨、哭泣是因为他们受到挫折，感到失望。孩子的哭诉其实是他们释放自己情绪的正常反应。

“偷”别人的东西

为培养孩子合群的性格，天下的年轻父母们可真是费了不少心，上街带着孩子一起去；走亲访友带着孩子一起去；平时没事的时候也常常带孩子去别人家玩。玩得倒是挺开心的，就是有一点不好：有的孩子到别人家玩后，见到自己喜欢的东西，就会把它“偷”回家。面对这种情况，父母们可是大伤脑筋。事实上，对于幼儿，这种行为既谈不上“偷”，也不是大人所理解的“拿”，这只是幼儿年龄阶段一种特殊的心理反映。

事例1

程程已经三岁两个月了，这天，妈妈带他到小伙伴军军家玩。军军的奶奶看到程程来非常高兴，就拿了两个玩具小车给他们玩。程程见了爱不释手，玩了一会儿，妈妈让他回家，程程顺手就将那个火柴盒大的小车装进了自己的口袋里。

回到家，程程炫耀地对妈妈说：“妈妈，车车！”

妈妈说：“这不是军军家的小车吗，你怎么拿回家了？”

程程小声说：“我想玩。”

妈妈告诉程程说：“这个车是别人的，你不能随便拿。”

程程妈妈走到他身边想把他抱出去还车，这个家伙死活挣扎着不去，但程程妈妈还是把他抱出去了。

妈妈抱着程程边走边说：“宝宝乖，这是军军的小车，你们是好朋友，这个车你可以玩，不过不能拿回家的。”

到了军军家，程程还是不肯把车子还给小伙伴，这时军军奶奶说：“别让孩子哭了，这个车就让孩子拿回去玩会吧，军军这里还有一个小车玩着……”

程程妈妈说：“这可不行，不能让孩子养成这种坏习惯！”她强行夺下程程手中的车，把它还给了军军。

事例2

3岁多的小蝉是个聪明可爱的孩子，近来常带玩具回家，妈妈问他这玩具是哪儿来的，小蝉就说是小朋友送的，小蝉妈妈也没在意。过了几天，妈妈去接她时，幼儿园的谢老师询问她：“最近有没有看见小蝉带玩具回家？有小朋友反映，小蝉悄悄地把自己喜欢的幼儿园玩具带走了。”妈妈听谢老师讲完后非常气恼，准备回家后狠狠地揍他一顿。可是，妈妈转眼一想不行。于是又和谢老师仔细分析了小蝉平时的表现情况，认为小蝉还是对物品的“归属权”概念模糊，由“内心欲望所致”，便共同研究了具体对策。妈妈回家后告诉小蝉：“唉呀！我的宝贝把幼儿园的玩具都搬到咱家了，其他小朋友就没有玩具玩了，该怎么办呢？宝贝要不要把玩具再搬回幼儿园呢？”又教育他“不能随便拿别人的东西”。以后妈妈再也没见小蝉拿别人的玩具回家。

事因分析

有的小孩子常常把幼儿园的玩具、奶奶家的钱、邻居家的东西等“拿”回自己家，为此让父母非常发愁，他们为孩子这种不好的习惯有点恐慌。事实上，对于幼儿，这种行为既谈不上“偷”，也不是大人所理解的“拿”，这只是幼儿年龄阶段一种特殊的心理反映。造成这种心理反映的原因主要有以下几点：

1. 幼儿的记忆能力差

人们常说“幼学如漆”。不错，幼儿熟记了的东西不易忘却，但这只是我们对幼儿记忆特点的一个片面认识。这表现在两个方面：一是幼儿的记忆容量有限；另一方面幼儿的记忆时间短暂，容易忘却。由此可见，幼儿的记忆能力问题是致使孩子把别人东西当做自己东西的主要原因。

2. 幼儿的感知觉尚不精确

幼儿“把别的小朋友的东西带回家”，有时甚至“把别人借给他的玩具当做自己的东西，不肯还给人家”，这是由于幼儿在对客观事物的认知上，还存在许多缺陷。如：只重形象不重内容，只看外表不看本质等。因为这些缺陷，孩子才会错拿别人的东西。

3．孩子不善于比较

幼儿早期主要以感觉思维为主，很少懂得去对事物进行比较，所以幼儿常因此拿错别人的东西。

4．幼儿的空间知觉和时间知觉的发展上也相当差

即使是到了学龄的孩子也经常搞错左右方向。所以，孩子本想拿右边的东西，却可能拿左边的东西，反之亦然。在时间知觉上，孩子也易出错。孩子对时间的知觉是“从大不从小”的。也就是说孩子只能大致知道“很久很久以前”和“现在”这些宏观时间概念，再细的时间概念孩子掌握起来就会比较困难，如前天、昨天、今天等。这样即使自己的玩具丢了，今天又看到别人的也会认为是自己的。

总之，孩子的心理现象提示我们：不能因其“把别的小朋友的东西带回家”就判断孩子没有与人共享的意识或是认为孩子有不良行为，而应该把孩子自身的年龄特征与其个性发展及道德品质区别开来。

采用适当方法，去矫正儿童的这种行为习惯：

1.教育孩子首先要了解孩子

家长应该懂得3岁幼儿的心理发育特点，然后，才能对症下药。有些小孩拿别人东西是为了满足自尊心，因为小孩极易喜欢在别人面前显示自己，同样看作是一种“英雄行为”，是“勇敢，有本事”的表现。而这种小孩将“拿”的东西给小朋友，以换取他们对自己的“友好”与“尊重”。有的小孩则是由于父母感情危机或父母对事业、工作过于关注，而缺乏得到应有的家庭关注和父母的爱。所以，可能选择这种行为来发泄其内心不满，吸引别人对自己的关注。

2．教给孩子合适的行为标准

大多数家长认为责罚过孩子就完事了，其实并非如此。孩子的行为都是有自己的目的的，是为了满足自己的某种欲望。矫正的极有效的方法是，责罚之后教给孩子合适的满足自己欲望的方法。比如孩子拿其他小朋友或幼儿园的玩具回家，不用说那些不予处理的家长会给孩子带来多么不好的影响，很多家长会严厉责罚，这两种极端教育只会治标不治本，起不到根本作用。遇到这种情况，更重

要的是要告诉孩子：“明天把它还回去。你想玩别人的玩具要先经过别人同意，玩一会以后要还给人家。”只有让孩子知道了这种正确行为，才不会去做出错误的行为。

3．采用合适的方法矫正孩子拿别人东西的行为

首先要注意掌握适用于儿童心理发展水平的方法。对于有这种行为的儿童，切不可采用简单、粗暴的办法处理，这往往会使孩子产生抵触情绪和逆反心理，甚至会强化这种错误行为。孩子会对家长所提出的行为要求表现出一种消极态度，并不会理解这种合理的道德行为规范要求，也就自然无法转化为孩子内在行为动机，而且还可能使孩子产生心理障碍，这对孩子的身心发展非常不利。当孩子拿了别人的东西以后，父母应该以引导的方式教育孩子。引导往往比一般意义上的惩罚、打骂更为有效，是一种比较科学的方法和策略，更能促进孩子心理的健康发展。

4．孩子犯了错误，无论有心还是无意，都要受到惩罚

不良行为一旦出现必须立即施以惩罚，虽然他不是故意的，也应该告诉他，这是他的过错。千万不要采用某些家长的口头威胁“等你爸（或其他人）回来收拾你”。

学前儿童的思维能力只能了解眼前的直接后果，不能想象更不能顾及将来的可能结果。就像这个年龄段的孩子哭的同时转眼就笑，更不用说一个漫长白天之后他怎能记得爸爸（或其他人）回家批评他的后果。及时惩罚孩子的作用在于让孩子明白，自己是因为什么错误行为被责罚的和应该改正什么错误。另外，要让孩子知道做错事就要受到惩罚的道理。

5．“所有权”意识的培养

家长要让小孩从小就有“所有权”的意识，让其明白并不是所有的东西都是

自己的“私有财产”，逐渐去掉儿童自我中心的习惯。孩子在幼儿时期多以自我为中心，常将生活范围内所见到的东西均视为自己的“私有财产”，当其他人动一动时，就会大叫“别动，这是我的”，有的孩子甚至大哭大闹。家长要有针对性地对孩子进行教育，告诉孩子哪个玩具是孩子自己的，哪些是共享的，哪些是父母的或别人的。

教育孩子凡是不属于自己的东西，不经他人的同意，不得随便拿；即使得到同意后拿了别人的东西，也应还给别人；如果是自己的东西，别人想用，也应让别人用；对于大家共享的东西，不能自己一个人霸着用，甚至据为已有。

爱心贴士

3岁是孩子心理发展的一个关键时期，一般这个阶段的孩子心理发展水平较低，在他们的心里根本没有“偷”的概念。往往是我喜欢什么，就拿回去玩玩，很少考虑拿回去以后的行为后果。虽然父母经常教育孩子“凡是不属于自己的东西不能拿回家”，但对于一个3岁儿童来讲，他们还不能真正理解此话的含义，也不可能将这种教育内化为自己的自觉行为。所以，对于小孩拿别人的东西，家长不应过于紧张，也不要理解为孩子出了什么道德品质问题，家长应该做的就是采用适当方法，去矫正孩子的这种行为习惯，以免孩子将来真的出现道德品质问题。

第三章　孩子的智力发育阶段（5～10岁）

5～10岁的孩子求知欲强，对于任何东西都喜欢探个究竟，他们好奇心极强，在生活中会敏锐地捕捉到他（她）所关心的问题，而这常常会为父母带来很大的麻烦。

一般而言，5～10岁孩子的思维已经进入了一个成熟阶段，还会产生许多心理麻烦。作为父母，应了解孩子的麻烦是为何，从而正确引导孩子的心理世界，满足孩子的心理需求。

我是从哪里来的

5～10岁的孩子求知欲是非常强的，他们可能会问你一些乱七八糟的问题，也有可能会问出一些很可笑的问题，还有可能会问出一些稀奇古怪的问题，更有可能会问出一些令人难以回答的问题……

几乎每位家长都会被问过这样的问题："妈妈，我是从哪儿来的？"面对幼小的孩子，面对如此问题，很多家长不知道该怎样来回答。不能骗孩子，还要让孩子能够明白，很显然这是令很多家长难以回答的问题。

事例1

王太太有个既可爱又聪明的儿子，小名叫博博，现在已经四岁八个月大了。有一天博博问妈妈："妈妈，我是怎么来的？"妈妈回答道："你是妈妈生出来的呀！"小博博又问："怎么生出来的？"妈妈说："从妈妈的肚子里生出来的呀！"小家伙还不罢休，又问："从肚子里是怎么生出来的呀？"王太太被问得没有办法，这时想起来自己做过阑尾炎手术，于是就把肚子上的刀口疤指给儿子看，说："就是从这里开刀取出来的！"这时儿子才罢休。

过了几天，儿子从幼儿园回家，见到妈妈就说："妈妈，我们班的非非是她爸爸生的。"妈妈说："胡说，只有妈妈才能生孩子的。"儿子睁大了眼睛说："可是非非妈妈的肚子上没有刀口，她爸爸的肚子上有刀口呀！"

事例2

在幼儿园里，老师给孩子们讲了一个故事叫“猪妈妈生宝宝”，讲完后，老师对小朋友们说：“今天你们的作业就是回去问一下你们的爸爸妈妈，你们是从哪里来的？”

第二天，成成小朋友对老师说：“我妈妈说‘我是从垃圾堆里捡来的’，我再问我姥姥，姥姥却说‘是狗叼来的’，我又问爸爸，爸爸说‘你就是狗从垃圾堆里叼来的’。”

● 事因分析

幼儿时期，孩子有着强烈的好奇心和求知欲，“我是怎么来的”，这正是好奇心的表现，几乎每个幼儿都向爸爸妈妈提出过这方面的问题，这并不是孩子有什么龌龊的心理，这只是幼儿的一种自我意识。

生命本来就是一门科学，对大自然的一切都有好奇心的幼儿们，当然对生命的诞生也抱有极大的兴趣。在两岁半到5岁的年龄之间，孩子们可能会问父母这个问题，如果家长对回答这个问题有所准备就会好得多。据心理学家说在孩子大约4岁左右，他们懂得孩子们不是自动出现的，在这个过程开始时一定有些什么事发生。

然而，有些家长总是试图回避孩子提出的这个问题，这种做法是不妥的。事实上，利用一些机会，采取一些适当的方法，对孩子进行一些性的启蒙教育，是很有必要的。专家认为，5岁是对孩子性教育启蒙的最佳时期。这种教育首先是性的自我认识：给孩子们建立男女性别不同的概念，并告诉孩子男女的不同之处。这一时期家长还可以给孩子建立一个道德文明范畴的概念：自己的身体不能随便暴露，更不能让别人随便触摸。要重视自己和别人的身体，自己不愿意做的事情，也不能强迫别人做。这些概念的建立，有利于孩子以后的行为。

在上述事例中，孩子的家长并没有正面回答孩子的问题。很显然，在此之后，孩子还会问类似的问题，因为孩子的好奇心是无止境的，当孩子提出一个问题后，家长只有给予他满意的答案，他才会善罢甘休。

我们必须明白，孩子这种提问并非是要探讨两性关系，而只是出于好奇而已。这时，你必须清晰地对孩子表达出这样一种意思：你是爸爸妈妈亲生的。

至于解释，我们要根据孩子的年龄和认知程度慢慢去引导。所以父母们无须为此担心什么，尽量将正确的答案以一种孩子能够接受的方式对孩子讲出来。譬如可以直接告诉他：爸爸和妈妈相爱结婚后，除了拥抱和接吻，还要让爸爸的精子细胞进入妈妈的卵细胞，在妈妈肚子里长成孩子，从妈妈的产道里生出孩子来。也可以告诉孩子：宝宝是在爸爸和妈妈结婚以后，在妈妈的肚子里长成的。最初只是一个细胞，叫‘受精卵’，后来它开始分裂成2个、4个、8个……然后，它们逐渐长大，就形成了头、颈、身体和四肢，当时你很小很小，眼睛都看不见呢，这样你就在妈妈的肚子里住了将近10个月，这时你已经是个七斤重的孩子。后来，你不想呆在妈妈的肚子里，妈妈就在医生伯伯的帮助下，把你生出来了。同时还可以告诉孩子，生孩子是一个非常艰辛的过程，培养孩子提早树立爱惜生命、孝敬父母的意识。

这是一种科学型的回答方法，适合四五岁的儿童，有一定认知能力的孩子。用这样形象化的语言，来回答孩子关心的问题，过程完整而不复杂，既满足了孩子的好奇心，又能够使孩子理解问题。同时，对幼儿进行性的启蒙教育主要有两个方面的意义：

1. 通过了解生命诞生的过程，幼儿可以懂得生命的重要，为生命的诞生和成长感喜悦，从而产生尊重生命、珍视生命的神圣感情。据研究证明，如果孩子懂得尊重生命，那么在初中和高中阶段就不会伤害他人和自己了。

2. 通过了解生命诞生的过程，可以让孩子懂得妈妈在生育过程中所付出的辛苦，体会母爱的无私和伟大，从而更加爱妈妈、关心妈妈，这种爱心的扩而大之，可以为孩子塑造一颗善良的心灵。

爱心贴士

由于几千年封建社会的影响，中国人即使到了已经很开放的今天，对于两性问题依然还很保守。比如对于结婚、生孩子之类的问题，家长对孩子总是难以启齿。当一个两三岁的孩子问出“我是从哪来的”“我是怎么来的”的各种问题时，说明孩子已经有了思想，并学会思考，这也正是学龄前的孩子好奇心与求知欲的表现。所以，对于孩子的问题，家长要尽量回答。当然，有些问题可能你一时也找不到合适的答案，无法及时回答，但你可以要求孩子和你一起去找答案，万不可呵斥孩子或胡编乱造个答案敷衍孩子，因为那样会打击他的好奇心和求知欲。

爸爸怎么有胡子

“爸爸为什么长胡子？”当孩子问起这个问题，爸爸妈妈不要笑，而应该鼓励孩子继续观察。研究发现，观察力强的儿童，其智力水平明显高于观察力弱的儿童。观察力是儿童心智发育的一部分，是从小培养和发展起来的，是一个逐渐累积的过程。因此要重视儿童，尤其是学龄前期儿童观察力的早期培养。

事例1

乐乐是个可爱的小男生，现在已经四岁半了，在阳光幼儿园上学。会唱歌、吟诗，还会模仿小动物，特别喜欢画画，班上的小朋友都喜欢和他一起玩。

又是一个星期天。这天早上，乐乐和爸爸一起刷牙、洗脸，忙完之后，他看到爸爸梳完头后，又拿着自己的刮胡刀对着镜子刮胡子，这下乐乐可乐了。他好奇的睁大眼睛看着爸爸对着镜子刮胡子，然后自己也对着镜子照了照，看看左边又看看右边，发现自己没有胡子。然后就跑到妈妈身边，认真的看了看妈妈的脸，发现妈妈也没有胡子，乐乐觉得好玩极了，便偷偷地问妈妈：“妈妈，为什么爸爸有胡子，我们却没有呢？”妈妈一听小宝贝问这问题便呵呵直笑，说明原因后，乐乐却还是不解的瞪着一双大眼睛看着妈妈。

事例2

早上吃早饭，超超突然问妈妈：“妈妈，爸爸为什么长胡子呀？”

妈妈说：“男的都有胡子的！”

超超："那爸爸又不是老爷爷！"

妈妈笑着说道："你以为只有老爷爷才有胡子啊？不是这样的，年轻人也有胡子的。"

超超："你为什么没有胡子？"

"妈妈是女的呀！这就是男人和女人的区别呀！"妈妈解释说。

超超还是不解："那为什么我没有？"

妈妈又说道："你以后也会有的！等你18岁了就有胡子了，有胡子了就表示你长大了！"

● 事因分析

观察是一个人认识事物的重要途径，是智力活动的基础，是完成学习任务的必备能力。但现实生活中，有许多父母不注意培养孩子的观察力，没有把观察力的培养放在应有的位置上，这样就抑制了孩子思考能力的提高。俄国生物学家巴甫洛夫说："观察，观察，再观察。"培养孩子观察的习惯，对发展孩子的智力是十分重要的。

小孩子不但关心自己与小朋友之间的差异，也很关心身边的任何事情的变化，比如"妈妈今天穿了一条漂亮的花裙子"，"爷爷的头发都是白色的"，"爸爸为什么长胡子"……如上述事例说明，乐乐已经有了一定的观察能力，尽管他不明白是怎么回事，但他能够注意到两性之间的差异。

"爸爸为什么长胡子？"

"因为爸爸是个男子汉呀！男人的身体里有让身体强健的激素，所以会长胡子。"

如此回答，虽然解答了孩子所提出的问题，但是，对于一个小男孩而言，理解起来会很困难。我们不得不承认，孩子的问题有时真的很难回答，一本正经地与他讨论，只会让他更加迷糊，与其这样还不如做孩子的朋友，用他能听懂的话来回答他，还可以牵连出更多的问题让孩子去思考。

一般而言，4岁的孩子模仿的欲望比较高，他们会经常想要模仿大人。因此，孩子所提出的问题，其实也是一种愿望，他们并非在询问长胡子的理由，而是在于“希望像爸爸一样，想要尝试刮胡子的感觉”。所以，这个时候父母可以告诉孩子，长大成人以后，就会长胡子。如果孩子觉得不满意，你可以再告诉他“你一定会像爸爸一样长出胡子，到那时就能够和爸爸一起刮胡子了”。一般来说，孩子得到这个结果应该就比较满意了。

幼儿不是生来就会对所有的事物产生兴趣。所以父母应该鼓励孩子勤于观察，还要帮助孩子学会观察。著名哲学家黑格尔认为，培养观察力的最好方法是教他们在万物中寻求事物的“异中之同，或同中之异”，这样对孩子获取知识、认识世界、发展智力及良好的心理品质有着极其重要的作用。

爱心贴士

小孩子不但对自己与小朋友的不同很关心，而且对自己与成人的差异也很关心。能够注意到各种不同的差异，说明孩子有了一定的观察能力和思考能力。同时，幼儿观察力的发展亦是感知客观事物的心理过程。

由于儿童的观察力是智力发展的重要因素，所以，父母们在这个时期一定要培养孩子的观察力和智力。如果家长能够有效的培养孩子喜爱观察、善于用多种感官观察体验的习惯，并鼓励孩子自己去探索、去发现，那么，在日常生活中，孩子的观察力就会得到很好的锻炼。

我要和妈妈结婚

学龄前儿童对父母的情感是非常强烈的，特别是3～5岁的儿童表现的更加明显，心理学家把它称之为“恋母情结”。

精神分析学家弗洛伊德认为恋母情结有利于子女独立人格的成长。大多数人在青春期后便会自行消失，不会影响个体的人格成长。也有少部分人在成年后仍然有很严重的恋母情结，这就会对个体今后的生活特别是婚姻生活产生很大的影响，如果不能正确引导，将会逐渐发展成心理问题。

事例1

吃过晚饭，比克的妈妈在客厅里用玩具架起了高速公路和立交桥，母子间“激烈”的赛车游戏就要开始了，比克兴奋得不时爆发出咯咯笑声。

几个回合之后，比克突然说：“妈妈，你是不是很喜欢我呀？”

“那当然了，我的孩子！”

“你知道我有多爱你吗？”不等妈妈回答，比克就说出了答案：“我想和你结婚！”

“不行啊，妈妈已经和爸爸结婚了。”妈妈说道。

“那就再来一次嘛，这次是和我结婚！”说着比克紧紧地抱住妈妈，在她的脸颊上使劲地亲了一下。

比克的心里话：我想让妈妈每天都给我讲故事、陪着我玩儿。和妈妈结婚，她就能不上班了，能一辈子不离开我了。

最近，他把这个想法告诉自己最要好的伙伴龙龙时，龙龙显出了一脸的不以为意：“我早就告诉妈妈，等我长大了，要和妈妈结婚！”

事例2

一次，奇奇很认真地对他妈妈说：“妈妈，以后长大了，我要和你结婚。”

“为什么？”妈妈问。

“因为我要永远和你在一起，不分开呀！”

“妈妈永远都是你的妈妈，永远都爱你、不离开你。但是你长大后应该和一个你爱的女孩子结婚，难道你不想像王子一样找到你心爱的白雪公主吗？”

“想啊！”思考了一会儿，奇奇又担心地说，“要是我和别人结婚了，就不能和你住在一起了，所以我还是要和你结婚。”

“好的，心肝小宝贝，要是长大后你还这样想，妈妈就和你结婚！”奇奇这下可放心了，还筹划着：“要是我们俩结婚了，妈妈就可以再生一个弟弟啦！”

“啊！”但是，他忽然又担心起来，“妈妈，要是我们俩结婚了，爸爸怎么办呢？”

● 事因分析

如果有一天，你的宝贝突然说："妈妈（或爸爸），我好爱你呀，我要和你结婚！"听到这样的话，各位家长会怎样，是惊讶、紧张、生气还是痛斥？

当学龄前的孩子突然宣布他的"结婚计划"时，相信不少年轻妈妈（爸爸）会感到困惑和手足无措。一些"沉不住气"的父母可能会痛斥孩子的"胡说八道！"

其实，当孩子对父母说出"我想和你结婚"或频繁地问"为什么要结婚"之类的敏感问题时，父母尽可以泰然处之，不必自己吓唬自己。正如上述事例中的比克想要和妈妈结婚，只是要向妈妈表明他对妈妈强烈地爱，而他认为"结婚"这个词最能表达自己的感情。

其实，很多孩子都曾对父母说过"我爱你、想和你结婚"一类的话，然而孩子们表达能力太弱，被父母曲解了意思。通常孩子们的本意就是想告诉父母"想永远和爸爸妈妈在一起"。这是一种既温暖又可爱的情感，父母应该为此感到高兴和温馨。

当然，如果情结过于严重的话，很可能就是恋母情结的表现。恋母情结是最基本的人际关系，也是最早发生的人际关系，长大以后的各种人际关系都不同程度地受恋母情结的影响。可以说，后来的各种人际关系都是恋母情结的变形。对于3～5岁儿童出现的"恋母情结"，主要是指孩子对主要看护者的依恋，也被称之为第一恋母情结，当孩子进入青春期后这一恋母情结便会自行消失。当然，如果孩子很小就被其他人养育，他就可能对妈妈之外的人产生这种依恋"情结"，而且这种情况在当代越来越普遍。

面对这种情形，我们所有的爸爸、妈妈们还是要积极地想办法，帮助孩子渡过成长中的一个个关键期。毕竟，孩子长期依恋固定的对象，对其自身的成长不利，会限制他的社会性发展。所以，我们应该为孩子创设合适的环境，让孩子走出"单恋"圈，走出父母的"包围圈"，从小培养他的社会交往能力。

1.带孩子走出包围圈，多与人接触。在这个要求男女平等的21世纪里，已经没有了全职太太，当然，孩子也没有了全职母亲。于是，在那一座座楼房里，像似一个个鸟笼一样把一个个可爱、活泼的孩子全关了起来。而看护这些"小鸟"的人便是孩子们的祖辈。由于各种不同的顾虑，孩子的祖辈们不愿意出门，即使偶尔出去，也是结伴而行，他们把孩子紧紧地抱在手上，深怕孩子会变成小鸟飞离身边。然后，到他们所想要的安静地方，让孩子们听一群老人们极其无聊的谈话。久而久之，孩子与外界接触能力越来越弱，而这段时期恰恰是依恋关系发展的第二、三阶段，关系孩子将来是否能形成开朗大方、善于交际的性格。所以，家长应该有意识地带孩子走出家门，多与人接触。

2．亲子活动，奇乐无穷。随着社会的不断发展，家长们的育儿观念也有了新的转变。现今，社会上开办了很多发展亲子关系的机构，同一年龄段的孩子与家长在这里一起游戏、学习，这对促进孩子的社会性发展非常有益，年轻的爸爸妈妈们还可以共同分享育儿心得。更为有益的是，孩子以后上学时，会发现老师和亲子机构的辅导员很相似，这样，孩子就会更适应校园环境。

3．幼儿园是个大家庭。每个孩子都有走进幼儿园的时候，都要经过分离焦虑的考验，因此，很多家长有些不舍。其实，家长应该做到的是“该分手时就分手”。同时多与老师沟通，让老师了解孩子的生活习性。另外，多与孩子讲些“老师像妈妈一样爱孩子”之类的话，让孩子与老师尽快建立起亲近感，帮助孩子度过这个关键期。

爱心贴士

恋母情结是最基本的人际关系，也是最早发生的人际关系，五岁儿童所表现的恋母情结最为明显，随着年龄的增长，儿童的这种恋母情结便会逐步消失。如果你的孩子提出他的结婚意愿，父母应该问问孩子的想法，让孩子说出自己的感情，并让孩子明白情感的表达方式。如果情节严重者，应该给予必要的引导，千万不可怒骂、痛斥孩子。

孩子的性别教育

孩子的性别教育，对于家长们来说似乎再简单不过：男孩就是男孩，女孩就是女孩，没有什么教导可言。但是，专家指出，性别教育要从小开始，一个和谐的家庭和关爱孩子的父母都非常重要，父母是孩子们模仿的对象，父母在教育中，要让孩子在小时候逐渐意识到他们扮演的是男性还是女性的社会角色，渐渐地，孩子的人格和心智才会健康发展。

性别角色是以性别为标准进行划分的一种社会角色，它决定着一个人的行为模式。如人们要求男性行为体现出阳刚之气，女性行为表现出阴柔之美。虽然男女性别是由遗传决定的，但性别角色却是从儿童时期受到成人影响、教育的结果。这不仅关系到孩子日后正常的社会交往、恋爱、婚姻、家庭生活，还会影响其心理发展。

事例1

亮亮的爸爸妈妈工作非常忙，经常出差，很少有时间和亮亮在一起。亮亮从小就住在外婆家，和表姐表妹们一起生活。外婆说女孩好养活，就让亮亮穿起表姐的衣服，还留起了长发，梳成辫子，简直就是一小女孩。

亮亮五岁生日那天，被爸爸妈妈接回了家里。爸爸妈妈重新打扮文文时，发现了一个问题：亮亮只喜欢女孩的衣服和玩具，对于男孩的衣服和玩具没有一丝兴趣；而学校里，亮亮只喜欢找女同学玩，神态、声音也越来越像女孩子。

一天放学后，亮亮一下子扑到了前来接他的妈妈怀里，哇的一声哭了起来，并且非常委屈地说："为什么他们总是嘲笑我？为什么女孩子可以穿裙子，我就不行呢？"

事例2

小龙和小凤是一对聪明可爱的龙凤胎，马上就要过五岁生日了。这天，妈妈带着姐弟二人到服装商场去买衣服，妈妈给姐弟俩各买了一双一模一样的鞋。小龙显得非常高兴，因为，小龙的鞋跑起来还会闪光。然后，妈妈又准备给小凤买一条裙子，小龙看到那条漂亮的裙子也非常喜欢，他告诉妈妈说："妈妈，我也想要一条这样的裙子。"

"这是姐姐的裙子。"

"可是我也想要一条这样的裙子！"小龙说道。

"你是小男生，你不能穿裙子！"站在旁边的姐姐说话了。

"为什么男生不能穿裙子？"小龙问道。

"只有女生才……"

事因分析

为什么男孩子不能穿裙子？当孩子提出这样的问题，很多家长会认为：孩子一定是看到别人穿裙子很漂亮，所以自己也想穿。其实不然，就如上述案例表明，并不只是想穿漂亮裙子而已，他们还意识不到性别差异。

"妈妈，我是男生？还是女生？那么妈妈是男生还是女生呢？"大人认为是理所当然的问题，对于一个幼儿来说，却是一件很难清楚了解的事情，当爸爸妈妈告诉他或她"你和爸爸一样是男生"或"跟妈妈一样是女生"时，其实对于幼儿来说，男性和女性只不过是刚刚学会的两个名词罢了。

但是到了四五岁时，孩子因为渐渐地有了与其他孩子相处的经验，因此也有了自己的性别与其他孩子不同的"抽象性"思考概念，并且会开始好奇地去探索关于性别的种种问题。比如说：为什么女孩子可以扎小辫子？为什么男孩子不能穿裙子？这就需要父母从小就给孩子树立正确的性别差异意识。最初的时候，可以简单地告诉他们男女生殖器官的不同，让他们对男女差别有个初步认识。然后通过服饰、游戏、行为、语言等方面，给他们强烈的性别暗示和明确的性别区分。

有些父母因为自己对孩子角色（性别）的期待，或者因为风俗使然，而对孩子进行异性的打扮，把小男孩打扮成女孩或者把女孩打扮成一个帅小伙儿。家长只照着自己的意愿打扮孩子，却从来没想过这样做是很容易混淆孩子的性别意识，让他们对自己的性别无法完成认同，甚至会对日后的生活造成很大的影响。

举例来说，有性别认同问题的男孩子，会喜欢穿女生的衣服，他也会认同周遭的女性，他觉得当女生，会受到更多的关注和赞赏；还有些孩子会把这种矛盾表现在角色扮演的层面上，做异性所做的事，而且会用梦境来表现幻想。例如，小男孩会梦到自己是女孩，并且享受各种当女孩的好处。

性别是生理的，男和女的差异不仅体现在身体器官上，更多的体现在社会认知和心理的表现中。正是因为社会对于男和女的期待不同，所以才有男女之别，父母应该让孩子明白这一点。父母更应该让孩子清楚，男孩子应该做什么事情，应该是什么样子，女孩子应该做什么事情，应该是什么样子。这样，孩子对于性别的认识才更深远，也更全面。

如果你的孩子问你：为什么男孩子不能穿裙子时，作为父母千万不要给孩子一个理所当然的答案，因为你那理所当然的答案对孩子来说太深奥了，根本不能满足他的求知欲。他们不能从父母这里得到对自己性别的确认，也不能了解社会对个体的性别期待，自然无

法在性别认知方面顺利成长，最根本的原因是你没有对他的问题给出合适、合理的答案。

其实，这个时候父母可以抓住机会对孩子进行正当的性别教育。要让孩子在日常生活的观察学习之中，了解两性之间的差异性，让孩子知道，女孩子有女孩子的可爱，男孩子也有男孩子的骄傲；让孩子知道，无论是男孩儿还是女孩儿，他们都是爸妈的可爱宝贝，并教给孩子建立起正确的两性相处模式。

爱心贴士

世界对于成长的孩子而言，处处都是充满新鲜感的，孩子随时都在通过观察身边的事物，来建立自我的认知结构，而对于性别的认同，不仅是通过爸妈，其每天所处环境的人、事、物也都会成为孩子自我看待的一种途径。

因此，专家们认为，在孩子“性别化”的过程中容不得半点的扭曲和造作。是男孩儿就要让他进入男孩儿的天地，喜男性之所喜，为男性之所为。

让孩子尊重他人

开朗、自信和强势的性格，能帮助孩子长大后可以自立自强的立足于社会。但有关专家也指出，让孩子学会尊重他人才是今后真正得以立足的关键。如果你的孩子不会、不懂尊重他人，父母就应审视一下自己的教育方法是否出了问题。

事例1

不久前，妈妈带欢欢去参加一个聚会，整个下午，这孩子真是让妈妈劳神费力。当妈妈和朋友们聊天时，欢欢不断嚷着要喝橙汁，妈妈让他稍等一会儿，但欢欢一分钟也不能等，就马上大喊大叫起来。妈妈轻声制止他的无理乱叫，他却叫喊着要妈妈“闭嘴”。对儿子的这种行为，妈妈深感吃惊。事实上，平时在家里欢欢也会偶尔对妈妈表现出不尊重，但是从来没有这么不懂事，所以也没有在意。但儿子这次在聚会上的表现，让妈妈感到事态的严重性。

欢欢妈妈反思，是不是自己在哪些方面做得不够，才导致儿子如此无理……

事例2

东子已经上小学了，却不懂得尊重人。无论是同学还是老师，朋友还是亲戚，他总是在别人面前做出一些不尊重人的举动。他经常讥讽他人，嘲笑他人。比如，看见别人衣服上有个泥点什么的，他会故意做出夸张的样子说别人身上好臭之类的话，让别人很气愤也很无奈。

事因分析

在上述事例中，欢欢平时就有不尊重妈妈的“前科”，但是出于对孩子的爱，欢欢妈妈并没有说什么，直至孩子当着朋友们的面叫着妈妈“闭嘴”，妈妈才感到事情的严重性。东子已经上小学了，却做出一些不尊重人的出格之事。孩子的这些不懂得尊重大人和同学的行为，父母应负很大责任。不少父母对自己应具有的父母权威态度模棱两可，同时又急切地想把孩子培养成能独立思考问题而不盲从的孩子。他们片面地认为，在家里对孩子限制太多，会让孩子今后难以适应社会。于是，在生活中向孩子过多地渲染父母与孩子间的朋友关系，而忽略了“尊重”的观念，以至在孩子的心目中没有了“尊重”这个条目。所以专家们指出：幼儿教育要从尊重别人开始。

首先，孩子要尊重他人，应从尊重父母做起。父母对孩子既养又育，投入了无法计算的情感，无论从何处说起，孩子都应尊重父母，如果连父母都不尊重，更谈不上尊重他人。

其次，教育孩子尊重同学、邻居、朋友或比自己更小的人。只有尊重、关心他们，才能得到他们的关心和尊敬。比如，要明确地向孩子表达“应尊重他人”的想法，要跟孩子说“我不喜欢你用语言去伤害别人”或“你这是不尊重人的行为，应该道歉”等。只有这样才能有更多的朋友，而人的一生朋友是可贵的。

再次，父母的教育态度。父母在与孩子交往中，要把孩子当成一个独立的个体，尊重他，不能任意摆布或训斥。尊重孩子要从关心孩子入手，只有受到尊重、关心、爱护的人才能尊重、关心、爱护周围的人。

最后，父母要尊重他人，起到榜样的作用。父母在进行人际交往时的行为、态度和方法，或多或少会渗透到孩子的言行中去。不用多费口舌，孩子就会心领神会，就会模仿。例如在家庭中，父母对自己的长辈是否尊重，是否孝敬；在与朋友谈话时，是否认真聆听对方说话而不随意打断别人的发言；在公共场所是否遵守公共秩序等等，如果父母时时注意，处处作表率，这种无声的教育就会影响和教育到孩子的言行。

爱心贴士

尊重人是进行正常社交的根本条件，也是礼貌待人的重要标志。在人际交往中，只有尊重别人，才能受到别人的尊重。尤其是家长要处处留意，通过各种方式来培养孩子尊重他人的思想意识。

一般情况下，当孩子出现不尊重他人的举动时，应及时的适当惩罚，或制止他正在进行中的行动。如果当时的情况不允许，也应让他稍后体会到不尊重他人的后果，例如：“你今天说了伤人的话，应为你说过的伤人的话道歉。”“你今天没有尊重别人，晚上不能看动画片，还要打扫三天卫生。”父母在行使惩戒权力时一定要做到言出有信，否则，将很难收到应有的效果。

允许孩子“破坏”

新奇是幼儿探索世界的动力，他们的宣言就是：掌握全世界的秘密——他们要检查所有他们还弄不明白的东西。于是每个孩子都是“破坏王”， 父母们总是以“准备着、时刻准备着”的精神状态去迎接随时可能发生的破坏场面，轻则是面目全非的图画、杂志，严重的则有可能看到被拆的五零十散的玩具汽车、再也打不开DVD。探索不是什么坏事情，只不过它们总是伴随着一些其他的结果。

事例1

方女士是方方的母亲，因方方把她刚买回家的一块金表当新鲜玩具给摆弄坏了，她狠狠地揍了方方一顿，并把这件事情告诉了方方的老师。不料，这位老师幽默地说：“恐怕一个中国的爱迪生被你枪毙了，要解放孩子的双手，让他从小就有动手的机会。”“那我现在该怎么办？”这位母亲听了老师的话，对自己的行为后悔不迭。“补救的办法是有的。”老师接着说道，“你可以和孩子一起把金表送到钟表铺，让孩子站在一旁看修表匠如何修理。这样，修理费就成了学费，你孩子的好奇心也可以得到满足。说不定，他还可以学会修理呢！”

事例2

王先生刚给牛牛买了个电动小汽车，可还没玩两天却发现小汽车已经被牛牛拆成一堆零件了。王先生正欲生气，王先生的妻子，牛牛的妈妈却拿着牛牛以前玩的洋娃娃出来问牛牛：“这个洋娃娃的胳膊是不是你拧断的？还有洋娃娃漂亮的裙子，你把它脱了拿到哪去了？”牛牛可怜巴巴地说：“洋娃娃的衣服脏了，我给她洗了，她的胳膊是我在给她脱衣服的时候，不小心弄掉的。”

● 事因分析

小孩爱搞“破坏”属于天性使然，这是孩子们创造萌芽的一种体现。他们睁着一双无知的大眼睛，对社会各类陌生事物感到新鲜、充满好奇，并身体力行，欲用自己的双手探求这未知世界。所以幼教专家们提醒家长，千万不要粗暴地干涉孩子的探索欲。

新奇是幼儿探索世界的动力，在他们的“研究合同”上只有一句话：掌握全世界的秘密——他们要检查所有他们弄不明白的东西。而在他们的检查清单上，排列着他们最感兴趣的东西：自己心爱的玩具，爸爸和妈妈的各种物品……探索不是什么坏事，只不过它们总是伴随着一些其他的结果。比如，图画书分家了，钟表解体了，影碟机也该修理了……

面对惨不忍睹的“犯罪”现场，爸爸妈妈们的第一反应往往是先生气，接着便是呵斥孩子，打骂孩子，很少有父母帮孩子一起完成他的“杰作”。

作为父母，必须要有耐心、有兴趣地去发

现孩子的“破坏”行为，不能轻易地以打骂来对付孩子的这种“破坏”活动。对于“爱破坏”东西的孩子来说，他们的心理很复杂，有很多种类型，一般说来，孩子爱破坏主要有以下几种心理类型：

1. 好心办了坏事

很多孩子为了表现自己，就想帮爸爸妈妈做些“能做”的事情，没想到却帮了倒忙。遇到这种情况，父母首先要表扬孩子爱思考、爱劳动的做法，因为孩子的出发点是好的，但由于经验不足或能力有限，使结果出现偏差。比如：有的孩子见钟表走着走着不走了，就想打开来修理修理；冬天，金鱼缸里结了一层薄冰，怕金鱼冻死，把金鱼全捞上来包在手帕里……

家长首先要肯定孩子的想法是好的，接着告诉孩子失败的原因。要教育孩子不懂的事先请教大人，自己力不能及的事长大了再去做。

2. 只是感到有趣

孩子天生爱玩，但由于想的不够周到，也意识不到行动的后果，玩起来不免会损坏东西。如：把图书中色彩鲜艳的画面撕下来折叠玩具；有天兴致来潮，想画幅全家福，但又找不到纸张，在白色的墙上画，等等。

这时，如果家长发现了，可以制止，并让孩子认识到这些东西损坏后的严重性；但家长不能制约幼儿的兴趣，更不能打骂或喝斥孩子。

3. 出于发泄心理

现在的孩子都是家里的“小皇帝”、“小公主”，稍有不满就会与大人赌气，有时他们会故意损坏东西，发泄心中的愤怒。对这种故意破坏的行为，成人绝不能姑息迁就，既要严厉批评，也要让孩子尝到有意破坏东西的后果。例如摔坏了玩具，在规定的时间内不买新玩具；撕碎心爱的画册，告诉孩子两周内不买他最爱吃的冷饮，以省下钱来买新画册。孩子受到一定的惩罚后，以后就不会再由着性子搞破坏了。

4．满足个人需求

某些被溺爱的孩子因提出的要求被大人拒绝，便要手段，迫使家长“就范”，当收到效果后，就以此要挟家长，以达到个人目的。为防止这类行为发生，家长首先要满足孩子合理的需要。若不能满足孩子的需要，就要把原因告诉孩子，取得孩子的理解。一旦发现孩子出现不良行为，应该严肃批评，正确对待。

爱心贴士

孩子喜欢探索秘密是创造力萌芽的一种体现。他们睁着一双无知的大眼睛，对社会中的各类陌生事物充满新鲜感，合理利用孩子的这种天性，多方引导、鼓励，有利于孩子大脑发展及日后处事能力的提高，更重要的是从小培养了孩子浓厚的求知欲望，能为今后的发展奠定基础。

孩子“说谎”的应对

“说谎”令人讨厌，而说谎的孩子更是让父母生气。孩子原本该是纯真可爱的，可四五岁的孩子就会“说谎”，这令许多做父母的难以理解。孩子和大人们完全不同，大人们通常是用一种客观的、逻辑性的眼光来看待世界的，而孩子们的想法具有强烈的主观性和非现实性，经常会在身不由己、别无良策的情况下“说谎”，这是他们的一大特征。

事例1

航航上一年级了，可是他对做作业却一点也不上心，每天放学，把书包朝家里一扔，就跑到外面去玩儿了。晚上，当航航妈妈下班回家后问他“你的作业都做完了吗？”航航竟然回答说：“没有作业。”可是，第二天，老师就把电话打到家里来了，问航航妈妈为什么航航没有做作业，航航妈妈说：“孩子说没有作业呀！”老师说：“这孩子说谎了，我每天都会给学生布置作业，可是他每天都不做。”

事例2

小明家里有一个很漂亮镜子，他非常喜欢，经常拿着玩。有一次他不小心把镜子弄坏了，他心里非常害怕。因为小明的家庭并不富裕，他的父亲是一位建筑工人，母亲是一位临时工，平常生活非常节俭。有一次小明的爸爸不小心摔破了家里的杯子，就被妈妈念了一通，他担心这次自己会受到处罚，因而心里忐忑不安。于是，他赶忙跑了出去。爸爸回家后看到地上的镜子，想找小明问问，然而，他却找不到自己6岁的儿子，直到天黑，小明才从外面回来。这时，小明的妈妈刚好回来，看到自己心爱的镜子被打破，心里非常难过，就问小明："这是不是你打破的？""不是！"小明躲到爸爸的后面。爸爸看着小明惊恐的眼神，示意妈妈不要出声，低头问："这镜子是不是你打破的啊？说谎是不好的。""爸爸，是我打破的。"爸爸望着孩子惊恐的眼神，平静而亲切地对他说："没关系，你做错了事情，能诚实地说出来很好。"小明见爸爸没有生气，高兴地扑进他的怀里。

事因分析

关于孩子的说谎，国外曾有过这样一个实验：在一个大房间的角落里放着一只装有兔子的笼子，在对面的另一角落里放着一堆玩具、几本五颜六色的连环画册和一些糖果。实验时，每次只让一名幼儿入室。幼儿入室后，实验人员表示要离开几分钟，嘱附孩子看好那只兔子。没多久，孩子经受不住玩具和糖果的诱惑，直奔过去，把看守兔子的任务抛到了九霄云外。试验人员通过监测镜看到了这一情景，马上按下开关，兔子掉入机关。当孩子返回时，兔子已经不见了。就在这时，实验人员入室，询问孩子："兔子怎么失踪了？"

孩子对此的反应是多种多样的，从完全否认事情的经过直至勉强地说出原委。实验人员追问得愈加厉害，孩子们愈是不敢承认自己的疏忽。这个实验有力地表明：如果现实情景形成了足够大的威胁，几乎每个幼儿都会说谎。

当航航母亲询问他的时候，他因为害怕自己没做作业会受到母亲的责骂，作为一种权宜之计，就暂时回答了"没有作业"。可是，他却没有想到老师会给他家打电话。显然，这种情况之所以会发生，是因为孩子还不具备一定的逻辑思维能力，所以他才为了逃过一次"危机"，几乎不假思索地就说了谎。因此，当孩子说了这种类型的谎话以后，父母没有必要担心，更没有必要因此就对孩子施加更加严厉的管教。如果在这种时候，你不分青红皂白就训斥孩子、甚至对他进行惩罚的话，他可能会感到更加地不安，就会编造出一些其他方面的谎话。但也不能就此放任不管，使他变成一个真正爱说谎的孩子。父母要做的就是找到孩子说谎的真正原因，以理说教，让他认识到说谎的危害性。

尽管孩子的说谎五花八门，但归纳起来不外乎以下几种：

1.“十个孩子九好强。”儿童也是具有竞争心理的，他们常常想引起别人的注意或想得到别人的表扬、赞美与爱抚，并希望自己在世上占有一席之地。当然这种向上的心理极其宝贵，它能推动着儿童身心的健康发展，但这种竞争心理如缺乏正确的引导，就有可能会发展为说谎。如：一个6岁的小孩，目睹同伴拾金不昧受到表扬，便回家骗来妈妈的钱，交给老师说是路上捡的，企图得到表扬。这种为博得赞扬的说谎，就是由“趋乐”心理导向的。

2. 通常孩子更多的说谎是为“避苦”。当他们意识到自己要受到伤害、羞辱和危险时，便用说谎来为自己开脱。如犯了过错怕受到责罚，便编出一套自圆其说的故事来掩盖自己的错误，说是别人叫他干的，或说是因为不知道该怎么做而犯错误。又如，作业没完成，怕挨批评而谎称已完成等等。

面对如此问题，常常弄得家长们不知该如何处理，下面就提供一些方法：

1.不要以成人标准要求孩子。孩子说谎的动机是多种多样的，要实事求是地处理，不要随便以成人的道德标准去衡量，那对一个孩子来说太深奥了。不仅会损害孩子的自尊心，影响儿童的人格发展，而且还会诱使孩子更严重地说谎，甚至会试图从不道德的方面去说谎。

2. 动之以情，晓之以理，不要过严惩罚。孩子说了谎责罚肯定是要的。但，处罚不要过重，要动之以情，晓之以理，使孩子明白咎由自取，也要使孩子明白父母虽为他的说谎而烦恼，但仍是爱他的。只有这样，对孩子的教育才能收到预期的效果。如果过严的惩罚，只会使孩子感到不公，为了反抗这种不公正，还会继续说谎。

3．不要对他一再追问。当父母明知孩子在说谎时，就会忍不住的追问。其实，父母是希望能够再给孩子一次说实话的机会，结果孩子为了证明自己还要再说一次谎。因此，如果父母知道真相，就不要再反问孩子；如果父母不知道真相，但是能够肯定孩子的答案也不可信，那么也不要向孩子提问题。总之，不要向对你说谎的孩子提问题。否则，只能使孩子一个谎言接着一个谎言地说，这样既会加深孩子心理的内疚和不安，也会使父母更加火冒三丈。与其这样，还不如相信自己的判断，告诉孩子你希望或要求他如何去做。

4．不要嘲笑、讥讽孩子，要进行疏导。对孩子说谎的教育疏导，主要是使之辨别真理和谬误，从谎话本身的后果来为孩子解释道德准则；嘲笑奚落只会使孩子反感，进而丧失信心。

5．让孩子尝到被欺骗的滋味。比如，孩子想去公园时，父母可以答应他。可是一会儿父母又不承认了，孩子就会问为什么爸爸妈妈说谎。这时候，父母就要学会顺水推舟地告诉他：“你知道被人骗的滋味了吧，你可知道每次妈妈知道你在说谎时，有多伤心难过啊。所以，我们以后要彼此信任，你不对我说谎，我也不对你说谎，好吗？”听完这样的一番话，孩子的感受可想而知。

6．学会防微杜渐，改掉孩子说谎的毛病。孩子说谎并不可怕，可怕的是父母被孩子的谎言所骗，让谎言屡屡得逞，终成习惯。当谎言被作为父母的你识破，或者孩子自己承认时，父母要适当地夸奖，比如说“知错能改还是好孩子，父母最喜欢诚实的孩子”等。

7．6岁的孩子已经知道，如果他告诉老师他的家庭作业被狗吃掉了，那老师肯定不相信，但是，如果他说“我病了，所以没有做作业”，那也许能够蒙混过关。毋庸置疑，你的孩子在成长的过程中也会不断提高他的欺骗技能。这个时候，父母惟一的“杀手锏”就是不能让孩子因为说了慌、解决了问题就任他洋洋得意地逃脱掉。同时，父母在向孩子灌输诚实美德的时候，最好要以身作则，在孩子面前，尽可能地自己先做到诚实，不说谎。另外，也要让孩子知道人和人之间的亲密关系是建立在相互信任的基础上的。

爱心贴士

“说谎”，词典上给予的定义是“假话骗人”，是一种蓄意和深思熟虑后对真实情况加以隐瞒或歪曲的行为。诚然，因心理发展和语言发展水平低而出现语言表达不足，不属说谎。如5岁小孩不小心弄坏了邻家花盆被父母指责时矢口否认，其心理是“但愿自己未曾干过此事”；6岁孩子向妈妈说谎称别的孩子妈妈带他去公园玩时，其心理是“把想象当成现实”，都不是说谎，因为其中没有“蓄意”的企图，亦没有“歪曲”的轨迹。但是，在孩子上了学之后，如果是为了偷别人的东西或者是为了侵害他人的权益而说谎，就很可能是因为他在道德发育上出现了某些问题，父母就需要及时给予纠正了。

自私行为的教育

“这孩子太自私，给他讲道理也不起作用，是她的东西其他小朋友就不能碰！”别担心，这是孩子又进入一个特殊阶段的标志。幼儿的生理和心理发展得非常迅速，只有了解幼儿的心理特点，才能有效地对幼儿实施教育和影响。

事例1

王太太有个可爱的小孩子，她怕孩子一个人孤单，就常常邀请朋友带着她们的孩子来家里做客，让孩子可以在一起互相玩耍。可是，孩子们没过几分钟就因为抢玩具而发生了矛盾，王太太劝自己的孩子要做个“小主人”，把玩具给“小客人”玩，孩子之间的“冲突”好像平息了，可不一会儿，他们又开始了，他们总是一起喜欢某一种玩具，他们似乎有共同的爱好，小孩子们很难做到互相谦让。

于是，一个愉快的聚会便成了孩子“矛盾调解会”、“孩子批斗会”。王太太和朋友各自责备孩子、教训孩子，不时地还会埋怨“现在的孩子太自私”！

事例2

刘女士现居深圳，只有过年时才和家人团聚。据刘女士讲，他们家的宝贝女儿聪明可爱，现在已经快五岁了。但是，总觉得这孩子有点自私。

她说：“在深圳的时候，家里就丫丫一个孩子，玩具呀、书呀、糖果之类的没人跟她争，自从过年回到老家后，周围突然多了好多人，开始只往我后面躲，并且以为别人会把她的妈妈抢走，拉着我的裤腿敌对地说：‘这是我的妈妈！’朋友们就喜欢逗她，拉着我说：‘这是我的妹妹’。开始的时候这孩子哭得可伤心了，熟悉之后就会投降地说：‘阿姨，好阿姨’。并且慢慢地拓展了她的‘领地’，什么都争着是她的，不是她的也成了她的。

有一天吃晚饭的时候，朋友过来玩，丫丫马上拉着我：‘这是我的妈妈。’又捧着她的碗‘这是我的饭’。朋友逗她说‘是我的吧，我想吃一口耶！’孩子赶紧把嘴里的饭咽了，然后又吃了一大口，并且警惕地看着那位阿姨，惟恐阿姨‘抢’她的饭。这个自私的小鬼，真担心她不消化呢，不过，这孩子是不是真的有点太自私了？”

● 事因分析

幼儿的生理和心理发展得非常迅速，由于遗传和环境的影响，同一年龄的幼儿之间既存在着个别差异，又具有共同的年龄特征。

三四岁的孩子社会交往的欲望逐渐强烈，这个阶段的宝宝对小朋友特别感兴趣，常常希望找小朋友玩耍。而在玩的过程中，家长不难发现，孩子总爱抢东西，总认为别的小朋友手中的玩具更好玩，于是就伸手去拿，拿不到就抢，就哭，边哭边说“我的”“我的”，这时的孩子让父母很尴尬，家长们不知道孩子为什么会这样自私？其实这是很自然的一种自私自利现象。

孩子的心理发展是从模仿开始的，孩子们善于模仿，而模仿的对象多为自己身边的小伙伴。因此，许多教育家、心理学家很重视“以儿童教育儿童”。孩子总是看他伙伴玩那个玩具，就会想模仿他，对于儿童来讲，五岁的交往是一种初步的交往，他们还不懂得怎样与身边的小伙伴友好相处。在他们看来一切都是“我的”，不会考虑别人的权利与要求，也不会自我克制，而是“随心所欲”，所以孩子们在一起玩耍往往玩不长久，争吵自然再所难免。

另外，对于5～8岁的孩子来说，与人分享是一个很难达到的发展境界，它包括去理解别人的需要和有时的延迟满足。细心的家长会注意到孩子经常会因为被要求去分享游戏材料而与别的孩子发生冲突，此时家长需要做的是尊重孩子的权利，同时选择一些合适的机会，去帮助孩子学习在人多状态下的合作规则，让孩子逐渐知道游戏是“在规定的限制范围内的自由活动”。

因此，不是现在的孩子“自私”，而是这个年龄段的孩子有这样的心理特点、行为特点。家长要尊重孩子，不能认为这是道德问题，总是用“自私、小气”这样的字眼来教训孩子。随着孩子的成长和与外界交流的增强，他们会变得“大方”起来。

爱心贴士

未来社会要求有团队精神的人，会与人合作的孩子将会在以后获得更大的成功。如果说早期教育中认知的发展、智力的潜能拓展很重要的话，教会孩子学会合作和分享也同等重要。

孩子良好性格的形成需要家长的正确教育，家长要正确理解对孩子的爱。首先，要引导孩子合群。在群体生活中，培养孩子学会和别人分享玩具，共同游戏。其次，不要迁就孩子，坚决拒绝他的无理要求，当然，也要适当地满足孩子。

勇敢品格的培养

有些家长常常为自己的孩子懦弱退缩、墨守陈规、自暴自弃而焦急苦恼。这样的孩子往往表现出不思进取、成绩落后、缺乏创新、优柔寡断等特征。这与迅猛发展的时代特征是不相吻合的。究其原因，这些孩子都缺乏勇敢这一良好个性品质。交往上，沉默寡言，服从性强，孤僻拘谨，往往屈从于别人的意志；活动上，不敢出头露面、积极参与，情绪低落，往往畏手畏脚；学习上，不敢奋力进取，力争上游，往往消极应付，容易满足。这些表现在各种情境下不断出现，并逐渐地得到巩固，使相应的行为方式习惯化，就形成了懦弱、缺乏勇气、思维封闭的性格特征。一旦形成这种性格，必将影响孩子的健康成长。因此，家长们应该引起足够的重视。

事例1

欣欣是一个可爱的小女生，已经八岁了，却一直不敢独自一个人在房间睡觉，每天都要妈妈哄着才入睡。每次家里来了客人她都躲在妈妈身后，一言不发。平是在班上从不回答问题，更不敢向老师提出问题，甚至老师点名叫她回答问题，也常常声音细小，匆匆结束。在学校受到小朋友欺负也不敢大声讲理，更不敢反抗，总是委屈地哭着回家。为此，欣欣妈妈也没少费心，但总是起不到作用，她非常担心女儿，不知道该如何来引导才好。

事例2

闯闯是一个文静的小男生，七岁了。但是，闯闯的名字与他本人真是一点儿也不相符，七岁的孩子还不敢去尝试任何有冒险性的运动，比如滑旱冰、游泳等，当爸爸妈妈强迫他做类似的运动时，他便吓得大哭。而且，平时几乎不敢招惹他人，被比他个子大的孩子欺负也不敢还手，还不敢向老师报告。

● 事因分析

孩子缺乏勇敢精神是多方面的因素造成的，这种性格不利于孩子的发展，影响孩子的未来，因此，针对胆小的孩子，家长一定要找出原因，找出帮助孩子树立勇敢坚强品格的方法，使其成长为一个有健全性格的人。一般来讲，孩子胆小是以下几种原因造成的：

1. 家长保护过度

有些家长对孩子的保护过多过细，怕磕着、怕摔着、怕有任何不合适，总想把孩子带在身边，形影不离，使孩子形成一种强烈的依赖心理和被保护意识。当孩子逐渐长大时，保护的惯性照样持续，结果是孩子一离开大人就害怕，遇到事情不敢自己处理，只等着父母来帮忙。

2．教育方法不当

有些孩子在家里不听家长的话，如哭闹或不好好吃饭时，家长就用孩子害怕的语言来吓唬他，说“你再哭我把你扔到外面去”；有的家长为了不让孩子做某些事，就用狼啊、鬼啊吓唬孩子……慢慢的，孩子便失去了安全感，而且是越来越胆小怯懦。

3．影视镜头带来的恐惧

有些父母不给孩子选择电视内容，常常忽略保护孩子的身心，使一些恐怖的电视画面，在孩子心里留下了可怕的阴影，造成孩子恐惧心理。

4．渲染卑微

“弱国无外交”，同样的道理，弱者少朋友。家长的社会地位有高低之分，家庭的经济条件也有贫富之别，这是事实。但是，即使你是一位普通的工人或农民，经济来源相当有限，也不要一味地渲染卑微，不能经常对孩子说类似的话：“我们家穷，没权没势，也没什么本事，你要少出头露面，少与人搭界，吃点亏就吃点亏。”过分地渲染卑微，容易使孩子产生自卑心理。自卑是怯懦的孪生兄弟，自卑的孩子必定少言寡语，不敢与人交往，从而形成了胆小怕事的性格。

5．与外界接触少，不合群体

很多孩子从小就很少与人交往，除了和父母、长辈有交往外，便很少与同龄小朋友一起玩耍，更没有走亲访友的机会。这样的状况使孩子的交往能力萎缩，怕见生人，怕在众人面前讲话。

孩子过于胆小，对于孩子的成长与发展是非常不利的，家长在帮助孩子克服胆小的毛病，培养勇敢的品格的时候，应注意以下几点：

1.对孩子进行榜样教育

榜样的力量是无穷的，无数英模人物在追求真理和祖国的前途时，在集体和他人遇到困难、危险面前，都能表现出勇敢献身的精神，值得少年儿童学习。革命前辈朱德总司令在10岁至14岁期间，从老匠人及私塾席老先生那里，听到了太平天国石达开战斗和就义的故事；听到了清朝的昏庸、洋人的凶残和义和团反帝斗争的故事，这些英雄形象深深地留在他的记忆里，激发了他的革命英雄主义精神，为他走上革命道路奠定了基础。

少年儿童的人生观、道德观以及性格都是在多渠道教育影响下逐渐形成的，在这样一个过程中，特别需要家长对他的关怀和指引。作为家长，应有意识地培养孩子的勇敢品质，多讲讲在民族独立解放运动中表现出大智大勇精神的英雄故事，指导他们学习英雄人物的勇敢品质。

2．培养孩子正确的思想观念，树立崇高的理想

心理学研究表明：人的思想观念、理想、信念等常常制约着人的性格形成。一个人如果树立了全心全意为人民服务的思想，树立了远大的共产主义理想，那么，他就可能形成符合人民利益要求的勇敢性格特征，否则，“勇敢”就可能变成鲁莽、粗暴、蛮不讲理的表现形式和代名词。

3．言传身教，优化环境

在培养孩子勇敢品质时，家长的言行举止很重要。俗话说：“将门出虎子。”孩子性格和良好品德的形成，都受到家长的影响，因为家长是他们最亲近、最可信任的人。因此，家长在平时的生活中，对他人、对家庭、对集体、对社会，都要勇于承担责任，切忌“各人自扫门前雪，不管他人瓦上霜”。家中有客人来，要让孩子主动问候招待；别的孩子闹矛盾，要鼓励孩子去做化解工作；学校布置的活动，要鼓励孩子积极参与；课堂上课，要鼓励孩子积极发言；家中事务，要孩子发表意见。这样，给孩子创造一个良好的环境，孩子的勇敢品格才会在学习生活的实践中逐渐形成。

爱心贴士

有人说：人的胆量与事业的成功与否，有着必然的联系。此话确实也有几分道理，虽不能说胆量越大，成功的可能性就越大，但胆小怕事，肯定会影响孩子的成长，也势必会影响到孩子的未来。所以，过于胆小的孩子，家长应该给予重视，从小培养孩子的勇敢意识，让孩子无论在任何场合下都能从容应对，敢于表现自己。

认识钱的作用

认识钱的作用，换一种说法就是如何对孩子进行金钱观的教育。什么是正确的金钱观？是贪图富贵，挥金如土？还是只挣不花，做守财奴？虽然有钱没钱都可能导致罪恶，但金钱本身并不可怕，关键是家长首先应该弄清自己的价值观，否则也无法成功地教导孩子。

儿童心理学家指出：小孩子对金钱的兴趣可以说是与生俱来的，早期的金钱教育对儿童树立一个正确积极的金钱观，形成良好的理财习惯与技巧有着不可估量的潜在作用。

事例1

迈克中午放学，说老师要用计算器，妈妈就随手找出一个计算器拿给他，迈克乐滋滋的玩了一中午，然后下午带去学校了。

晚上，迈克放学回家一屁股坐在沙发上："妈咪，我觉得我同学露克的爸爸好有钱啊！"

"哦，为什么？"

"因为他每天都有爸爸的轿车接送上学，今天他还拿了一个非常高级的计算器。哎，我明天不带计算器了，其实可以用口算的。"

"哦？"

"不过妈咪，你说我们家是不是很穷？"

迈克自问自答："我想是的。刘磊家的爸爸还有牛奶卖给别人，我们什么东西也没得卖，所以就没有钱咯。”

在厨房里忙着的迈克妈妈没有说话，她想：儿子开始思考社会问题了。有机会告诉迈克，我们没有很多很多的钱，但是通过努力，足够他健康成长。我们还有很多的爱和奉献为他一直在储备着。

事例2

在学校里，张老师常会捡到孩子们的用品及衣物。有一次，张老师看见一个叫王天天的学生，把一个还是半新的书包扔到了垃圾堆，急忙问道：“这个书包怎么扔了？”

王天天说：“这个书包没有张娜娜的好看，我要让爸爸给我买新的。”

张老师说：“你这个书包还能用啊！”

王天天不在乎地说：“能用也不要了，反正我爸爸有的是钱。”

张老师说：“有钱也不能这样浪费啊！”

王天天没有再理会老师，而是说了个“拜拜”就扬长而去。

事因分析

随着社会的变迁，社会里出现了许多有钱人家，有人因土地价格暴涨，一时间成了财主，有人因股票获利，一天内就赚进了千万、甚至亿万钱财。孩子们也因父母的生活富裕，而享受了富足的物质生活。

但是还有相当大的一部分人，家庭条件并不富裕，有的家庭甚至还非常拮据，在这样的严重两极分化的情况下，对孩子进行金钱观教育非常必要。

现在大多数家庭都是独生子女，从小就没有体会过生活拮据的滋味，只知道缺什么就让爸爸妈妈给买什么，而家长往往也会尽量满足孩子的要求。孩子多是别人有什么，自己也一定要有什么。在他们的概念里，钱似乎是与生俱来的。所以，有关专家指出：家长应该帮助孩子从小树立正确的金钱观念。但是，对一孩子提出的有关金钱问题，应该视具体问题而恰当回答。

1.“我们家很穷吗？”

当孩子问及你这个问题，无论你家庭是贫还是富，都要明确告诉孩子“中等”就可以了，并且告诉孩子：“我们有足够的钱买食物、衣服和我们需要的东西。”曾有位教育学家告诫父母们：即使你家产丰厚，也不必让孩子以为他们可以想要什么就有什么，或以此向左邻右舍去吹嘘。

2. “你挣多少钱？”

当孩子提及有关金钱方面的问题，父母在回答孩子时完全没必要回答具体数目，因为此时的孩子对数字是没有具体概念的，无论你的回答是多少，对于孩子来说都是一个天文数字，这样他们难免会以为你富得不得了。简单地告诉孩子，爸爸妈妈挣的钱足够养活我们的小家庭就可以了。

3. “钱从哪里来？”

也许很多孩子见过家长取钱，他们会很好奇，机器也可以生出钱来。当孩子问到“钱从哪里来”时，父母要明确地告诉孩子，钱是付出劳动才得到的报酬，不付出是不会有收获的。以此消除孩子以为钱是“机器（ATM）里生出来的”错误概念。

在事例2中，王天天把尚没有用坏的书包扔进了垃圾堆，他的价值观认为：反正不用我担心，也不用对自己的用品负责任，只要学习用具没了，爸妈就会帮我买新的，因为家里有的是钱。这种观念是典型的没有正确的金钱观的表现。无论是多么富裕的家庭，父母都应该给孩子灌输这样的观念，即金钱必须通过辛勤的工作才能换来，任何浪费的习惯，都是可耻的。

对于一般的家庭，父母要让孩子意识到自己家的特点，哪怕只是很小的特点，但要有别于他人，并让孩子以此为荣，以激发孩子的自信心。妈妈可以很坦然地告诉孩子，别人有的东西你不可能都有，因为你也有别人没有的东西。有的东西太贵，妈妈买不起；有的东西妈妈不想买，因为想把钱花在更重要的地方。

在这样的过程中，孩子会逐步认识到，金钱不是评判他人的惟一标准。除了金钱，还有品行、情趣、性格、特长等等很多标准。孩子常常天真地进行比较，你家的车是什么牌子，我家的车是什么牌子，这不是洪水猛兽，这是孩子正在认识周围的世界。但重要的是，周围的成年人如何去进行解释。你简单地说，他们家有钱，所以他们家的车贵，那么给孩子的是一种引导；你给孩子说明性能、外型、节能、方便，车主对车的依恋感情等其他方面的考虑，这时候孩子接触到的价值观就更多元，金钱就不会成为唯一的标准。在今天的世界里，要让孩子有健康的金钱观，父母的心态和引导方法非常重要。

爱心贴士

大多数人中，面对“穷”字，都有几分忌讳。其实世上穷富是相对的，也是客观存在的。无论是穷也好，富也罢，关键是怎么与孩子交流，让孩子不管外在环境条件如何，都保持一种阳光的心态。此外，还要让孩子理解，人的境遇和外在条件是可以通过努力改变的，人的欲望是无止境的，总有达不到的时候，所以必须学会克制。

让孩子接受老师

“妈妈，老师为什么不喜欢我？”当孩子问这样的问题时，不知道作为家长的你是怎么回答的。这个问题确实不好回答，在没有认真了解情况前，还是不要随意告诉孩子答案。

事例1

亮亮在幼儿园上中班，星期五老师让小朋友们饭后看动画片，亮亮和另外一个小朋友说话，被老师点名批评两次后，还是不听话，于是老师对亮亮说：“你不乖，还不如小班的小朋友，老师以后可就不喜欢你了，你到小班去上课好了。”当晚上妈妈来接他的时候，他便问：“妈妈，老师为什么不喜欢我？”

事例2

妈妈把小朋从幼儿园接出来上车，一边开车一边跟他说话。“今天在幼儿园高兴吗？”“不高兴。”小朋似乎有些没情没绪。“噢，为什么不高兴？”妈妈有些惊讶。在幼儿园不高兴是在意料之中的事，可是孩子这么直截了当地说出自己的感受，还是让她有些吃惊。“今天老师表扬了我，说要给我发小红花，但是却没有，妈妈，老师是不是不喜欢我呀？”

事例3

“妈妈，老师不好。”这是菁菁从幼儿园出来跟妈妈说的第一句话。妈妈简直大吃一惊。“老师怎么不好了？”妈妈满心惶惑地追问菁菁。“老师不给我玩玩具。”菁菁噘着小嘴，泪珠儿滚滚。“老师给别的小朋友玩玩具了吗？”“给了，就没给我。”“你找老师要玩具了吗？”“要了……老师……不给我。”菁菁更委屈了，小肩膀一耸一耸的，哭得上气不接下气。

● 事因分析

从上面的事例可以看出，孩子上幼儿园时，应该经常会出现这样的情况，那么这究竟是为什么呢？

1. 在幼儿园中，老师大都喜欢漂亮、聪明、可爱、听话的孩子，而对那些长得不好看、反应慢、学习差、调皮捣蛋的幼儿关心不多，爱护不够。尽管作为教师并非有意如此，但实际工作中确实存在这一问题，而那些不得宠的孩子恰恰是最需要关心和爱护的。这样可能引起孩子问家长“老师为什么不喜欢我”。

2. 由于孩子在家时，被每个人宠着，一到幼儿园有很多的好朋友，而老师只有一个，有时候可能忙不过来照顾孩子，就会在孩子的心底产生“自己是不是不讨老师喜欢或者是老师为什么不喜欢我”这样的信息，这同时也说明孩子具有嫉妒心理。

其实，很多孩子都有这样的心理，当他们看到别人有而自己所没有的东西，包括衣服、能力、受欢迎程度和玩具等等，甚至有些大人意想不到的一个小小的东西都可能诱发他们的妒嫉心理。有些家长认为这种表现会随着孩子年龄的增长而自然消失，但专家指出，过分的妒嫉会影响孩子正常的心理发育，使他们在自己与别人的对比中感到自卑，妨碍孩子自信心和自尊心的建立。因此，家长应该有意识的教会孩子如何克服这种不良情绪。

3．自卑心理引起的。如果你的孩子是一个不喜欢说话的人，而他也想得到老师的关爱，由于不善于表达，看着老师和别的小朋友一起玩，而只有自己一个人呆着，就会产生一种自卑心理，慢慢地就会有“老师为什么不喜欢我”这样的想法。

爱心贴士

当家长发现孩子对老师有抵触情绪时，首先要给孩子创造一种宽松、自由发表意见的心理氛围，使孩子能毫不隐瞒地讲清楚原因以及老师对自己的态度和自己接受批评时的心情。家长要认真倾听，并采取适宜的方法解决。如果是属于孩子认识偏激或行为错误时，家长要积极引导；如果是属于老师处理问题存在片面性或有失误时，家长要积极主动与老师交换意见，以化解孩子的抵触心理。

不想上学怎么办

“我不要上学”是典型的厌学症表现。求知是孩子认识世界的基本途径，而追求快乐又是孩子的天性。若孩子因求知而被剥夺快乐，在痛苦的状态下学习，就会产生厌学情绪。凡是有厌学情绪的儿童，容易和老师、家长产生对立情绪。这也让许多家长总是为孩子不快乐、不愿上学而烦恼不已……

事例1

大多数孩子到了入学年龄，总是盼望尽早跨进学校的大门。然而，也有些孩子不愿上学，有的上了几天学，学习的热情也逐步下降。

简一向是个聪明好学的孩子，在幼儿园时，老师和小朋友们都喜欢和他一起画画、读书、做游戏。现在简已经上一年级了，他对学校的新生活适应得很快。从小就喜欢画画的他，现在画的比他同学都要好。他还喜欢念书，同学们都非常喜欢他。这样的生活持续了一个学期，但是，寒假后的一天，学校却变成了他不愿意去的地方。

事例2

明明和鹏鹏是一对双胞胎，聪明可爱的他们人见人爱，所以在幼儿园的生活非常幸福和快乐。不知不觉，两个小孩子已经到了上学的年龄。这天，妈妈送兄弟二人去上学，哥哥小鹏鹏还算听话，可是，小明明怎么也不肯上学，妈妈问他为什么不上学，他也说不出所以然，只是嘴里哭喊着：“我不来这个学校，我要上那个学校（原来的幼儿园）。”没有弟弟同自己一起上学，小鹏鹏也不肯上学了。不管妈妈怎么劝明明，明明就是不肯进学校。

● 事因分析

上述两个事例是典型的厌学表现。孩子不想上学或是不愿学习都称为厌学。而孩子厌学的因素是多方面的，要改变孩子的厌学情绪，首先要弄清孩子产生厌学情绪的原因，然后才能对症下药，让孩子快乐学习。

孩子产生厌学情绪，这是由于学习动力缺乏所致，主要有以下原因：

1. 期望值过高，忽略了孩子的心理

大多数孩子进入学校是以一种新鲜感走进校园的，如果此时父母对儿童的要求过低，整日忙于自己的事，而忽视了孩子入学后的心理变化，孩子缺乏学习自觉性，这会使孩子难以领悟学习的过程，难以独立地解决遇到的新问题，体验不到独立解决问题后的快乐。

另一方面，父母对孩子期望过高会使孩子心理压力大大增加，不自觉地把学习与痛苦体验联系在一起，从而产生厌学情绪。

2. 受家庭问题的影响

父母之间经常出现激烈的“战争”，生活在这种气氛中，孩子没有应有的安全感，无法再对学校发生兴趣。

3．儿童的自身问题

孩子不会学习：这类孩子往往学习时注意力不集中，不能把新旧知识联系起来进行学习；不能选择重要内容而抛开不重要的内容；无法将学到的知识正确、合理地表达出来。这样，面对日益繁重的课业内容，自然产生厌学情绪。

4．学校中的问题

学校生活过于紧张，学校的纪律过严而刻板，老师与学生之间缺少沟通，孩子在学校中常常受屈辱等。

5．恶劣的学习环境

父母是孩子的典范，父母不爱学习，没有学习氛围，学习条件太差或者学校和社会风气不好，都会让孩子受影响而产生厌学情绪。

爱心贴士

对于长期生活在父母身边的独生子女，现在突然要他独自去面对学校的生活，去过集体生活了，孩子难免会有些不适应。看到孩子的难受表情父母多少都会有些不舍，但是迟早要迈出这一步的，无论是孩子厌学，还是孩子不想上学，父母都要循循善诱，耐心指点，让孩子明白必须这样做的好处和不这样做的坏处，了解学习知识的重要性，当孩子明白这个道理后，自然就不再会厌学了。

集中注意力训练

心理学上说，注意力是个体对外界对象的指向与集中，也就是一种伴随各种认知过程的心理状态，无论是做什么，都存在“注意”的状态，而且要想完成一件事情，就必须“注意”才行。因此，注意力是无处不在的，但是孩子们的注意力又另当别论。

注意力不集中在孩子们身上是非常常见的。由于身心发展水平的限制，孩子不能将注意力长时间集中于一件事，而是常常不由自主地从一个事物转移到另一事物上。一旦养成这种行为习惯，对孩子学习和成长是有很大影响的。

事例1

“洁洁已经四岁零八个月了，人很活泼可爱，但是注意力就是不够集中。比如说，让他画画，他画一会儿就开始玩起他的水彩笔来了，过不了一会儿又把画画的纸拿来撕成一条一条，反正就是不干正事！”洁洁妈妈说，“除了坐在电视机面前看动画片，其他做什么事都不能坚持20分钟以上，真是让人头痛。”

事例2

陈女士的儿子活泼好动，是个人见人爱的孩子，而这也是令陈女士苦恼的原因。

陈女士说：“我儿子眼看就要四岁了，可他的注意力一点都不能集中，做什么事都是‘三分钟热度’，一会儿做这个，一会儿又干那个。玩的时候也是这样，一会儿玩小飞机、一会儿又摆弄小汽车，尤其是我给他讲故事的时候，听不了几分钟就要走开了，很多时候看画报也不好好看，真怕他从此养成这种习惯，以后就麻烦了。”专家都说学龄前的教育重要，但是孩子注意力不集中，这可如何是好？

事因分析

由上述事例表明，很多家长总是认为孩子的注意力不够集中。其实，大人们对孩子注意力的理解有些狭窄，认为注意力就等同于坚持性，而且是坚持做“正事”，比如写字、画画。而孩子玩一个小时的玻璃球，大人就认为孩子贪玩。其实，大人们没有意识到，对一个学龄前的孩子来说，这正是他注意力集中的一个表现。

注意力是指一个孩子能将焦点或意志集中在某一件事物或游戏上，而不被外界刺激所干扰的能力。每个孩子集中注意力时间的长短不一，一般而言，注意力会随着个体年龄的增长而有所不同，年龄愈大，注意力持续的时间会越长。儿童心理学家的研究证明，三岁多的孩子对一件事情的注意力只能保持很短一段时间，大约在3～5分钟；四岁多的孩子是10分钟左右；五六岁的孩子则可以保持15分钟左右。当然，这是平均时间。在实际生活中，不同的孩子有个体差异。所以在上面提到的事例中，洁洁妈妈觉得孩子做什么都不能坚持20分钟以上，是错怪孩子了。洁洁才四岁多，要求他做事情都要坚持20分钟，可真难为他，也不符合孩子的年龄和心理发展水平。

据专家分析，使孩子注意力不集中主要有以下因素：

1. 无关刺激的干扰。孩子以无意注意为主，一切新奇多变的事物都能吸引他们，干扰他们正在进行的活动。如色彩、音响、流动的人和车辆等都可能分散孩子的注意力。针对这种情况，要孩子保持注意力集中就要排除无关刺激的干扰，使孩子所处的环境安静整洁。

2. 疲劳。孩子神经系统的耐受力较差，长时间处于紧张状态或从事一种单调的活动，会引起疲劳，如晚上让孩子长时间看电视、玩耍，孩子第二天的注意力就无法集中。这就需要家长为孩子制定一个合理的作息制度，使孩子得到充分的休息和睡眠，以保证其次日精力充沛地进行学习。

3．孩子对某些事物不感兴趣。大人们要求孩子所做的事过难，会使孩子产生为难情绪；过易则不能吸引孩子，都不利于集中孩子的注意力。只有当新内容与孩子的知识经验之间存在着中等程度的差异时，才容易引起孩子的注意。

针对此种情况，这里存在一个兴趣的问题。当孩子面对他感兴趣的事物时，注意力集中的时间就会奇迹般增长。父母可以利用这些特点，想一些巧妙的办法，使任务变得很有趣，并使孩子对将要从事的活动有强烈的兴趣，从而激发孩子的求知欲，培养其学习兴趣，促进他们集中注意力。

4．注意转移能力差。由于年龄的原因，孩子注意转移的品质还没有发展，因而常常不能根据需要及时将注意力集中在应该注意的事物上，这也是注意力分散的一个原因。如果事前的活动量过大，刺激较强，孩子过于兴奋，便很难将注意力转移到后面的活动中去，更容易分心。因而家长要引导孩子积极动手动脑，变被动为主动，这样更有利于孩子注意力的集中。

爱心贴士

集中注意力是完成任何有目的的活动所必须的，但有意注意需要意志努力，消耗的神经能量较多，容易引起疲劳，特别是3～6岁的儿童，由于其特殊的心理特点，很难长时间保持有意注意。

一般情况下，我们说孩子注意力不集中，往往是说他的有意注意不够集中，也就是说，孩子的无意注意是占优势的，而且，任何新奇多变的事物都能吸引他。因此，大人们必须灵活地掌握方法，不断地变换孩子的两种“注意”，使其大脑活动有张有弛，既能完成你留给他的学习任务，又不至于过度疲劳。

第四章　孩子的性格独立阶段（10～14岁）

10～14岁是孩子的性格独立阶段，这个时期的成长若是受到阻碍，则会影响其一生的发展。

10～14岁的孩子有自己相对独立的思想，善于思考问题。这个阶段是小学进入初中的关键时期，在学习上会面临各种各样的问题，孩子这时在心灵上会受到一些“无能为力”的伤害。作为父母，了解孩子的身心发展规律，把孩子培养成德才兼备的人才，是你应尽的责任。

令孩子恐惧的学校

学校是孩子学习知识的地方，应该是令孩子敬重和景仰的地方，可为什么有的孩子怕去上学，或不愿上学呢？这个问题，每位老师都应该好好想一想。十多岁的孩子正是身心尚未发育成熟、性格尚未健全的时候，此时的他们自尊心较强，心理比较脆弱，稍微受到一点伤害，就可能造成难以弥补的伤痕。有的老师为追求单一的教学质量，对学习成绩差的学生极尽挖苦、讽刺之能事，有的甚至勒令孩子回家反省，这种极端做法，无疑会给孩子心灵留下巨大的创伤。

事例1

一位母亲说："我女儿10岁，性格内向，从小自尊心强，学习成绩名列前茅。一次，女儿因一件小事受到新换班主任的过分批评，以后孩子就总是紧张，担心自己做错事被老师批评，后来发展到害怕上学，尤其是每到星期一早晨上学时会出现腹痛并伴有恶心呕吐，但只要不上学就没事了。眼见孩子成绩下滑，易发脾气，我们很着急。"

事例2

佳佳刚满10岁，在家中是个聪明活泼的孩子。新的一学期开始了，才几天老师就发现她怕生，不合群，不愿意与其他同学一起玩，接着就开始哭闹，吵着要回家，连着几天都这样。老师很奇怪，急忙给家长打电话，可佳佳的妈妈来后，孩子还是要回家，佳佳妈妈也没有办法。

事例3

娟娟是个聪明的孩子，上小学以后却慢慢变得沉默寡言起来，发展到最后竟然不愿意上学了。询问其原因，说是怕别人笑话。原来一次体育课做操，她动作不甚协调，惹得同学们哈哈大笑。她觉得很没有面子，就再也不愿意去上体育课了。自此以后，她觉得自己什么都不如人，于是干脆封闭自己。父母怎么也说服不了她，急得不得了。

事因分析

上述事例中孩子们的行为表现为“上学恐惧症”。这是一种情绪障碍，表现各异，但对学校产生恐惧这一特点是相同的，诱因有分离性焦虑或改换学校后难以适应新环境，以及人际交往困难等，特别是儿童在升学、转学或在学校中碰到过分严厉的批评、在学习或其他活动中失利、受到挫折时更容易产生。父母不分是非地同情患儿，为其辩护，则会强化这种恐怖。母亲对儿童外出离开自己表示焦虑不安、不放心，也会增强儿童的害怕和恐惧情绪。

虽然上学恐惧症是一种不健康的心理表现，但家长们不必为此着急焦虑，这种症状只是孩子从一种生活转向另一种生活时所产生的不适应心理，家长只要正确引导，上学恐惧症是会很快消失的。

当然，要想引导得好，最好先弄明白导致上学恐惧症的原因是什么，这样才能对症下药。

产生分离焦虑和上学恐惧症的原因主要有：

1. 情感的不适应。由于孩子从小由父母或专人抚养，建立了良好的安全感。而一上学，就要与亲人分离而处在陌生的环境中，这样使孩子失去了安全感，觉得无依无靠，焦虑情绪油然而生。

2. 家长在孩子上学前没有为孩子做心理上的准备，在孩子未入学校时听到家长以消极的态度谈论学校，比如说如果不乖就把你送到学校，到学校如果不听话老师就会批评，让老师来管你等等，甚至像喊“狼来了”那样吓唬孩子说：“你要不听话，明天就把你送到学校去。”这种做法只能造成孩子对学校的恐惧心理，也是造成“上学恐惧症”的原因之一。

3. 现在的孩子多为独生子女，初到学校不能适应集体生活，如不会自己穿脱衣服，不会自己吃饭的孩子到了午饭及午睡时间就发愁。另外，孩子在初到学校时被老师严厉批评或被一些同学欺侮，也会使他对学校生活产生恐惧心理。老师在处理具体问题时方法过于简单，或是经常批评学生也是导致孩子害怕入学校的原因之一。

那么针对孩子的上学恐惧症，作为父母应该怎么办呢？

1. 给孩子提供安全的环境。让孩子知道父母是爱他、关心他的，会与其共同解决困难。

2. 提供学习处世技巧的机会。父母可以在家庭协助小孩学习如何与长辈、朋友交往，如何面对问题，到学校后才能有良好的人际关系，觉得学校是快乐的。

3. 父母要与老师经常沟通。老师的夸奖、亲切的态度，都会让小孩感受到温馨，如果小孩惧怕上学，应拜访老师请他多接近，多称赞孩子，以减轻其对学校的恐惧，提高其学习的兴趣。

4. 帮助孩子建立对学校的安全意识。利用假期带孩子到学校活动，或拜访对学校有良好印象的亲朋好友和小朋友等。

5. 经常与孩子讨论学校发生的事，但不要以父母的价值观来影响孩子。

爱心贴士

对于孩子来说，因其没有足够的表达能力，一旦出现了情绪问题，很难用语言表达出来他们往往选择在第一时间里通过一些行为表达自己的不满和愤怒，孩子的上学恐惧症是一件很正常的事情。在处理孩子的上学恐惧症问题上，家庭和学校的责任各占一半。所以，家长除了带孩子进行心理咨询，听取专业意见之外，平时要经常与老师沟通，寻求老师的帮助；作为家长，绝对不能放弃对孩子的帮助，要发现他们身上的闪光点，并帮助他们减轻压力，树立自信，直至带领孩子走出困境。

难以产生学习激情

许多十来岁的孩子都这样问自己：我为什么没有学习激情，我为什么进到教室就烦？其实孩子对学习没有激情，是典型的缺乏学习动力的现象，而兴趣则是学习的最大动力。对于孩子的这种心理，父母要用正确的方法来进行引导。

事例1

丽丽是一个聪明活泼的女孩，但就是上课听讲的效果非常不好。老师在上课的时候，经常会发现丽丽的眼睛不是黯然无神，就是盯着窗外或者周围其他的同学，要不就是手里不停地摆弄着铅笔、尺子、书包带等物品。若是教室外发生了什么事情，有了什么声音，丽丽一定是全班第一个被吸引过去的。老师让她回答问题时，常常是“一问三不知”。不用说，她的考试成绩在班里只能排个中下等。如此不良的听课状况，一旦孩子升入高年级，功课肯定跟不上。为此老师私下找来了丽丽的妈妈。果然，她妈妈也说孩子在家做作业的时候，总是磨磨蹭蹭，边做边玩，不是要喝水，就是要上厕所，还经常发愣，一个小时的作业量，她总要用两到三个小时才能完成，而且正确率也不高。丽丽的妈妈为此非常发愁。

事例2

老师在上英语课时发现，他提问时，有一个叫张晓的同学从来不举手，别的学生都把手举到了天上，争先恐后的，可张晓就像是一个旁观者，不过，当老师提问到她的时候，她有的问题也能答上来。

● 事因分析

现在，有不少孩子之所以没有学习激情，是因为没有从学习中找到乐趣，甚至优等生也不例外。像上面提到的丽丽是对学习不感兴趣、做事注意力不集中的典型事例，这种学生是最令父母头疼的。要改变孩子没有学习兴趣的问题，首先要弄清楚孩子产生厌学情绪的原因，然后才能对症下药。一般而言，孩子产生厌学情绪的原因主要有以下几点：

1.父母对孩子的期望过高。有的家长为了孩子，可以放弃自己的事业，去学校陪读，造成孩子缺乏学习的自觉性，难以领悟学习的过程，难以独立地解决遇到的新问题，体验不到独立解决问题后的成功感受。星期天他们还会整天陪孩子练琴、学画，给孩子进行课外辅导，使孩子的心理、身体上的压力大大增加。

2．家长对孩子学习知识的目的定向有偏差，将学习知识的目的定在明天而不是今天。他们常对孩子说："你不好好学习，将来就得去修地球，去扫大街。"由于功利性过于强烈，孩子体验不到获取知识的快乐，而只注重别人对自己学习成绩的评价，自然会将学习看做是苦差事。

3．孩子的学习方法不正确。不会学习的孩子学得苦，学得累，学得烦。这些孩子往往学习时不集中注意力，不能把新旧知识联系起来进行学习，无法将学到的知识正确、合理地表达出来。由于孩子不会学习，面对日益繁重的课业内容，便会产生不喜欢学习的想法。

面对孩子的厌学，在弄清主要原因之后，家长们该如何让孩子快乐学习呢？

1.作为父母，要让孩子体验到成功的快乐。

每个孩子都很在意别人对自己的评价，他是按照别人的评价去认识自己的。如果别人说他笨，他就会认为自己笨。一个总是得不到别人赞赏的孩子体验不到成功的快乐，也就不会去努力了。对于一个从未完成过作业的孩子，家长最好让他先做几道容易的习题，让他能轻而易举地完成，再调整作业的难度。如果孩子的学习不好，不要将失败的原因归为孩子不聪明，这样容易让他自暴自弃。作为家长可以从学习态度、意志力等方面去寻找其中的原因。

2．让孩子学会自我激励。

如果孩子能够经常自我激励、自我鞭策，他便有可能避免学业上的失败。家长首先要帮助孩子树立自我激励的目标，其次要让孩子学会自我暗示，经常对自己说一句激励的话，如“我一定能成功”；再次是让孩子在行动中摆脱消极情绪。如果孩子因为怕学习失败而产生恐惧，你就应该告诉孩子采取什么样的行动来消除这种情绪。

优秀是鼓励出来的，正因为孩子的心灵敏感脆弱，所以鼓励的话更容易起到促进的作用，家长朋友们可以先放下心里的严格的尺子，用平常心去鼓励孩子的一点点小进步。还有，虽然你的心里着急，但也不要逼着孩子去学习。因为当孩子愿意学习的时候，学习是一种享受，效果会事半功倍；反之，当孩子不愿学习的时候，学习则是一种苦役，你逼着他学习，只会增加他的痛苦。

3．要有正确指导孩子学习的方法。

在辅导孩子时，不要代替孩子学习，这样容易养成孩子的依赖心理和遇事退缩的习惯。要教给孩子获得知识的方法，如教孩子如何去查工具书，如何获得自己想要的资料等。如果孩子在学习过程中不会选择重要的内容，家长可以有意识地在每周给孩子两篇长文章，让他把长文章缩写成短文章，缩写的过程既体现了孩子对知识的理解，又能体现孩子的创造性。

4．要维护孩子的自尊心。

大部分家长都深有体会，经常性地批评并不能够让孩子的成绩提高，既然如此，家长们就应该控制住自己要脱口而出的批评，换一种让孩子能够接受的语言，同他心平气和地进行交谈。只有尊重和保护孩子的自尊心，才能慢慢提高他们的学习兴趣，并逐步提高他们的学习成绩。

爱心贴士

父母对待对学习不感兴趣的孩子，要帮助他们找到问题的症结所在，引导他们掌握科学的学习方法，千万不要对孩子失去信心。对于在学习中实在有困难的孩子，家长可以找心理医生检查评定孩子的学习能力，用科学方法进行矫治。

心理负担过重

“我不想、不想长大，长大后这世界没童话……”这首歌唱出了很多孩子们的心声。现在越来越多的孩子不想长大，还不时这样想：“我为什么要长大？”如果您有这样的孩子，您可要注意了，这说明孩子的心理负担太重了。孩子不想长大是对个人成长客观规律的一种主观压抑，这种压抑必然危害孩子正常心理健康的成长。这对孩子的现在和未来都是无益的，孩子不想长大应该使大人有所警觉。

事例1

田静的妈妈早就告诉她，要是不好好学钢琴，将来考高中或者考大学就不能加分，别人都加分了，如果自己不加，就考不上好大学，考不上好大学，就找不到好工作。田静说，其实她并不喜欢钢琴，甚至不知道自己将来想做什么。有时候挺想赶快长大的，可一想到长大以后要做那么多事，又很害怕。

事例2

张师傅下岗后，把自己的全部希望都寄托在儿子小刚身上，为了让小刚好好学习，他在小刚的卧室安了个摄像头，时刻监视他的行动。小刚在高压之下反而更无法集中精力，学习成绩一落千丈。结果可想而知，小刚受到了父亲的无情责骂，张师傅说："你就不能长大吗？让我整天为你操心，你看别人家的孩子……"

面对父亲如此行为，小刚更没有了学习激情，他在心里问自己："我为什么要长大，为什么……"

事因分析

一个小学生，居然会考虑为自己将来的工作而学习，这太不可思议了！究竟是什么原因导致孩子会有这样的想法呢？

1. 现代社会的竞争异常激烈，而这种竞争已经提前演绎到大学、中学甚至是小学阶段，孩子从家长、老师的教导中深深认识了这个社会的残酷性，并把这种将要面临的竞争当做自己学习的动力，这本身就是一种心理负担。

2. 教育原因。父母对孩子的投入和期待很大，以至于孩子不愿意长大，因为长大后就要有一份责任感。

很多家长都在为自己的孩子策划未来，这其实是一种拔苗助长的教育方式。孩子的未来应该由他们自己去选择，况且幼小的孩子也没有对未来规划的意识。家长可以为孩子做规划，但应该是在孩子表现出某方面天赋时，帮助其发挥天赋，而不是强行给孩子赋予某种天赋，让他们以勤补拙。

3. 孩子本身的因素。有些孩子不想长大是因为长大后会增添许多烦恼，不愿承担相应的责任。随着孩子

年龄的增大，当他看到大人在冷酷的竞争压力下生存的时候，自然会对未来充满恐惧。由于其不愿意过如此辛苦的大人生活，所以不愿意长大。

4．不容忽视的社会因素。随着社会的不断发展，竞争的不断激烈，作为独生子女的这一代人承担着父母和社会的过多投入和期待。家长和社会将所需要的价值观灌输给孩子，让孩子提前步入社会竞争，给心灵带来了极大的压力，从而对未来充满了恐惧。心理学家认为，一个人置身于社会中的能力和他的社会化程度有关。一个不敢面对将来、不愿或害怕承担责任的人，其社会化程度是不高的，虽然年龄已达到了成熟，但作为一个在社会中要承担多种角色的社会人还是远远不够的。

5．家庭的原因。现在大多数家庭都只有一个孩子，父母对他们备加爱护，这使他们对父母有着一种很强的依赖性，这种依赖促使其不希望长大。

爱心贴士

面对孩子的心理负担，家长首先应该好好地检讨一下自己，改变自己的教育方法；其次要和孩子经常沟通，了解他们内心的痛苦，解决他们的心理难题，只有这样，才能使孩子轻装上阵，健康成长。

不听父母的话

“孩子只听老师的话，无论做什么事情都要说‘我要去告诉老师’或是‘这是老师说的’……”这是许多父母在一项调查中的所反映出的情况。面对如此情况，许多家长都表现出很无奈的表情。其实，作为父母不必无奈，只要你的教育方法稍作调整，孩子不听话的问题便会迎刃而解。

事例1

王方是老师眼里的好孩子，但他的妈妈却不这么认为。

这天，王方的妈妈来到学校，请求老师帮忙管教一下孩子，说这个孩子天天要钱，她都有些负担不起了。老师把王方领进了办公室询问情况。王方脸一下子红了：“我，我想吃零食，可是妈妈不给钱。”“可是，妈妈已经说了她没有零钱啊……”不等孙老师把话说完，王方就接过话说：“才不是呢，妈妈每次都这样，我开始问她要时，她总是说没有，等我哭完了，她就会给钱的。谁知道她今天……”王方的声音越来越小，头也越来越低。

事例2

圆圆和爸爸一起逛超市，圆圆要买一种加了很多色素的饮料。爸爸认为不卫生，坚决不给她买，她当时很生气，刚开始是不肯离开那个地方，最后干脆躺到地下哭闹。

爸爸不生气，就像平时看她玩沙子一样，若无其事地等着她。在等的过程中爸爸还去看了看别的商品，和营业员说话。圆圆发现爸爸不生气，不在意她的脾气，哭闹得更厉害。

地面很凉，也脏，她的衣服全弄脏了，路过的人都在看她。爸爸沉着气就是不着急，待她哭不动了，爸爸蹲下身，用商量的口气问她："咱们走吧？"圆圆见爸爸来关心她，便又开始哭闹，爸爸就又没事人似的站起来，在她跟前溜达等待。

这样几个回合后，圆圆没劲了，爸爸又蹲下微笑着问她："好了吗，可以走了吗？"圆圆意识到再闹也没用了，只好乖乖地站起来跟着爸爸回家了。

● 事因分析

有些孩子在学校里很听话，把老师的话当"圣旨"，什么事情都能自己做，在老师心目中是好孩子；可回到家里却变得任性、娇惯、不讲理、自主性差，事事都让父母代替，处处依赖父母，出现了与学校大相径庭的行为。造成孩子在家不听话的原因有：

1. 教育方式的缺陷

父母只会一味迁就孩子，意志不坚定。或经常用很严厉的态度对待孩子，常常为无关紧要的事大发雷霆。家长教育孩子时情绪不稳定，高兴时，事事宽容孩子，不高兴时，处处为难孩子。反之，老师在教育孩子时，目标是明确一致的，对孩子的要求是"严而不厉，爱而不溺"的；老师对孩子一视同仁，善于从孩子的实际出发，因材施教，处处给孩子提供表现的机会；老师注意自己的修养，既有丰富的感情又有深刻的理智，能用正确的态度和情绪对待每一个孩子。

2. 过于宠爱孩子，失去威信

孩子是父母的心里的宝贝，含在嘴里怕化，捧在手里怕丢，对于他们的任何无理要求都会满足。长期如此，孩子便抓住了父母的心思，只要心理不被满足，就开始哭闹，父母在孩子心中失去了威信。如上述事例中的王方就是如此。

3. 对孩子不够重视

有些父母常为一些事情忽略了对孩子的重视，从不去细心了解孩子的心里变化，不知道孩子的委屈，不知道孩子的心事……反之，由于现在教育方式的改革，老师则经常组织一些活动，拉近与孩子们的距离，关心孩子的心理发展，孩子有什么心事总会去找老师谈，久而久之，对老师的信任程度就会超过父母。

4．父母经常失信，使孩子失去安全感

许多父母总是无节制地向孩子许承诺，接着把自己给孩子的承诺忘得一干二净，或者干脆不承认。久而久之，孩子觉得父母经常欺骗自己，没有安全感。反之，很多老师则不会轻易地向孩子许诺什么东西。

面对如此情况，建议家长可以运用以下办法来解决此难题：

1.重新塑造自己在孩子心目中的威信

威信是一种无形的东西，它是家长对孩子进行有效教育的重要因素。要想做一个有威信的父母，就必须以身作则，发挥榜样作用，凡要求孩子做到的，自己必先做到。此外，要使孩子对自己产生一种又敬又爱的感情。另外，在树立威信的过程当中，应避免过于溺爱孩子。

最重要的是要建立与孩子间的平等关系，家长应与孩子相互平等、相互信任、相互尊重，遇事与孩子商量，听取孩子的意见，这样会使孩子感到家长对自己的信任，从而尊重父母。

2．经常与孩子沟通，增加孩子的信任度

孩子不听家长的话，也与孩子对家长缺乏信任有关。因此，树立权威不能只强调“威”，而忽略“信用”的重要性，不要以为欺骗小孩无关紧要。父母必须恪守“言必信，行必果”的原则。如果您答应星期天带孩子去公园，就一定要做到。而不是在孩子一味的纠缠下，在不得已之下，以答应他来逃避他的无理取闹，或是以种种理由来逃避自己答应过的事情。或许，你觉得这没什么，其实你的行为在孩子那纯洁心灵上已经划上了一道伤痕，还造成了孩子对你的不信任。

此外，要经常关心和了解孩子。作为家长不仅要关心孩子的生活，还要了解他们的兴趣与爱好，了解孩子的能力，不要向孩子提出他们经过很大努力也达不到的要求，这样不但伤害了你和孩子之间的感情，也伤害了孩子的自信心。

3．奖罚分明，不溺爱孩子

老师在孩子心目中很有威信，与他们在孩子犯错后的惩戒有关。所以在教育孩子时，孩子一旦犯了错，家长就不能因为疼爱孩子而不对他作出惩罚，应该奖罚分明。

4．父母教育态度要一致，步调要一致

父母和家庭成员之间必须相互尊重，步调一致，在教育孩子时，切忌一个“唱红脸”，一个“唱白脸”，或当着孩子的面互相指责，数落对方的不是。

在孩子心目中，父母是“天神”。父母说的话都是正确的，如果父母的教育意见不一致时，尤其不要在孩子面前发生争执，这会抹煞你在孩子心目中的“天神”形象，降低自己在孩子必中的威信，从而影响教育的效果。

5．保持和学校教育的一致性

作为父母应经常和老师保持联系，保持与学校教育的一致性，及时把孩子在家里不听话的表现反映给老师，和老师共同商讨教育对策。条件允许，也可以邀请老师到家里做家访，让老师观察你的教子状况，进而给你提供指导、建议。

6．提高自身的素质和修养

孩子一天天长大，对是非好坏逐渐有了初步的正确评判能力，因此家长要注意自己的一言一行，并保持良好的情绪状态，以免影响你在孩子心目中的地位。

爱心贴士

不要怪孩子不听自己的话，不信任自己，那是因为你们没有给他足够的理由让他听你的话，信任你。当孩子不听你的话时，作为家长就要自我反省一下了，是不是自己的教育方式和日常生活出了什么差错，如果发现了就应马上改正。对于孩子，正确的教育方法是：因势利导，循循善诱，宽严相济，宽严适度，既不能对其处处挑剔、事事指责，也不能一味迁就、放任自流。

不愿与其他孩子沟通

有许多孩子常常不爱和其他孩子在一起玩耍，平时若是再和同学闹一点矛盾或者是别人对自己稍微有一点不好，就会感觉同学们不喜欢他，他自己则会更加远离他们。这其实是孩子不合群的种种表现。孩子不合群不可怕，关键是如何改变这种局面。

事例1

韩丽是一位性格比较内向，不爱说话的女孩，她一向不太善于处理与同学之间的关系。有一个同学找她借了一本书，她几次三番催促人家归还，同学没有及时还给她，她就找到同学家索要，还书时她发现书籍已有破损，就非常不高兴。同学见她这个样子，就嘲笑她小气。韩丽觉得自己对大家那么好，可是别人却不理解她，心里非常伤心。

事例2

有一个孩子这样对心理医生说："我的性格比较内向，属于那种闷得让人受不了的人，我知道这是我的一大弱点。我的朋友不多，有时觉得很孤独，我也想去接近别人，可是又不知道该如何接近，该如何和别人沟通才能成为朋友。我从来没对谁不好过，当别人遇到困难时，我总会主动地帮助他们，可是他们却并未因此而感谢我。现在在班里，除了和我从小一起玩的朋友理我之外，别人见了我都会故意躲开我，可是我真的不知道这是为什么？有的时候我总是翻来覆去地想自己哪错了，但我觉得自己对别人一直都不错，除了不爱说话这个毛病，可我已经在尽量改了。我现在说话也已经越来越多了，但还是不受别人欢迎，我真的不知道该怎么办？”

● 事因分析

以上两个事例说明，孩子是很在意别人是否喜欢自己，并希望得到别人肯定的。那么，是什么原因导致孩子产生这种想法的呢？

1. 内心脆弱

孩子在家里，不管遇到什么事，家长一般都会偏向孩子。而在学校中，同学之间肯定会有摩擦，就会出现彼此之间暂时不说话，由于孩子心理比较脆弱，在他们的内心里就会出现“他们是不是不喜欢我了”这种想法。

2. 内心比较封闭

由于孩子的性格比较内向，不喜欢和同学们接触，慢慢地就感觉自己融不到集体中去，随着同学关系的越来越疏远，孩子的心里便会出现同学们不喜欢自己的想法。

作为父母应该怎样帮助孩子摆脱这样的心理呢？

1. 倾听

当家长发现孩子有这种心理时，首先要给孩子创造一种宽松、自由的发表意见的心理氛围，使孩子毫不隐瞒地讲清楚别人不喜欢自己的原因以及对自己的态度。家长要认真倾听，并采用适宜的方法来解决。如果是属于孩子认识偏激或行为错误时，家长要积极引导。

2．让孩子学会换位思考

让孩子学会站在他人的角度考虑问题和处理问题，创造情景让孩子亲身体会别的同学的想法。教孩子多看看别人的优点，而不是死咬住缺点不放，学会尊重对方，关心对方，多赞扬对方，不要不舍得开金口，在关系僵持或恶化的时候，一定要主动表示友好，不要爱于面子或难为情不开口。

3．经常与孩子沟通

家长如果长期不与孩子沟通，会使孩子慢慢把自己的内心世界封闭起来，性格也会变得内向，还会与父母产生距离，从此有话不愿意对父母说。

4．经常与老师沟通

家长要了解孩子在学校的表现，老师也要了解孩子在家中的行为，这对家长和老师共同教育孩子、避免孩子对同学产生抵触情绪是极其重要的，所以为了孩子的健康成长，要经常与老师沟通。

此外，还可以叮嘱老师多关心自己的孩子，让老师鼓励同学们多和孩子一起玩。

爱心贴士

作为父母，首先要改善孩子的家庭教育环境，孩子之所以会有不合群的现象，往往出在父母对待孩子的态度上。父母不要过分地溺爱孩子，也不可过于粗暴，正确的做法是对他们多加关心，耐心教育，多种渠道培养孩子积极、热情、活泼和开朗的性格。

此外，对于正在治疗这种心理问题的孩子，父母既要看到孩子的些微进步，还要帮助他们与其他孩子逐步建立起良好的交往关系。

不愿上某些老师的课

有些孩子因为不喜欢某一位老师，于是就不愿意上他的课，不做那一科的作业，结果师生关系恶化，孩子的学习成绩严重滑坡。这些孩子一回家就会向家长抱怨："我不喜欢某某老师，他很坏，一点都不关心我们……"面对这样的情况，父母往往也会感到束手无策。在处理这个问题上，父母必须要记住的最重要的一点是，大多数的老师都是充满爱心的、无私奉献的和受过很好培训的。每一位老师都有自己的风格，孩子们必须学会如何去适应。正如孩子们能从那些性情温和的、有耐心的老师们那儿受益一样，他们也能从那些严厉的、苛刻的老师们那儿获得教益。

事例1

快开学了，可小小的父母还在为一件事情发愁。因为上学期刚开学不久，小小就说她不喜欢班上的一名老师，也不愿意上那位老师的课，结果上课时，她不用心听讲，那位老师布置的作业她也不用心做，导致期末考试学习成绩严重滑坡。眼看要升学了，小小竟不愿去学校。她说："我们老师不喜欢我，他对别的几个同学总是笑咪咪的，对我总是板着脸，总爱教训我，说我什么事都不懂，我不喜欢他，除非换个老师或换个学校我才去上学。"

事例2

超超本来数学成绩不错，可是自从本学期他们班换数学老师后，他的数学成绩直线下降，他的父母非常着急，就去学校找老师交换意见。老师说："我也奇怪，按说超超的理解能力不错，成绩不致于这么差，是不是我平时对他太严厉了？"超超的父母回去问超超，他说："我不知道，我只知道上他的课我很紧张，平时很简单的问题，只要他一提问，我就不知道怎样回答。总之，我非常怕他。"

● 事因分析

作为父母，大概没有比听一个孩子说"我不想上学""我怕老师"这样的话更令你烦恼了。而造成如此的原因有以下几种：

1. 孩子对某科的学习缺乏兴趣，成绩不好，即使老师没有对孩子批评、责备，孩子也自认为学习不好，老师不会喜欢自己，于是会逐渐疏远，对老师就会缺乏感情。

2. 学习压力大，自我感觉达不到家长和老师的要求，厌烦了学习，但又没有胆量无故放弃学习，这时他会抓住老师的一点儿问题，或自己找茬和某老师闹矛盾，借机不学习这一科。

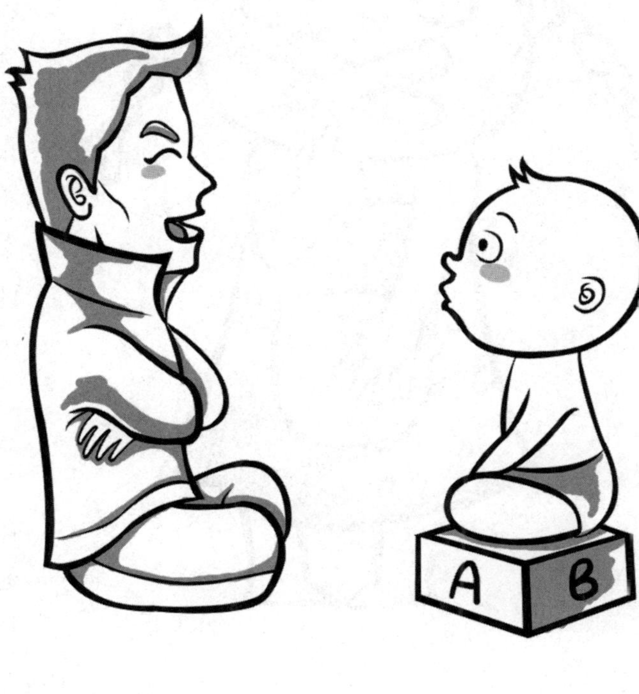

3. 被老师冤枉过，老师又没有认真承认自己的失误。老师教育、批评学生时，难免出现错误，有的孩子被冤枉了，耿耿于怀，产生委屈甚至怨恨情绪，与老师感情疏远。

4. 因为纪律问题或个别错误受

到老师的批评过多的孩子，在老师面前缺少成功、愉快的心理体验，造成感情上的隔阂。

5. 没有得到老师的重视。老师没有让孩子当上干部，没有给孩子一定的工作任务，甚至在课堂上很少提问他，或者老师跟这个孩子从来没有交谈过。

6. 当然，“孩子不听讲”也有真假两种可能。有的孩子不是真不听讲、真不学习，而是以不喜欢这位老师为借口，只是表面不听讲，实际暗下功夫。这样他就给自己留了一条后路：一旦成绩不好，可以归结到他因不喜欢这位老师而没学习造成的，把责任推给老师。如果成绩好，正是自己所希望的，那就什么也不用说或者还能得到赞扬——不听讲也能达到这种水平，真了不起。如果是这样，家长没必要着急。

孩子不喜欢某老师、不学习某学科，只是表面现象，家长要看清问题的实质，采取相应的措施，问题才能得到解决。

一般可采用以下办法：

1. 对孩子认真进行尊师教育。老师也是人，难免有缺点、有错误。如果仅仅是因为老师工作中有缺点、有错误就不尊敬，那是不对的。所以说，学生尊敬老师，这是作为学生应该做到的最基本要求之一。只有尊敬老师，才能与老师建立良好的师生关系。

2. 倾听和领会孩子对老师的抱怨。当一个孩子说诸如“我的老师真坏，我讨厌她”的时候，他最需要的是一双关切的耳朵，而不是说教、威胁或者找某人去“解决”这个难题。

聪明的父母对此应该做出这样的回应：“你真的不喜欢她吗？那真难办。如果有哪个孩子那么聪明，能够找到一个与她相处的办法的话，我相信，那个人一定是你。”一定要让你的孩子知道你有多么的爱他们，愿意倾听他们诉说的任何一件与他们息息相关的事情。

3．有的孩子出于害羞、胆怯，与老师面对面沟通时心理发怵。出现这种情况，可以指导孩子以书面形式与老师交流。

要让孩子理清自己的思想，认清自己的缺点、自己的意愿，在尊敬老师的前提下如实写出来，向老师汇报，请求老师的指导和帮助。告诉孩子，不要忘记写出自己的打算和措施。

这样的内容，可以写成单独的书信，也可以写在周记本、日记本里，请老师批阅。

如果发现有的老师在教育言行中存在严重的问题，则应采取适当的方式向学校领导反映。注意：态度要诚恳，内容要客观。

4．到学校跟老师交谈，请老师给孩子成功的机会。孩子不喜欢哪位老师，家长应先主动与这位老师沟通，以尊敬、虚心的态度，倾听老师的话，包括批评孩子、甚至批评自己的话。家长这样做，会促使老师自省。当老师态度平和之后，家长跟孩子一起请教老师，当面分析孩子的优点与不足。要孩子表态好好听老师教导，好好学习，认真完成作业。当然，家长也可以在给孩子提出要求的同时，请求老师在课堂上或课下给孩子一定的表现机会，让孩子完成力所能及的事。当孩子真的有所进步时，老师可以表扬他，也可以在课堂上给孩子表现的机会，这就会使孩子与老师之间的关系由疏远逐渐变得亲近起来。

5．不要怂恿你的孩子说老师或者学校的坏话。父母在孩子面前说一些否定老师的言语是一种失策的行为，这会使孩子对老师的水平产生怀疑，从而不好好地上这位老师的课。即使在我们很不赞成孩子的老师或者学校的情况下，我们也必须对孩子们说：“应该尊敬老师，听老师的话。你可以不同意老师所说的或者所做的，但是你绝不能不尊敬或者在学校里不服从他。”

换句话说，如果我们允许我们的孩子因为他们的弱点而指责老师的话，我们就剥夺了他们的一次重要的学习机会。当父母鼓励孩子学会如何积极地面对那些难以相处的老师和对他们产生压力的环境时，孩子会因此而学会如何战胜挑战，解决他们自己的问题。

6．帮助你的孩子明白有一位严厉的老师是一件好事情。聪明的父母会问他们的孩子："你有一位严厉的老师为什么不是一件好事情呢？"当他们的孩子耸耸肩，然后以一种漫不经心的态度回答"我怎么知道"的时候，这些父母会回答："因为，这样你就有机会知道即使是对那些难以相处的人，你也能成功地和他们相处，那可是生活中最有用的一种技能啊！"

爱心贴士

孩子不喜欢老师是常有的事情，这是一种正常的成长心理。面对如此情况，家长不要忙着去指责老师，更不要指责孩子。而是应帮助孩子想象老师的好处，引导孩子重新喜欢上他所讨厌的老师，以免影响孩子的学习成绩。

独立意识的培养

在美国，从孩子呱呱坠地之日起，他就被当做一个独立的人看待。父母从不勉强孩子做什么，而是按照孩子的年龄特点，引导他们去做应做的事情。而在我们中国却不同，看看上学的路上，父母接送孩子上学，还要帮孩子背书包；衣服脏了，妈妈忙着洗干净……这些做法，不仅剥夺了孩子独立成长的机会，更糟糕的是还有可能使孩子产生自己无能、愚蠢的观念，这是对孩子自信心的一种无形的伤害。

事例1

董秀是育英小学四年级的一个小学生，由于学习成绩优秀，同学和老师都非常喜欢她。但是，自下半学期以来，董妈妈发现孩子变了。

这天，董秀和一个要好的同学小米约好，七点钟在小米家里一起温习功课。六点多钟，董秀吃过饭，告诉妈妈要去同学家里温习功课。董妈妈问董秀大概几点回来，让她爸去接她。董秀只是告诉妈妈说，不会太晚回来的，不用爸爸接的。说完之后，把饭碗一推，就拿着课本去找同学了。

到了同学家里，董秀发现小米正在洗衣服，但是没见小米的妈妈。董秀问小米："是不是你妈妈又加班了呀？""没有，我妈妈怕打扰我们学习，就去找朋友了。"小米回答道。"原来是这样，你妈妈为什么不给你洗了衣服再出去呢？在我们家里都是妈妈洗衣服的。"董秀看着小米还在洗衣服，于是说道。小米抬头看了看时间，还不到七点，她说："你先等我十分钟，我马上就洗好了。自我

十岁以来，我都是一个人洗衣服，从来不让妈妈帮我洗，因为这是我自己的事，我认为，自己的事应该自己来做！”董秀没有再说什么。

第二天放学回到家，董秀妈妈对董秀说：“秀秀，快把你的衣服换下来！”“可是我穿哪一件衣服呢？”妈妈帮董秀拿出另一件粉红色衣服换上。正准备去洗换下来的衣服时，董秀说：“妈妈，我来洗吧。”妈妈没听清楚秀秀在说什么。“妈妈，以后我自己的衣服由我自己来洗就好了。”“现在，妈妈你就去做饭，等一会儿我洗好衣服该肚子饿了。”董妈妈微笑着说：“秀秀真懂事，是你们老师要你们这么做的吗？”“才不是呢，我昨天看到小米都是自己洗衣服，我也要自己洗衣服，我要独立！”

事例2

小迪，一个五年级学生，从小生活在爸爸妈妈的关爱下，爷爷奶奶更是拿她当掌上明珠。他的衣、食、住、行都是由爸爸妈妈“包办”，从来都是“衣来伸手，饭来张口”的小公主。爸爸妈妈认为，小迪只要能够拿出一份好的成绩单就够了。

五年级下半学期，学校为了锻炼孩子们的独立性，要求每个孩子都住校一段时间。不过时间并不长，只有两个星期。虽然只是短短的两个星期，小迪还是够惨的。在学校里，完全是独立性的，被单要自己整理，刚开始小迪的被单总是叠不好，几天下来还算马马虎虎。吃饭要自己买，吃了饭之后自己刷碗筷，衣服也是由自己来洗。小迪现在回想起来都有些后怕，自己从来没有洗过碗，也没有洗过衣服。住校的两个星期只洗了两次衣服，真不知道那衣服是怎么穿的。

这次训练结束了，学校做了一项调查，这项调查显示：该学校的学生70%没有独立性，而25%是父母有意培养孩子的独立性，只有5%是孩子自己养成的这种独立意识。据说，这次住校期间，有些家长不放心孩子，还三番五次的跑来看孩子。

事因分析

有位美国心理学家曾说："孩子需要一定的空间去成长，去实验自己的能力，去学会应付危险的能力。不要为孩子做他自己能做的任何事情。如果父母过多地做了，那就剥夺了孩子发展自己能力的机会，也剥夺了他们的自立与自信。"

现在的父母，给孩子倾注了太多的爱，而这种爱往往是不正当的，这种爱只会压制孩子的自由活动。父母为孩子费尽心血，对孩子寄予太多的希望，无非就是让孩子将来能在社会上立足，能够成就一番事业。可什么样的孩子能适应将来竞争激烈的社会呢？是在父母怀抱里长大的孩子，还是在父母包办下毫无主见、毫无个性的孩子？对于这个问题，每位父母都非常明白，可实际上能够做到的父母实在是太少了。正是如此，才导致了我们的孩子独立空间越来越少。

孩子失去了独立空间，失去了锻炼的机会，又从何谈起独立。

在一对夫妻只有一个孩子的今天，父母都应该懂得：孩子是一个独立的个体，他是作为一个独立的人而存在的，父母应该尊重孩子的独立与探索意识，不要把孩子禁锢在自己的臂膀里。

诚然，孩子虽然现在还小，但是总归有一天要离开父母，独立地在社会上闯荡、生活。独立性是一个人在社会上的立身之本，如果一个人不能独立，那他将无法在这个社会上生存下去，所以独立性需要从小培养。我们都知道美国的孩子独立性较强，这主要是因为他们的父母从小很注重培养孩子的独立意识。他们决不代替孩子做他们自己可以做的事情。与之相比较，许多中国父母好像更加"疼爱”孩子，他们总是对孩子的生活干涉得过多、过问得太多。而在这种父母的“疼爱”下长大的孩子往往生活自理能力差，在学习和生活中遇到不顺心的事或者遇到困难的时候，就不知道该如何去办，不会自己主动想办法去解决问题。这是我们每位家长所不愿看到的。

所以，为了孩子能有一个美好的将来，不要看到孩子摔倒就心痛，有时也要硬下心来，“不要管”孩子。不去“管”他们，是给他们提供锻炼的机会，让他们做自己能做也应该做的事情：能穿衣服时就让他自己穿，能洗衣服时就让他自己洗，能做家务时，就让他做些力所能及的家务……父母这种“别管”的做法，能让孩子变得独立、自主、自强。当孩子完成这些事情之后，父母可以给予鼓励和夸奖。这样既能培养孩子的独立能力，也能使孩子在一次次的成功中增强自信心。

当然，父母的“不去管”，并不是放任自流，而是建立在了解孩子能力的基础上的。如果孩子确实存在难以解决的问题，父母可以把自己的经验和想法告诉孩子，与孩子一起来解决。

爱心贴士

我们每个人都是一个独立的个体。同样的，孩子们虽小，但他们也是一个独立的个体，父母应该给孩子一个独立的、可以自由活动的属于孩子的空间，这个空间应该让孩子自己来建设，允许孩子在自己的空间里做一些自己感兴趣的事，只要孩子能够独立地支配自己的小天地，他就会觉得自己是自己的小主人。这样才能培养孩子克服困难的信心，才能锻炼他们的心理素质和实际生活能力。

让孩子知道性

让孩子知道性，这是教育孩子的一门必不可少的功课。虽然现在人们的思想有所转变，但很多家长仍然认为，谈性是一件非常羞耻的事情。因而，很多家长不愿或是不想与孩子谈及性方面的知识，更不必说从小对孩子进行性教育了。其实这是不正确的想法，作为父母应该为孩子负责，为他的成长和求知欲负责。

事例1

朱朱曾多次问过妈妈，他是怎么来到这个世界上的。妈妈的回答是：是从妈妈肚子里生出来的。

开头朱朱很满意这个答案。后来，他又问了：“每个人都有一个爸爸一个妈妈。娃娃是从妈妈肚子里生出来的，那爸爸做了什么呢？”

妈妈说：“爸爸把种子放到妈妈肚子里，然后种子在妈妈肚子里长大，生出来就是娃娃了。”

终于，朱朱问了：“那种子怎么放进去的，娃娃是怎么生出来的？”

这个问题妈妈一时不知道该怎样回答，只好用一句别的话支吾过去。

事例2

盛夏，一对年轻的父母带着12岁的女儿到公园游玩，公园里的繁花、绿地、蝴蝶，让一家人都沉浸在快乐的海洋里。“爸爸妈妈，快来看！”继续前行的父母闻声猛回头，发现女儿停留在一片花群前，正低头看着一朵怒放的鲜花。爸爸来到女儿面前，发现花上停着一对蝴蝶。“妈妈，这两只蝴蝶在干什么？”女儿问。“它们在交尾。”“交尾是什么？”“就是生孩子！”刚说完，父亲的心就提起来了：女儿还会追问吗？还好，女儿似乎没有在意这个回答，满意地拉着父母的手继续前行。

● 事因分析

通过上面的事例可以看出，每个孩子对性方面都是有疑问的。应该及时适时地让孩子了解性知识，从正常的渠道受到正确的相关教育是非常重要的。

对于现在的成年人来说，小时候谈到性是一件非常羞耻的事情，因为从大人的表情中可以看出：那是一种不好的事情。他们通过点到为止的生理课本、电视里偶尔的接吻镜头和同学们之间模糊的传闻提供的一点可怜的知识，学会了如何谈恋爱，摸索着去找到各自的“性福”。也许性无知对我们的祖先来说是一种美德，可对现在的人来说，无知就更容易受到伤害。所以，更多的父母开始意识到，只有让孩子懂得更多的性知识，才能使他们学会保护自己，也才能使他们健康成长。

有的家长认为自己为人父母，应该成为孩子尊敬的对象，而向孩子宣传性知识会被人看不起，有失家长尊严；或者知道性教育很重要，但出于害羞难以启齿；或者认为谈论性，宣传性只是成人的事，与儿童无关。实际上，孩子进入一定的阶段，身体的发育和变化会使他们产生一种强烈的愿望，那就是想了解这种变化的原因。而让孩子了解这种原因，及时对孩子进行性教育最安全的方式就是来自于父母。因为如果儿童没有适时接受性教育，随着他们的年龄增长和生理成熟，他们会尝试从别的途径去获得信息，例如：色情网站和不良书籍等，这对孩子的成长极为不利。墨西哥儿童从 5 岁开始，就通过学校授课等方式获得性知识。教师通过图片展示、角色扮演等方式，让儿童认知男女不同的身体器官，从而获得最基础的性知识。所以父母应该承担这个责任，坦然与孩子谈性，作为家长，应该学习一些有关性方面的知识来充实自己，有了比较足够的知识准备，与孩子谈论性问题时才会有自信心。

从教育学和心理学角度来讲，初中阶段学生生理相对成熟，但却是心理最不稳定的时期，这个时期进行性教育，学生已经不可避免地对性带有一定的色彩和偏见，相反会起到反面的诱导作用。因此，在孩子的性观念未被社会上一些不良影响扭曲之前，及早普及正确的性观念和科学的生理知识，能够使孩子在青春期更好地保护自己。

爱心贴士

为了孩子的健康成长，作为父母，有必要丰富自己的性知识，如到书店买相关书籍，到网上查阅相关的资料，并在孩子课业不忙的时候，像拉家常一样给孩子讲解人体科学。讲解时，可以先从其他器官讲起，然后慢慢过度到生殖器，不要给孩子渲染神秘的气氛，尽量让他们觉得这和心、肝、肺一样，在身体中各司其职。也可以画漫画的形式，再配以生动通俗的语言，让孩子在听“故事”中了解两性知识。

把假期还给孩子

“终于又放假了，”孩子们想着，“总算可以好好的放松一下自己，告别那种紧张学习的生活了。”然而，很多家长却完全不是这样想的，爸爸妈妈们把目光瞄向了各种补习班、辅导班、提高班等这些能让孩子学知识的地方。真是可怜天下父母心呐，也真是难为了这些年幼的孩子们。为此，有关专家提醒家长们：应该认识学习规律，不要一厢情愿地逼孩子在假期学习，否则，可能会适得其反。

事例1

暑假到了，赖先生正考虑为上小学5年级的女儿报什么样的暑期班。他认为，暑假时间较长，总不能让孩子每天没事就玩儿。别人的孩子在假期里都报有这样那样的学习班，他也不能让孩子闲着。

经过选择，赖先生为女儿报了大提琴学习班。然而，赖先生的女儿林林参加学习后却非常苦恼，林林说：“最近几个假期我都是报班补习，感觉压力特别大。其实，即使自己坐在补习班的教室里，也学不下去。特别是听到同学们说‘他们玩得多好多好的时候’，心里对学习的排斥情绪就更加强烈。”

事例2

寒假里，陈女士的儿子聪聪只有春节几天写作业的时间，剩下的时间都要去“上班”。不少家长虽然知道辅导班不一定有用，仍然花钱让孩子“上班”。

陈女士儿子所在的班里，有的孩子已经花了几千元上辅导班，学习成绩却未见提高。

事例3

孩子还没有放假，魏女士就开始筹划起孩子的假期生活来了。她的儿子李浩，今年11岁，是××小学五年级的一名学生。李浩从小聪明可爱，活泼好动，想着儿子平时上学很辛苦，魏女士决定让孩子在暑假好好玩一玩，放松一下身心。问及李浩，李浩说："平时在学校里面对枯燥无味的课本，就一个头两个大了，马上就要放假了，放假期间本来就是我们自己的时间，我们也能够自己支配自己的时间了。妈妈很理解我，我也能够理解妈妈。"说着，李浩就给妈妈一个大大的拥抱。

事因分析

相对于别的孩子而言，李浩是非常幸运的。因为他有一个好妈妈，魏女士理解孩子，没有让他去参加这样那样的辅导班，也没有强迫他天天呆在家里学习。她希望孩子可以痛痛快快地玩一个暑假，可以放松一下自己的身心，以便在下学期全身心地投入到学习里。

可林林就没那么好过了，爸爸为她报了补习班，却没想到越补越厌学……类似林林这种现象的孩子不只是她一个，这是典型的因为家长的学习压迫造成学生逆反心理的情况。家长们总是想让孩子多学习一些知识，于是就利用假期或周末为孩子报补习班、学习班，却不曾想过，如此逼迫孩子在假期进行学习会直接影响到孩子学习的激情。

有关教育专家指出，假期盲目给孩子报班，可能影响学生的学习能力和成绩。首先，孩子提前学习下学期的知识，等到老师讲到这些知识的时候，孩子觉得已经学过了，上课的时候就不太注意，这样对知识的掌握仅仅停留在表面，就会出现一知半解的现象。其次，重复学习，学生学习的主动性和兴趣会大打折扣。再次，学生在假期得不到休息，精神上始终处于紧张状态，很容易造成厌学心理。

本来在经过一个学期的学习之后，学生需要一个调整的时期，释放压力，重新积蓄对学习的兴趣。然而，家长们却把这有限的时间安排得满满的，令孩子没有释放压力的空间。当然了，家长们送孩子上辅导班的出发点无可厚非。但孩子如果长期在课外辅导的环境下学习，久而久之，会产生依赖辅导的心理。家长们还应该认识到，辅导班仅仅是在做知识的“加量”，而对能力的培养是没有任何帮助的。送孩子“上班”在短期内可能保持不错的学习成绩，但孩子因为思维方式被模式化，没有形成正确的学习方法和思考能力，学习的潜力和发展的空间反而被压缩了。因此，专家提醒，要短期的成绩，还是要孩子今后的长远发展，家长一定要三思而后行。

专家还建议父母们：应鼓励孩子走出家门，到外界多参加一些公益活动，与同学、朋友一起多参加一些社会实践，并积极进行体育锻炼等，以培养学习以外的多种素质和能力。

爱心贴士

现代社会竞争日益激烈，各种补习班遍地开花，作为望子成龙、望女成凤的父母，不希望孩子输在起跑线上，便把孩子们送到补习班去学这学那，这种心理是可以理解的。但是，这种“望子成龙、望女成凤”的做法也要有个“度”，所谓“行行出状元”，不要总是要求孩子按照大人的想法来生活。每一个孩子都有他自己的特长，要让孩子成才最好的办法是挖掘孩子本身的兴趣和特长，兴趣是最好的老师，让孩子在自己喜欢的天地里成为强者，这不是更好吗？

因此，社会教育学家呼吁：家长们应该早日认识到学习的规律，不要一厢情愿地逼迫孩子在假期里学习。因为过度学习反而会适得其反，父母应该把假期真正还给孩子，一个真正属于孩子的假期是没有学习压力、亲近社会、亲近自然的假期。

多给孩子一些鼓励

幼儿有自己独特的内心世界，它是具体的、鲜活的。在他们的心中父母是神、是圣人，父母对他们的评价直接关系到他们的心理和以后的成长与发展。所以在评价孩子时一定要正面评价，这样能使孩子肯定自己，积极上进；反之，孩子受批评或得到不好的评价，就会否定自己，产生自卑感，不思上进。因此，多给孩子一些鼓励，就等于给前进的轮子装上了润滑剂，可以极大地调动孩子的学习积极性。

事例1

孙女士下班回到家里，看到女儿若有所思的坐在沙发上，看也不看她一眼。于是，向前看个究竟："宝贝，怎么了？"孙女士把她的女儿抱起。

"妈妈，我是个怎样的小孩？"女儿用那充满疑惑的大眼睛看着孙女士。

孙女士听到这个问题，愣了一下，然后笑了说："你是妈妈的宝贝啊，要不妈妈怎么会这样评价你呢？"

"不对，奶奶说我是一个调皮捣蛋的小孩，因为我不小心把她的鸡蛋打破了；爸爸说我是个烦人的小孩，他说我打扰了他看书；爷爷说我是个听话的小孩，因为我帮他搬了凳子；老师说我是个坏小孩，因为我上课捣乱；同学们说我很好，因为我给他们糖果吃；可你却说我是你宝贝，为什么啊妈妈？"孙女士的女儿疑惑的说着。

"这个，你很好啊……"孙女士一下子愣了，不知道该如何回答是好。

“是吗？可是别人为什么要那样说我啊？”孙女士的女儿生气地说。

孙女士面对如此情况，不知该如何是好。

事例2

小刚上五年级了，在学校里面常被人轻视，常被人骂是“傻孩子”。在一次家庭聚会中，小刚的叔叔当着众人的面夸奖自己的儿子如何聪明，还提示让小刚的妈妈带着儿子去检查一下智力。本来，在听弟弟讲述“教子成就”、反衬出小刚“愚笨”的时候，已经让小刚的母亲如坐针毡，当听到了“检查智力”的建议之后，一贯要强的母亲再也不能容忍孩子给自己“丢面子”了，她冲进另一个房间，走到正在无忧无虑玩耍的儿子面前，狠狠地扇了小刚一个耳光。小刚不知道发生了什么事情，马上就哭了起来。小刚母亲见了之后说：“哭哭，你就知道哭，有你这样笨的吗？我怎么就有了你这样一个笨的儿子呢？”小刚经常得到这样的待遇——在不知情的情况下被妈妈打，被妈妈骂。慢慢的，小刚做什么事情总是做不好，慢慢的在学校里被人骂是“傻孩子”、“笨孩子”。在他的心里也就承认了自己是一个笨孩子，是个傻孩子，他不与别人交往，没有朋友，每天总是一个人来，一个人去。

● 事因分析

当孩子到了一定年龄时，总会问一些奇怪的问题，这些问题往往问得父母不知如何回答是好，如：“我是个怎样的小孩？”其实，孩子问这些问题，都是有他自己的道理的。当孩子问起“我是个怎样的小孩”时，就说明他长大了，开始在意别人的评价，却也很困惑别人对他的评价，造成如此情况的原因有以下几个方面：

1. 父母不明确评价。父母的评价决定着孩子的成长健康和心理健康。然而，许多父母却忽略了这些，当孩子做错事，父母一味地责骂孩子。于是，孩子接受了这样一个信息：“我不是个好孩子，我是坏孩子，因为爸爸、妈妈不喜欢我。”当孩子做了好事之后，父母又一个劲地夸奖，于是，孩子接受了这样一个信息：“我是好孩子，爸爸、妈妈夸奖我了。”当这两个信息同时并存于孩子脑海里时，孩子就迷惑了，不知道自己是一个怎样的孩子，就会去问父母，而父母的回答还是敷衍了事“你很棒！”“你是爸爸、妈妈的宝贝。”就如上述事例中孙女士女儿一样。

2．众人片面、随意地评价。在学校里，老师和同学会随着孩子所做事情的实质给孩子做出片面的评价，时好时坏。在家里，家庭成员对孩子也有不同的评价，当家里来客人，或者父母领着孩子到别人家里做客时，客人出于礼貌，随口就说：“啊，这个孩子看起来好乖啊！”“你的孩子很聪明啊！”

3．父母只是按照自己的意愿为孩子制定了各种标准，按照自己制定的标准对孩子进行评价。然而，不适度的标准必然造成不适度的评价，就像用汽车的速度来衡量自行车，必然得出“车速太慢”的结论。就如上述事例中的小刚妈妈一样。

由此可见，孩子渴望得到别人的评价，但是大人们却没有在意，在此建议父母在评价孩子时应做到以下几点：

1. 不要给予随大流的评价

当孩子问及自己的不足时，不去认真分析孩子产生不足的真正原因，只是“随大流”，或是用“天生”为理由而忽视了自己的教育责任，或是照搬别人的原因往自己孩子的头上套，而逃避自己的教育责任。或者，只给予孩子片面的评价，只因他某件事情做得不好就批评他，某件事情做得好就表扬他。其实以上这些做法都是不对的，在评价孩子时不要因为孩子小就敷衍了事，在批评或者表扬之后，再给他解释自己批评或表扬他的理由，这样会使孩子更好地发展。

2．不要给予随意、消极的评价

家长在评价孩子的时候，经常采用随意性地评价形式——不经过认真思考，口无遮拦，只是凭借自己的感情用事，这样对孩子造成心理危害会更大。孩子出现不足的时候，也是非常需要别人帮助的时候。但是，家长由于自身观念、方法存在着不足，由于将自己的面子和尊严放在了第一位，所以对孩子的不足经常表现得无法容忍，哪怕是一些不很严重的不足，也足以让家长暴跳如雷。在盛怒之下，什么“笨蛋、蠢货、没出息、你这辈子算完了”等讽刺、打击、侮辱、谩骂性的语言滔滔不绝地从家长的口中涌出来——家长只顾自己的面子，只顾自己的痛快，丝毫不顾及孩子的自尊心，不顾及教育的效果。这样评价孩子，会给孩子造成很大的影响，不但起不了教育的作用，反而会害了你的孩子。

3．不做盲目的评价

教育评价的基本功能在于促进学习者的发展和提高，不加分辨地盲目鼓励，会使孩子无法看清努力的方向和前进的目标，不但不能给孩子有效地激励，而且也不利于孩子的改进。这种做法，往深处说，是对孩子一种错误思维的肯定，而这种肯定，也许会让孩子在错误的道路上渐行渐远。

4．不要一味给予积极的评价

作为父母要有目的地评价孩子，不慷慨地献出自己的评价。诚然，孩子确实需要评价来激励，在激励性语言的评价下，相信即使再平庸的孩子也会变得聪明。但是，物极必反，凡事过了头就未必是好的了。一味表扬，正如一味惩罚一样，并不可取。不需要付出努力，唾手可得的称赞有谁会珍惜呢？事实上，对孩子而言，过多的夸奖不仅不能对孩子产生积极的引导作用，反而会导致孩子形成浅尝辄止和随意应付的做事态度。

5．有丰富的评价语

如果孩子做得很好，而父母只用“好”或“不错”来评价，孩子会感到不满意。如果孩子做错了事情，父母只用“这样不行”“你做错了”来评价，孩子会不服气的。父母应预测孩子的需要和情境的性质，做出适当的表扬，使表扬产生真正的激励作用。例如，当孩子的作业完成的好时，父母可以说“你真聪明”；这样既可以增强父母和孩子间的关系，也有利于孩子自信心的树立。

用肯定性词语代替否定性词语。肯定性词语能明显地告诉孩子应该怎么做，而否定性词语只告诉孩子不应该怎么做，却无法表达应该怎么做。

6. 用肯定的语言作为评价

当孩子产生害怕心理时，父母用“勇敢些”、“放松些”就比用“不要胆小”、“不要紧张”更带有激励作用。用“你应该再努力些”、“我已经看到你在进步”、“我希望你做得更好些”比用“你不要偷懒”、“你的进步不快”、“你让我失望了”等更对孩子有教育作用。

爱心贴士

评价伴随着孩子的成长，无论孩子是成功还是失败，都不应影响父母对孩子的肯定和爱护。但是，当孩子还是出现“我是个怎样的小孩”的疑问时，父母就应该注意周边人对孩子的评价了，通过了解情况，父母有义务及时根据情况向孩子解释每种评价所代表的意思，防止那些评价给孩子的心理带来不好的影响。

多赞扬你的学生

当孩子在学习上有一定的进步时，便想得到老师的赞扬，但老师却偏偏没有表扬，这常常使孩子的心灵产生一种疑问：老师，为什么不夸夸我呢，难道我又做错了吗？这种情绪不仅影响孩子的学习积极性，也会使孩子对老师产生怀疑。

事例1

小杰平时很努力，可老师就是不表扬他，这让他非常气愤。

这天放学回到家里，小杰看见妈妈就说："真气人，老师又表扬小惠了。我和她一样努力，可老师就是不肯表扬我！"

妈妈："小杰，老师没有表扬你，你很失望？"

小杰："当然是的。"

妈妈："妈妈可以理

解你，但是妈妈不希望你让失望影响你的进步和成长！”

小杰：“我也不想，可是就是控制不了。”

妈妈：“你可以试试这个方法：首先，你要明白表扬到底有多重要，试着把表扬看轻；然后，不被失望的情绪压倒，继续努力；虽然老师没有表扬自己，但不泄气，相信老师会注意到自己的成绩，并期待自己更大的进步！”

事例2

李女士说，她的女儿每次睡觉之前，都嘀嘀咕咕地说：“妈妈，老师不表扬我。”

这不，又到了放学的时间。

“真邪门啦，语文老师表扬了小旭，我读书也很努力，声音比她还大呢？老师为什么就不表扬我呢？是不是老师不喜欢我呢？爱表扬不表扬，下回我还不费那个劲了呢！”孩子不甘心地对李女士说。

面对如此情况，李女士也非常疑心。心想：是啊，女儿平时学习很努力的。但她还是安慰女儿说：“你已经很乖了，老师不用表扬你了，有的小朋友表现好了，老师要表扬鼓励一下！”

李女士发现女儿似乎有些明白了。

事因分析

“老师为什么不夸夸我呢？”这既是孩子内心的真实想法，也是渴望得到表扬的一种情绪抒发。

俗话说：尺有所短，寸有所长。每个孩子都有自己的闪光点。如果老师总说孩子的不是，回到家里父母也不安慰孩子，孩子便会对自己失去信心，失去学习的动力，甚至还会激起孩子的逆反心理。

美国心理学家威廉·詹姆斯说：“人类本性上最深的企图之一是期望被赞美、钦佩、尊重。”世界上的每一个人都是这样，成人也是这样，何况是一个孩子呢？渴望自己的进步能得到表扬，那是一种十分愉快的心理体验。可是如果经过自己的努力，却没有得到应有的表扬、肯定和鼓励，心中必然会很失望，小杰就是一个典型的例子。从心理学角度来说，失望的这种情绪是一种消极的情绪，有时会削弱人的活动热情和活动能力，影响人的成长和进步。

孩子在意老师的表扬是很正常的一件事，哪个孩子不希望自己得到老师的肯定，得到爸爸妈妈的表扬。所以说，当孩子没有受到老师的表扬而感到失望的时候，父母应尽量调节孩子的情绪，帮助孩子走出失望，具体方法如下：

1. 表扬很重要，但不要看得太重，只要自己付出努力了就应该为自己高兴，相信老师一定会看到自己进步的！

2. 千万不要被这点小挫折而跌倒，一定要继续努力，你一定会成功的！

3. 老师这次没表扬你，可能期望你能有更大的突破，所以你千万不要泄气，因为老师在等待着你的更大进步！

4. 要让孩子知道老师不表扬他是有一定道理的。有的小孩适合表扬，有的小孩特别容易骄傲则不宜每次都表扬。因材施教，要知道孩子如果一直都在表扬声中成长是不好的，以后会常常因为一点小小困难挫折而表现得很沮丧甚至出现心理疾病等。

爱心贴士

在生活中，面对总是渴望被老师表扬的孩子，父母应该有意识锻炼孩子多向性思维，教孩子以平常心对待赞扬和批评，引导孩子坦然接受他人之长，同时也要经常性地赞美自己的孩子，让孩子心里感到平衡，这样才能使孩子逐渐学会发现自己的长处，积极地继续保持上进。孩子不是因为失败而努力去做，而是因为成功了才更加努力地去做。作为家长应发掘孩子的优点，并正确地加以引导。

不以成绩论英雄

严父慈母——这一直是中国人对于父母的形容。父母本是儿女成长的桥、前行的路。父母对于儿女的爱更是最无私、最单纯的。但是，在教育行业中，因为对成绩的片面追求，我们经常能看到别样的“严父刺母”。

成绩，需要有所追求。但是，并不能说成绩不好就是坏孩子。因为孩子一时成绩不好，就对其任意打骂，显然不是在促进孩子的进步，而是在阻碍孩子的成长。这样的父母，永远也教育不出真正优秀的孩子来。

事例1

13岁的小玉是某校六年级的学生，父亲是做生意的，家里很有钱，全家人就这一个宝贝，对她是百依百顺，以往无论她犯了什么错，父母都没有骂过她。可是，这次因小玉的期末考试成绩不理想，父母忍不住责备了她几句。从没受过这么严厉批评的小玉在家里又哭又闹，心里觉得难以接受。第二天，因为此事，小玉再次与父母争吵起来，妈妈气愤之下，打了小玉两下。

当晚，小玉从家里拿出八千多块钱，在父母睡觉之际，偷偷地跑出家门。可是，出了家门小玉不知道自己该到什么地方去。随后，她去了火车站，买了一张去广州的车票，没有一丝留恋的走了。

天明之后，小玉下了车，但她站在马路中央，不知道怎么办才好，还差点出了车祸。幸亏交警把她拉开。之后，就问她家是哪的，在这里干什么。交警看小玉什么都不说，就把她送到了警察局。经民警耐心劝说，小玉终于打消了继续出走的念头，愿意回家。

小玉的突然失踪可急坏了家人，当夜，家人就报了警。就在他们焦急万分的时候，突然从广州传来了好消息，小玉找到了。

当天中午12时许，小玉的父母专程赶到了广州。小玉的母亲眼睛都已经哭红了。见到母亲这样，小玉也忍不住扑到了母亲怀里大哭起来。

小玉的爸爸对民警说，自己觉得很奇怪，对女儿这么好，供她吃供她喝，要什么给什么，可她还是不理解父母的苦心。他说宁愿不做生意了，也要找到女儿。民警告诉小玉爸爸，不能只在物质上关心女儿，更要在精神上关心她，孩子的成绩不能代表孩子的一切，不要因孩子的成绩好坏来评价孩子的能力，当孩子成绩下降时不要只是一味的责骂，要帮助孩子找到成绩下降的原因，并鼓励孩子。

事例2

一位母亲下班回家意外发现女儿已经做好饭，并给自己打好洗脸水，还拿来拖鞋让她换，母亲一语道破这一反常现象的根源：是不是外语测验不及格了？女儿脸红了。母亲知道女儿知错了，便不再批评她了，还说了几句鼓励女儿的话。母亲之所以这样做，是因为通过女儿的表现，她清楚女儿会努力学习，考出好成绩的。

● 事因分析

中小学生的学习成绩越来越成为家长们关心的话题。许多父母为了使自己的孩子成绩提高一些，运用了种种办法，却依旧无效。面对如此情况，许多孩子也发出了这样的疑问："爸爸、妈妈，我已经努力了，你们为什么看不到呢？"而对此情况，父母视若无睹，只是一味的打骂责备孩子，这种做法极大的伤害了孩子的自尊心。那么，究竟是何原因造成孩子有如此心声呢？

1. 孩子是祖国的未来，父母的希望。在家庭中，家长无一例外地对自己的孩子将来有所考虑和期望。期望孩子成绩出众，将来上大学、有成就的有之；期望孩子有经营头脑，将来可以挣大钱的有之；期望孩子体格健壮，将来可以破纪录、拿世界冠军的有之；期望孩子只要快乐、平安地度过一生的也有之……很多情况下，父母的殷殷期望化作了孩子向上奋进的动力。而有时，过高的期望会化为孩子肩上沉重的压力，面对如此压力，孩子会更加努力的学习，但却让一张成绩单判了死刑，因此使产生了这样的疑问：“爸爸、妈妈，我已经努力了，你们为什么看不到呢？”

2．父母的唠叨。当孩子的成绩不理想时，他自己已经够难过了，回到家想听的是父母安慰，但听的不仅不是父母的安慰，还听到了父母无尽的唠叨，比如：“你怎么就这般没出息？”“你怎么这么笨呢？”“你就不会好好学吗？”“你知道我们为了让你上学费了多大心劲啊，你竟然考成这样？”

此外，父母喋喋不休的期望表达，就亲子间的交流而言，孩子仍然扮演了被动的角色。其结果，要么使孩子人云亦云地盲从，要么使他对什么都无所谓，对家长的期望不屑一顾，还有就是使孩子产生“你越是要我这样，我越是要那样”的逆反心理。这样的期望，能对孩子产生作用吗？一句话，第一次讲可能是真理，第十次讲就是陈词滥调了。在一个适宜的时间与场合，与孩子一起探讨一下父母对孩子的期望，其效果远远胜过一日十次的重复。

3．父母的催促。“你该做作业了，你该复习了，怎么每天都要我催你呢？”这样的催促如果孩子听烦了，他们可能会说：“我本来想学，你一催我反而不想学了。”接着便是成绩下降，然后是……

4．疲劳式。学校搞题海战术，家长再增加学习时间，学习题目，这就是疲劳式教育。孩子的精力是有限的，超负荷学习会给孩子的身心健康带来伤害，最终只能是欲速而不达。

5．父母的失望表情。当孩子成绩没达到父母所期望的时候，不管孩子是不是进步了，父母总会表现出一种很失望的神情，这样会给孩子造成很大的伤害。

当父母看到孩子的成绩单时，若能做到以下几点，不但有益于孩子的身心健康，还可使孩子的成绩迅速提升。

1.用微笑和孩子一起看成绩单。

2．尽量找到一些好的评语，来鼓励孩子，让孩子知道你已经知道他在努力。

3．保持冷静，让孩子来告诉你成绩不够理想是怎么一回事。

4．不采用责备和羞辱的问话方式。可以使用“为什么”“怎么”“如何”等词语来询问情况。如：“你觉得自己的成绩为什么不理想啊？”“这种情况是怎么发生的呢？”“你准备下次如何来提高成绩呢？”

5．同情孩子。比如，可以对孩子说：“你成绩不合格，我也挺难受的。你的感受如何？我打赌你也不好受，对吧？”

6．协同孩子以及老师一起，制定一个帮助孩子提高的计划。

7．时刻牢记，这只是一个成绩单，不能为此给孩子定位，每一个孩子的发展空间都是很大的。孩子如果能得到你的扶持、理解和引导，就会积极主动地去修正和改善自己，而且这种行为只有在自觉自愿的前提下才会发生。

此外，面对孩子的教育也不要太过死板，要放弃 “成绩至上”的观点，并做到以下几点：

1.拓宽期望面，不要只局限于智能与学业

以智能高低、学业成绩作为衡量孩子是否成功、将来是否有前途，是现代社会的流行病。但事实上衡量一个人的成功与否是有许多评价标准的。

在罗马，有个小学生因为学习成绩不那么理想，成天郁郁寡欢。一次，父亲把他带上了罗马一座教堂高高的塔顶。

“往下瞧瞧吧，亲爱的孩子！”父亲指着像蜘蛛网般的街道说：“通向广场的路不止一条，生活也是一样。假如你发现这条路达不到目的地，就走另一条路试试！”多么聪明的父亲！他以一种恰如其分的方式，表达了对孩子取得成功的期望。

2．看到孩子的努力

作为父母，应该赏识孩子的勤奋和努力，并抓住适当的时机，承认孩子的努力、耐力和勤奋。家长们要始终记住一句话："所谓天才，是百分之一的聪明加百分之九十九的勤奋！"在很多情况下，父母应该故意淡忘孩子的聪明，而重视孩子的努力，并把这种理念传递给孩子，让他们感觉到只有努力才能获得父母的认可和夸奖，当孩子在学习或其他方面取得优异成绩时，不要把这个成绩归功于孩子的先天优势，而是把关注点集中在孩子的后天努力上。当孩子通过自己的努力做好了一件事情的时候，父母应该这样赏识和赞扬他"真是个努力的好孩子"，而不是"你真是个聪明的孩子"。当他成绩很理想时应该告诉他："成绩真不错，这都是你努力学习的结果！"

爱心贴士

崇尚勤奋品质的家庭，会分别考虑每个孩子的优点，而不是将他们相互比较，当然也不会根据成绩去比较他们。每个孩子能力各异，只要他们都在进步，都在努力，家长就应该予以更多的关注，并及时地给予表扬，千万不要只以分数的高低，来确定孩子进步的大小。

第五章　孩子的心理危机阶段（14～16岁）

14～16岁，是人生的转折期，也是一个生机勃勃的年龄，这一阶段的学生从少年走向青年，是刚刚释放出青春活力的第一季。

14～16岁，也是一个问题多发期，由于生理和心理的不断发育，这时期的孩子会承受着从未经历过的“青春期烦恼”，如果不能妥善处理这些问题，就容易出现严重的心理问题和心理障碍。作为父母，应多一份关注，多一份理解，使孩子安全度过青春期的这一危机阶段。

不能适应新环境

进入中学后，有的孩子一时不能适应新的环境，导致心理上的一些疾病。这种现象是青春期的一种正常反应，只要适当的引导，就能回到正常的学习中去。

事例1

“入学时进了全年级前30名，期中考试后退到200多名，准是没有认真学习。”期中考试成绩一下来，阿倩的妈妈就开始给孩子来了个“开门黑”。当问及阿倩是什么原因的时候，她委屈地说：“入学以来，我感觉同学们和老师都用异样的眼光看我，使我感觉好怕，也不敢去接触他们，经常一个人很孤独地坐在自己的位置上，慢慢地学习成绩也被落了下来。”

事例2

“爸爸，我要回家，再也不要住在这里了。”上个学期还寄宿的初一男生小杰这学期开学成了走读生，父母原本希望借寄宿培养他的自理能力以及和同学们相处的能力。没想到，住校不到两个礼拜的小杰常因缺乏包容接纳的心态，三天两头和寝室同学争吵打闹，打输了就打电话给妈妈哭诉，说同学们欺负他。父母急匆匆赶到学校，请老师调查事情原委，却发现是小杰有错在先。于是，从这学期，父母决定不再让小杰做寄宿生了。

● 事因分析

人的一生有许多转折点，每一个转折点对人的成长、发展都会有很大的影响。面对转折点采取什么样的态度，付诸什么样的行动，得到什么样的指点至关重要。孩子从幼儿园到小学是一个很自然的过渡，而从小学到初中则是一个很大的转折，并且这个转折是孩子成长过程中一个非常重要的转折点。他们的成长既给家长带来一份喜悦，也让很多家长有一丝忧虑和困扰。有相当一部分孩子在小学阶段的学习中成绩优秀，但升入中学后成绩往往不尽如人意。

以上的两个事例所表现的情况，是典型的不适应初中生活所导致的。初中生正处在身体发育的第二高峰期，与此相对应的心理发育却具有不平衡性，反抗性、闭锁性都在潜意识中生长，因此，进入初中的初始阶段，不少孩子都表现出不适应症。这是为什么呢？

1. 生活环境的改变和家庭因素

许多家长对独生子女只是注意学业上提高，忽视思想品德及意志品质方面的培养和心理方面的指导，致使部分新生在遇到挫折时不能正确应对，从而使孩子产生心理障碍。

一般孩子的小学都是就近入学，吃住在家，生活上遇到的事情都有父母解决。有些小学生甚至由家人接送上下学，由家人整理书包。而进入初中后，学生一般要到离家较远的学校上学，有的成了寄宿生，生活中的事情需要自理，面对这突如其来的变化，使孩子们感觉到孤独和无助，面临依赖性与独立性的心理冲突。

2. 人际环境的改变

孩子在中学这个新的环境中，同学关系更加复杂、多样。面对新的陌生的同学，如何与他们相处，如何融入新的班集体，如何克服自己的孤独感，是刚刚进入初中的学生很棘手的问题。与小学时不同的是，孩子不再依赖老师与父母，交友心理特别强烈，他们害怕被孤立、不合群，害怕被集体或同学排斥。一些学生在小学是班上的佼佼者，心理上有优越感，而在初中这个新的团体中，个人的优势降低，这种落差使他们产生失落感、自卑感。

3. 学习方式不同

小学时，课程很少，没有什么学习压力。中学的课程设置是由单一的数学、语文到多种学科齐开并重。这对于刚进入中学的孩子来说是个很大的变化。小学课程设置虽然有历史、地理、自然、劳动等科目，但考试的科目以语文、数学为主，因而学生学习目标比较集中，指向性也很强。而中学要开七门主要课程，加上体、音、美、计算机、劳技，共十几门课程。每节课换一个老师，开始孩子很新鲜，也不在意。但是对每节课的重点、难点的掌握对于刚上中学的孩子来说还很有难度。哪些知识需要掌握，哪些只是需要了解，哪些一定要会运用，他们并不清楚。老师对学生自学能力的要求加强，一些学生出现学习方法与学习习惯的不适应，学习成绩开始下降，甚至出现学习焦虑症状。

对于孩子在学校的不适应这种情况，家长不要着急。

1. 要及时了解孩子的生理、心理变化及中、小学教育的特征差异，要让孩子知道他们是生活在集体中，要经常与老师和同学进行沟通和交流；在学习中要互相帮助，要有同情心，要宽容和包容别人；要有团队精神和集体感。

2．家长要配合学校做好两方面的工作：一是帮助孩子克服依赖性，增强自律性。培养孩子自主、自理、自立的能力；二是要教育孩子为集体承担义务和责任，使他们较快地成熟起来。

3．家长要指导孩子在学习中注意积累学习经验，在逐渐适应各科老师教学特点的基础上，形成个性化的、适合自己的学习方法。每个人的学习经历不同，心理素质不一样，接受知识、理解知识的能力有差异，因此要指导孩子在学习的过程中找出有自己特点的学习方法。好的学习方法能有效地帮助孩子提高成绩，使孩子尽快适应中学的学习生活。

爱心贴士

面对一个新的环境，孩子要有一定的适应时间。根据不同人的不同性格，时间的长短会不一样。在适应的这段时间内，如果遇到了什么不顺心的事情，比如：因为不适应，被老师批评，被同学讥笑，那么在他们的脑海里就会产生这样的一条信息：老师和同学太可怕。面对如此情况，父母不要盲目地指责孩子，说他说谎，更不要在不了解他心理的情况下，强迫他回到学校，因为这样只会给他增加更大的心理压力。家长的正确做法是，慢慢地为他解答心里的疑惑，疏导他心里的堵塞。

花季的困惑

进入花季的青少年面临的最大一个问题，就是如何处理男女交朋友的问题，这也是最令父母头痛的问题。当孩子升入中学以后，就会相互发现异性同学的优点，于是，便渴望和他（她）交朋友，这一时期叫做异性吸引期。其实异性相吸完全是人生理发育的客观必然，作为父母完全不必大惊小怪。

事例1

倩倩在学校是一个品学兼优的学生，晚上刚放学回家，就被母亲叫到沙发前问话，开口就问她："最近做了什么不该做的'坏事'了？"倩倩皱着眉，半天想不起有什么不对的地方。于是妈妈开口了，"昨天有人看见你和某男生在书店的一角落里'打情骂俏'，呆了很长时间，后来你俩又上公园去单独相会了很长时间，对此你不觉得过分吗？""噢，是那么回事……"倩倩刚要回答，就被妈妈的话打断："你小小年纪，就谈恋爱，太不自重了，太不要脸了，现在就如此，将来还了得？太不争气了……"面对母亲一连串的骂声，倩倩觉得如雷轰顶，她什么都不想辩说了，咬着牙，心一横："你爱怎么想就怎么想，爱怎么骂就怎么骂吧！"说完恨恨地冲出家门……

事例2

莹莹从小是一个听话的孩子，什么事都听父母的。当她刚上初一时，不和男孩子说话，感觉和男孩子交朋友会影响学习。不知道怎么回事，到了初二，她开始喜欢和男孩子说话，并试着和他们做朋友，她感觉这样很开心，而且学习成绩也有所提高。一次她和一个男同学到公园里玩刚好被她母亲碰到，莹莹看到妈妈很害怕，她怕妈妈会误会她，可是妈妈并没有那么做，而是看到他们笑了笑说："莹莹，这是你同学吧，你们好好玩吧，我有事先走了啊！"

● 事因分析

进入青春期的青少年，生理上的急剧变化引起了心理上的一系列微妙而复杂的反应。异性间的相互交往及由相互吸引而产生的愉悦的情绪体验是一种良好的、积极的情绪体验，它不仅对身体健康有很大的影响，而且对整个心理活动都具有大量的生理效应，可激发人的潜能，使人敏捷活跃并奋发向上。

从发展心理学的角度说，青少年交异性朋友是很必要的。

1. 异性交往是释放性心理能量，缓解性心理紧张的重要途径

亲近情结所蕴含的性心理需求，会在人体内部转化成为性心理能量。这种内在的心理能量要求得到释放，释放之后才能缓解心理上的紧张，达到身心健康。若得不到释放，人就会在心理上，乃至身体上产生这样或那样的不适、烦恼、焦虑、紧张和不安，甚至会生病。异性交往是释放性心理能量的重要手段和途径之一。

然而，在现实生活中，不少人有这样的误解：认为青少年男女之间不存在纯粹的友情，哪里有友情，哪里就有爱情。如果有一位母亲问女儿有没有男朋友，人们都理解为，她问的是有没有恋爱对象。之所以如此，是因为在一般情况下，人们并不特别注意思考性心理需求问题，不注意对人的性生理需求和性心理需求做严格的区分，也没有注意到这两种需求的实现存在着广泛的不同步性。然而，这种混淆友情和爱情的理解，却在实际上普遍地起着妨碍青少年发展正当友谊的负作用。

2. 异性交往能够丰富人的个性

青少年异性之间的个性差异已经远远大出同性，孩子们若能在同性和异性中广泛地发展交往，就会对社会关系有更全面和更深切的体验，精神世界就会更丰富，这将使孩子的个性能够得到全面发展。反之，如果孩子的交往局限于同性圈

子，心理发展就可能会有某种单向性和狭隘性的缺陷。

3. 异性交往有利于促进学习

据调查证明，在有男女同学共同参加的活动中，孩子们的异性接近需要得到满足，就会激发起一定的热情和内在积极性、创造性。比起只有同性参加的活动来，孩子们参与有异性参加的活动会感到更加愉快，也干得更加起劲、更加出色。

4. 异性交往有利于积累性别角色经验

总是局限在同性范围内活动的男女孩子们，往往会对异性接触产生某种神秘感和羞怯感。当需要进行这种接触时，难免会发生一定的困难。发展异性交往是消除上述神秘感和羞怯感的有效方法和途径。因此，学校应该为男女同学的接近和交往营造良好的条件。

爱心贴士

由于青少年性意识的觉醒，他们对异性产生好奇、关心、爱慕和愿意接近的心理与行为，都属于正常现象，家长不必大惊小怪或进行粗暴干涉，但也应该提醒正处于青少年时期的孩子友情与爱情的概念，并进一步告诉孩子，当你感到对方具有强烈的吸引力，产生愿意和对方在一起的愿望时，就应该引起注意，千万别越出友谊的界限，以免跨入早恋的误区。

不被关心爱护

在许多富裕家庭中，孩子都渴望得到父母的爱，赢得父母的关心，可父母除了物质上的给予外，却一次又一次地漠视孩子渴望的目光，直到孩子出事之后，才后悔莫及。

事例1

一天上午，一家手机营业部内，16岁的中学生小田走进来说要买手机，营业员热情地拿出一款向少年介绍。少年拿着营业员递来的一部手机反复把玩："我就买这个。"小田随后要求营业员把发票开好。当营业员转身开发票时，小田转过身猛地冲出店门迅速逃跑。"有人抢手机哦！"营业员反应过来，忙冲出大门边追边大喊。不久，小田就被抓获。在公安机关，当警察问小田为什么抢劫时，小田竟吐出一句令人震惊的话来："父母对我关心不够，我是想以此引起他们的关注。"

经了解，小田的父母都在外打临工，每个月收入也就1000多元钱，由于生活、工作压力太大，没时间关心孩子，小田就由家中老人照顾。在忙于生计时，也造成了和孩子之间关系越来越疏远，最终造成了小田的铤而走险。

事例2

赵先生是赵能的家长，一天，赵能上课不认真听课，又不做作业，老师打电话与其爸爸交换意见，他爸爸说："他从小就是这么混大的，现在学不进去，我们大人也没辙啊！”老师听了无言以对。

● 事因分析

近年来，新闻媒体常常报道一些发生在孩子身上的抢劫、杀人以及自杀的严重事件，令世人为之震惊。此外，不断增加逃学、家庭暴力、闭门不出等问题，也使为数不少的家长深感烦恼。

一旦发生了上述问题，社会上必定会响起权威人士的一片呼声：“必须更严厉地管束孩子！”但是，面对惹是生非的孩子，家长不去寻找真正的原因，而是马上开出“高压”的药方，这是许多成人通常的做法，然而效果如何呢？答案是，只能导致这种现象越演越烈。

孩子的心是细腻的，是脆弱的，他们经不起父母们一次又一次的欺骗。随着工作节奏不断加快，竞争压力日益增大，许多家长不得不将更多的时间和精力投入工作，致使他们无暇顾及甚至忽视对孩子尤其是处于青春期孩子的教育和指导。常常多给孩子一点零用钱，有时自己不回家煮饭，就叫孩子到外面吃快餐！长此以往，孩子没有父母的管教和关心，学习不认真，开始变得贪玩，放学也不回家了。常常不是在网吧上网聊天、打游戏，就是傍晚放学和同学一块出去玩，到了很晚才肯回家。等孩子沉迷于上网，学习成绩一落千丈，常受到学校老师的批评时，父母不去从根本上查找原因，而是对孩子严厉斥责，甚至用暴力行为教育孩子。有关专家作出统计，那些在社会上有扒窃、行骗等行为的孩子，90%是因为家庭原因、父母离异、缺少爱等现象造成的。

在现实生活中，我们看到太多的父母，只顾埋头挣钱，他们要给他们的孩子一个衣食无忧的未来。但他们却忽略了，孩子有一颗敏感的心，他们渴望正常的父爱和母爱。家长应多抽出时间陪陪孩子，不要让孩子成为一棵无人关心的“野草”。

上海市心理咨询中心完成的一项调查显示，现在的孩子同自己的父母越来越疏远，甚至从不与父母交谈。

该调查数据显示，约有69%的学生感到无法与父母交流和沟通，对于成长过程中遇到的困惑、烦恼等问题，42%的学生认为难以与父母交流，27%的学生表示从不与父母交流。

据另一项调查显示：50%以上的留守儿童一周与父母联系一次，20%的儿童与父母一个月联系一次，甚至有不少是几个月才联系一次，很少有身在外地的父母经常回家看孩子，多数留守儿童只有在生病、生日、过年的时候才能见到父母，连吃顿团圆饭也成了孩子心中最甜蜜的回忆，在“最想对父母说的话”中，很多孩子写下了类似的话语：“我好希望你们能回到我身边，照顾我，教我功课。”“爸爸、妈妈，请多关心我，不要为工作忽略了我。”

在孩子的生长发育过程中，除了生理需要外，其心理需要也必不可少，这样才能确保孩子的身心能够得到健康、和谐的发展。一般说来，孩子的心理有以下几种：

1.渴望父母的爱

人的一生都要经历三种爱：亲人的爱、朋友的爱、妻子的爱。而孩子最先接近的却是父母的爱，在出生的那一刹那就有了。父母的爱是培养孩子良好品德和行为的感情基础以及和孩子沟通的桥梁，没有这种爱，父母和孩子之间就难以沟通，更谈不上教育，只有充分地感受到父母的爱，孩子的身心发展才能获得源源不断的动力。

2. 被父母重视

父母的重视是孩子前进的动力，一个已经被铁锈腐蚀的孩子，在父母正确的重视下，会走向光明。一个被太阳照耀的孩子，失去父母的重视，也会走向黑暗。

3．鼓励和赞赏

鼓励和赞赏是孩子成长过程中的“维生素”。父母应适时地给孩子一些鼓励和赞赏，只有这样，孩子能够从父母的态度、微笑和话语中，深切地感受到自身的价值和父母的爱意，从而增长活力。

4．需要帮助

当孩子遭遇挫折、烦恼时，由于缺乏独立生活的能力，对父母的依恋颇深，很需要父母的帮助，他们总希望父母能和他们站在一起，支持他、鼓励他、安慰他，令他有安全感。

5．表现欲

表现欲是每个年龄段孩子都有的心理，只不过随着年龄的增长程度会不同。当孩子的这种心理需要得到满足时，便会产生一种自豪感，这会推动孩子信心百倍地去探索新问题，获取新知识。

6．父母的信任

孩子一旦得到父母的信任，就会产生一种责任心，这种责任心会促使孩子认真地对待每一件事情，有利于开发自身潜能。

7．被父母接纳和尊重

到了一定年龄，孩子就会渴望平等，渴望从父母的依赖中解脱出来，并希望父母重新认识和接纳自己，不再把自己当小孩子一样管着，他们希望从父母那里得到平等的、朋友般的地位。这是一种正常心理需求，也是其由儿童向成人发展的必由之路。

8．独立心理

随着孩子思维能力的增强，其独立意识也日益增长，遇事喜欢用自己的内心去感受和体验，并喜欢自己拿主意，这将是一个人逐渐走向成熟的表现，此时家长要做孩子的朋友，适当引导，放手让孩子去实践，使孩子在独立处事中获得自主发展。

爱心贴士

随着社会的进步，社会也变得越来越复杂，作为父母，对于处在这个时期的孩子应该多加关心，不能因为客观因素而忽视或疏远与孩子的心理沟通和情感交流，否则将会影响孩子的健康成长。对孩子来说，要获得心理的和谐发展、潜能的充分发挥、人格的健康塑造，接受家庭的教育至关重要。

当发现自己的孩子有某种不好的行为时，不要先急着责备他们，而是应该先听听他们的理由，了解他们的心声，找出问题的症结后，再进行处理。或许到那时你会发现错的不是孩子，而是作为父母的你们，因为你们忙于工作，而疏忽了孩子。

因此，如果必须外出工作，那么就要选择孩子感觉最亲、最信任、血缘关系最近的家庭，尽可能把子女寄放在有一定学习氛围、较有文化的，且有一定责任感，能更好地监督和指导孩子的亲朋好友那里。在出门前的一段时间内，家长要与临时监护家庭保持经常的来往，给孩子一个过渡期。如没有相当可靠的监护人，父母中最好留一个能在家里照顾孩子学习和生活，保持家庭教育的相对完整。同时，外出前家长应主动与任课教师、班主任联系，向老师说明情况，委托老师多管教和关心孩子，外出后也要定期与老师联系、沟通，共同商讨教育的策略与方法。

考试的威胁

考试是青少年时期孩子们最害怕的一件事情，也是最厌恶的，他们这种心理的产生，不是对考试本身的害怕，而是对父母的害怕。因为他们肩上承载了父母太多的希望，他们怕一旦考砸了，迎接他们的不仅仅只是父母的谩骂和责备，还有家长们深深地失望和叹息。因此，作为父母有必要反省一下自己的教育方式，否则，你的意愿就会和效果背道而驰，严重者还有可能带来不幸的后果。

事例1

秀秀一直都是三好学生，老师和家长都希望她能考上一所重点中学。可不知为什么，到了毕业班的下半学期每次大考都不理想，只有70～80分。秀秀非常紧张，家长也非常着急，认为这样下去是不可能考上重点中学的。秀秀说："现在一提考试，我就紧张的不得了，发挥不了平时的水平。"据秀秀的老师介绍，"孩子平时的成绩和作业都很优秀，在90～100分，只要老师不提考试就答得很好。"

事例2

芳芳上小学时，成绩挺好，是自己考取的重点中学。可上初一不久就像变了个人，以前爱笑爱唱的她变得沉默寡言了，一天到晚地写作业、看书，可一到考试，她就发晕，出虚汗，考试成绩自然不好，几乎都是倒数第几名。最近新开了一门物理课，第一次测验全班都考得不好，老师当堂点评，每道题都讲评了，下午老师让大家重考，可没想到，她比第一次考得还糟，在班上是彻底垫底了。上初中一年多，父母想尽一切办法，可芳芳的成绩依然没有一点起色。

事因分析

以上事例都是典型的“考试焦虑症”，又称为“怯场”。心理学认为，考试焦虑是一种对考试恐惧的反应。适当的焦虑可以给学习者一些心理压力，提高思维的张力，成为学习的动力，但是过度的考试焦虑则会降低考试效率，使“应考能力”下降，甚至会使身心健康受损。

怕考试的现象确实十分普遍，无论是好学生，还是差生都在不同程度上存在这个问题。比如：好学生总对自己的要求过高，总怕考不好，达不到自己的目标丢人现眼；成绩一般的孩子呢？介于不好与好之间，对有些知识点掌握的不牢固，理解的不透彻，再加上自己的底气不足，总是徘徊在模棱两可之间，担心自己掉到后进生的队伍中去，所以压力特别大；成绩不好的孩子，本来对考试已无所谓，但因考不好，就要挨打挨骂，所以产生巨大的恐惧，对自己一点信心都没有，更何况每考一次，就像揭他们的伤疤一样，让他们再一次在同学们中丢脸，于是为了能缓解这种压力他们往往选择“逃考”。那么，造成“考试焦虑症”的原因是什么呢？

1. 过高期望

中国的很多父母都视孩子为自己理想的传承人和事业的继承人，他们望子成龙，望女成凤，总是要求孩子们的成绩步步提高，一旦孩子考试考砸了，父母不是指责就是打骂，久而久之就会让孩子产生焦虑心理。

2. 过多责罚

在目前的教育方式中，很多家长和教师都是恨铁不成钢，责怪多过于鼓励，这对于不少孩子都造成了“遗憾”，一些孩子因此产生了自卑心理，挫折承受力较差。此外，很多家长习惯于把孩子视为自己的私有财产，不把他们当成一独立的个人，在自己为孩子定下的高期望和高目标达不到时，就会随意处置自己的“私有财产”，打骂、指责、抱怨、甚至是关禁闭，任意妄为。有时，父母也会随意向孩子发泄情绪，而忘记了教育的原本初衷和应该注意的方法。没有原则责罚，在不知不觉中摧残孩子的心灵，导致孩子心理发生问题，进而寻求网络等其他满足心理需求的途径，最终走进变态的心理之中。

3. 过度干预

很多父母为了使自己的孩子学习更好一点，不仅干预孩子们的学习，其他的种种行为父母也要一一过问，甚至上厕所都不自由。家里俨然成了监狱，在孩子心目中父母就像监狱长。于是，孩子心灵成长和自由生活的空间越来越小，孩子逐渐变得很无奈。

4. 过分焦虑

面对孩子每次考试的恐惧和焦虑，家长要做的就是积极倾听孩子的想法和感受，无条件积极地关注以及温暖地接纳，帮助孩子提高识别和表达焦虑感受的能力。但现实情况就恰恰相反，父母反而比孩子更加焦虑。本来孩子对考试并不恐惧，却因为父母的不停督促和唠叨，反而变得没有信心，一到薄弱科目的考试就如临大敌，不能正常发挥，结果适得其反，越考越糟。

爱心贴士

考试不仅是对学生所学知识的检验，也是对学生乃至家长心理的考验。家长的心理状态会直接影响孩子的情绪。有的家长生怕孩子不好好复习，将来考不好，整天在孩子耳边唠叨：什么现在条件多好呀，我们为你付出多少心血呀，你要是考不好对得起谁呀？有的家长正好相反，什么也不敢对孩子说，生怕哪句话刺伤孩子。有的家长什么事都不让孩子做，怕浪费孩子的时间，等等。这些小心翼翼的做法，都让孩子感到无形的压力。

家长的正确做法是培养孩子的自信心，让孩子有机会去做一些自己想做的事，并通过自己的努力，克服种种困难，最后成功了，孩子就会逐渐认识、了解、承认自己的能力。在这个过程中，还需要家长对孩子信任、肯定和鼓励，这样孩子才会相信自己的能力，强化自己的行为，不断自主努力增强自身的抗挫能力。

学会了作弊

“作弊，是因为怕你说我没出息。”这是许多考试作弊孩子的心声，也是孩子对自己失去信心的表现，作为父母的你们却从来没有意识到这一点，只知道看学习成绩，成绩好就一味地迁就，成绩不好就惩罚打骂。高考看成绩，考公务员看成绩、就业看成绩，学生想在老师和同学的心目中留下好印象，想不被别人歧视，想升学、想上好学校，又怕家长的惩罚，在这样的环境之中，如果没有较高的觉悟、良好的思想素质，作弊就是不可避免的了。

事例1

在一次数学期中考试之后，王老师在改卷中发现，有5位学生的试卷有三个大题解题过程十分相似和雷同，并且都得了满分。王老师知道：这5人当中只有1人数学成绩较好，可能得满分，而其他4人基本上是不可能得满分的，因为这4人的数学成绩平时在全班通常都是名列中下的。通过了解，这5人平时关系较好，在考试时她们的座位又是靠在一起的。因此，王老师判断她们在这次考试中存在作弊嫌疑。

王老师在班上公布了他的判断后，并没有指出这几个学生的名字，他只要求这几个同学下课后来找他说明情况。下课后，那5个同学都来了，并主动向老师承认了错误。当老师问她们为什么要作弊时，她们说：“老师，我们怕别人瞧不起，我们也想考好些。”

事例2

期末考试时，姗姗考试作弊，被老师抓了个正着。

妈妈听说后伤心地说："你看你那出息样，我是怎么教你的啊，你这样让我在别人面前怎么抬起头，说我女儿这次考试又是班上第一吗……"

"就是因为想考第一，我才作弊的。你知道吗？每次你都这样说，我才考不好的。考试之前，我努力地做功课，想要考个好成绩给你看，想让你说我有出息。可是，每当考试时想到你说的那些话，我又把所有会答对的题目答错了，因为我怕答错，所以改了又改，最后不确定只好作弊了。"姗姗说完哭着跑回了自己的房间。

事因分析

由于中学生的自我意识发展较快，又具有强烈的成人感和自尊心，所以，在公众场合，他们总希望得到别人的认可，并祈求在伙伴中能够获得一定的地位。但与此同时，他们的价值观念尚未成形，价值取向不够准确。往往以得到同学们

的羡慕和尊重，老师的表扬为最大光荣，而对“真、善、美”的领悟较肤浅，由此产生虚荣之心。面对考试成绩，优生希望锦上添花，中等生希望一展手脚，差生不图虚荣，却希望摆脱同学、师长的冷遇，父母的鄙视。于是，必要时刻，只要有机会作弊，他们会毫不犹豫地选择达成目的的“捷径”。

“作弊”是每个人遇到考试不会时的第一个想法，那么导致孩子作弊最大责任人是谁呢？或许有人会毫不犹豫地说是父母。不错，由于父母对自己的孩子期望过高，把孩子当作是赢得虚荣心的工具，并不时对孩子讲出一大堆道理，要求孩子用最好的成绩来回馈父母，造成孩子沉重的思想包袱，孩子在别无他法的情况下，为了满足父母那可怜的虚荣心，只好铤而走险。

适度的期望有利增强孩子的自信心，进取心，是进步的动力。可有的父母遇到具体问题时，常用自己有限的人生经验，作为儿女成长最权威的指导手册，尤其不愿看到儿女去重复自己曾经的遗憾，许多父母知道自己缺什么，所以活得很累。于是，就让孩子去完成自己当年不曾达到的愿望，往往就成了下一代的目标与使命。因此，对孩子学习分数看得很重，也抓得最紧。

俗话说：“希望越大，失望越大。”久而久之传给了孩子这样一条信息“如果考不好就是没出息”。面对如此信息，孩子因心情紧张就更难以考好。一次考不好，两次考不好，多次考不好后，他们便会对自己失去信心，最后的出路就是作弊。他们想以此来换得家长的肯定。一个中学生在他的一篇文章中写道：“爸爸，你可知道我有多怕考试，每次考试总怕考不好，为了不让你伤心，考试时只要不会我就想抄，这样拿到高分，好让你高兴。其实，你不知道，这样换来的笑容，已经压得我有些喘不过气来了……”

各位家长们，孩子们含泣带泪的这些话，难道不能引起我们的反思吗？

爱心贴士

孩子作弊是由多种原因造成的，其中有孩子自己的原因，也有家长的原因。作为父母，当面对孩子的作弊行为时，首先要反思自己的过错，然后再具体分析原因。对孩子不要急于责备，责备只会让他无地自容。可以给予精神上的安慰，如告诉孩子“成绩虽然重要，但它不能代表一切，只要尽力即可”，也可以帮助孩子找出学习上的差距，使其在没有心理负担的情况下提高学习质量。只有这样，才能使孩子彻底与作弊现象分手，并走上健康的成长之路。

有了心仪对象

中学生的任务本来应该是学习，但进入青春期后，有些青少年会主动接近自己喜欢的异性，双方频繁交往，相互倾心，导致恋爱的发生。

事例1

婷婷平时一直很听话，学习成绩也还不错。可在初二时，一个喜欢她的高年级的男同学经常找她出去玩，婷婷妈妈发现女儿有早恋的苗头，开导女儿说现在年纪还小，不适宜早恋，婷婷也很懂事地答应她不再为此事而影响学习。后来，这事被她父亲知道了，生气的父亲酒醉后打了婷婷。婷婷哭泣着摔门而去，临走前冲母亲说："很多同学都有对象，为什么我就不能谈恋爱？"

事例2

小倩16岁那年，在学校的操场上，看见了正在打篮球的高大英俊的高年级同学鹏，对他一见倾心，鹏看见小倩眼睛也是一亮，他们交往了，而且关系越来越好。在一个晚上，鹏吻了小倩，从此小倩的心就不再平静。她整天胡思乱想，成绩越来越差，鹏也很着急，他让小倩定下心来，可小倩却无法控制自已。期末考试了，小倩万万没想到自己居然有两门课不及格。成绩一向很好的她落得如此地步，她后悔了。然而那颗少女的心却总是不能平静。新学期开始了，小倩打算抛开一切，认真学习，可没几天，与鹏的接触，又使小倩魂不守舍，没有心思学习了。

事因分析

在当今社会里，少男少女之间那种朦朦胧胧的感情不断升温，不少初中生竟也被丘比特之箭射中，这成了一个值得关注的社会现象。

以前，被教师和家长称为“早恋”的情况大多发生在高中，而今，这种“亲密接触”在初中生里也时有所见。如果说，从前的初中生即便对异性同学有好感也大多放在心里的话，现在的孩子则大胆表现出来。而孩子们早恋的原因有哪些呢？

1.生理因素

生活富裕营养好，加上吃含有激素的保健品或快餐，使如今的孩子普遍成熟得早，女生大多在预备班、初一进入青春期，有的甚至在小学五年级就有了月经初潮，这比10多年前的孩子要早一两年。

2．缺少家庭温暖和爱护

这些人常见于父母感情破裂、离婚、受继父继母虐待，或父母双亡寄人篱下得不到温暖，生活在一个冷漠、压抑，甚至受辱的环境里。于是，渴望得到他人温暖，而异性的抚慰正可以弥补这一点，朦胧的情愫使他们尝到了爱情的甘甜。

3．心理上的“断乳”、与异性交往的需要是早恋

的心理原因

随着青春期的来临，性的成熟，中学生的思想、性格、情感急剧变化，并进入“第二次断乳期”。在这一时期，他们渴求友谊，希望交朋友以倾吐心中的烦恼和迷惑，而由于他们的心理是半幼稚半成熟的，是非观念不太强，分不清什么是“友谊”，什么是“爱情”，所以，其中的意志薄弱者、认识模糊者就发展成为早恋。

4．影视作品、流行歌曲的影响

现在的电影、电视剧大多以谈情说爱为内容，婚外恋、第三者、床上戏比比皆是，几乎是“无爱不成戏”。如今的初中学生是看电视长大的一代，他们模仿力很强，于是，荧屏中的“调味品”成了早恋的“催化剂”；地摊上几元钱就可买到的淫秽碟片、书刊，也误导青少年走入歧途。

5．性格软弱、虚荣心强

这部分人以女生多见，她们从小娇生惯养，依赖性强，找了男朋友，便觉得有了依靠，她们把自己附属于一个男孩，因此，很容易成为男生的爱情俘虏。而那些虚荣心强的女生，大多是由于强烈的虚荣心，使她们乐意接受男孩子的殷勤、赞美以及小恩小惠；有的学生是出于“攀比”心理而走上早恋的。她们看到自己的同龄人有了男朋友，进出于电影院、舞厅、酒馆等，于是，也不甘落后。

6．家庭和学校的教育不当和失误是中学生早恋的客观原因

来自家庭方面的因素主要有：家长望子成龙、望女成凤心切，只关心孩子的

分数，忽视他们生理心理的变化；对孩子的管理教育采取粗暴专制的态度，对子女的交往横加干涉，使他们产生逆反心理；对孩子的教育放任自流，缺乏必要的指导；这些，造成子女和家长缺乏良好的沟通和交流，孩子深层次的需要在家庭得不到满足，只好在家庭以外的异性朋友那里寻求慰籍。

来自学校方面的因素主要有：学校重智轻德，片面追求升学率，任意削减活动课程，校园文化单调，校园生活枯燥，使中学生过剩的能量得不到正常的释放。对性教育的认识不足和保守，使性教育在大多数学校得不到正常开展，而中学生对性问题又是急于了解和渴求的，那么，电影、电视、报刊杂志等有关性场面的描述就来填补这一空白了。

7．受环境熏陶，感情丰富

这些学生由于喜爱文学，受到环境熏陶，感情丰富，多愁善感，喜欢用书中、歌里的浪漫情节来类比自己的生活，效仿艺术家笔下的主人公，追求理想的爱情天地。加上他们有某个方面的才华，常被异性羡慕，故很容易获得爱的信息。

爱心贴士

对于青春期中孩子的早恋，父母一定要正确地引导，要做到晓之以理，动之以情，循循善诱，指导他们正确对待异性，用道德的力量和自控能力驾驭自己的感情。切忌动辄批评，甚至不分青红皂白地训斥、苛责、打骂和当着同龄人的面羞辱他们，这样做的结果不仅会使孩子遭受很大的精神痛苦，而且还难以从根本上解决问题。

恋上了上网

"我陷入了网恋"，这是许多孩子在上网后发现的一种不容争辩的事实。在如今这高科技时代，网络成为了许多人生活中不可缺少的一个重要成份，甚至网恋也在逐渐蔓延，虚幻的情感使得许多男男女女为之神魂颠倒，并呈上升的趋势。网恋多属于精神恋爱，抛去那些欺骗性的网恋不谈，即使双方都极为认真，也是幻想的成分居多。

事例1

小邓是一名初二学生，他从初一开始上网，现在网上已有很多网友，还有一个网上恋人静静。小邓在学校没有要好的朋友，特别是异性，但在网上他跟异性就相当投缘。因为网上的恋爱比较掩蔽，而且可以说出内心一切想说的话，这是现实交往中不可能做到的。

事例2

初二学生小吉对网吧非常迷恋，每天就是不去上学也要到网吧泡上两个小时，小吉只有14岁，但却夜以继日地沉醉于"虚拟世界"，在电脑上谈情说爱。一天小吉的父亲在网吧找到他时，他正一手拿着干粮，一手还不停地在电脑上点击，根本顾不上说话。

事例3

初三的阿雪喜欢泡在网上，一天有个叫“俊大侠”的网友把“雪儿”加为好友。“雪儿”是阿雪在QQ里的名字，对方就是因为这个“雪”字，才一定要认识她的。“我曾经生活在哈尔滨，所以对雪有一种特别的感情。”“俊大侠”的这句话，使阿雪心里暖和和的。阿雪不经意地和他聊，一切都从不经意开始。“俊大侠”性格开朗，一般人比不了；“俊大侠”说话好幽默，一般人更是比不了，慢慢地，阿雪被迷进去了，每天放学之后就等着“俊大侠”的出现。

事因分析

以上的几个事例都是一些孩子因为“网恋”而无可自拔。随着互联网的发展，网恋在生活中已不再是新鲜事，但这些事发生在上中学的孩子身上，就不能不让所有做父母的人为之担忧。十几岁的孩子既单纯又充满想象力，而且他们尚不能看到网恋的后果以及他们将无法承担的心理负累。下面我们来分析一下青少年网恋产生的原因：

1. 学习压力大，差等生又往往不被学校重视，孩子们内心压抑、孤独（尤其个性比较内向的孩子），这些学生的自我价值难以在学业上得到体现，网吧和电脑自然成了他们发泄内心不满的地方。他们认

为在虚拟世界中可以一展风采，网络中的少男少女自然就成了他们追逐的对象。据调查，学习成绩优秀的学生上网成瘾比例要远远低于学习成绩偏下的学生比例，也低于有其他特长、爱好的学生比例。

2．家庭教育问题。不少家长进行家庭教育的水平不高，教育方式简单粗暴，不重视与孩子沟通，对孩子要求不切实际，存在望子成龙、急功近利思想；遇到问题不冷静，过度恐惧、焦虑。所以，这种家庭的孩子认为，只有沉浸在网络世界中，才能消除他们的烦闷之情。

3．性教育不普及，使青少年产生好奇心理也是一个重要原因。

可见，网恋问题是一个社会问题，有着深刻的社会背景和心理原因。有关部门和家长切不可简单对待、盲目干预，只有从心理上加以分析，才能找准解决问题的办法。心理学认为，沉醉于网络虚拟世界，严重影响着青少年的身心健康，具体表现在以下几个方面：

1.网络中的色情、暴力画面在满足青少年好奇心的同时，足以诱导青少年走上犯罪道路。

2．虚拟世界使青少年不知不觉地脱离现实生活，严重摧残了青少年幼小的心灵。长期沉溺其中，容易使孩子们淡漠客观世界，变得冲动、任性，攻击倾向、暴力倾向也会明显增加。

3．网络世界在摧残青少年心灵的同时严重地摧残了青少年的身体。由于长时间上网和高度神经紧张，青少年的大脑代谢水平与躯体代谢水平会严重失调，整体代谢水平明显下降，并导致面色苍白，体质虚弱。

4．网恋的诱惑性非常大，久而久之使青少年出现一种强迫性的心理定势，难以自拔。

心理医生认为，防止上述情况出现的最好办法是防患于未然，对有一定网恋苗头的孩子及早进行心理咨询，把他们从虚拟世界的边缘上拉回到现实世界。

爱心贴士

针对孩子的网恋，父母如果不了解网络，只是片面地说教恐怕说服不了孩子。所以，避免孩子陷入网恋，首先自己要跟上时代的步伐，进入聊天室，看看孩子和同龄的网民在聊些什么，常和他聊聊网上的见闻，交换一下上网的心态和感受。如果发现孩子萌动的恋情，家长也不必断绝他和网络的联系，毕竟孩子在网上可以了解到许多家长给予不了的知识，你不妨旁敲侧击地告诉他：爱情发生在错误的时间就不可能有美好的结果。他需要更多的耐心和信任，而不是当头一棒，因为孩子有他们的烦恼和困惑，他们沉迷于网络正是由于过多的压力和埋怨造成的。

肥胖的烦恼

随着经济的发展和社会的进步，肥胖孩子越来越多，这也引发了一系列的问题。虽然问题都不严重，但也给他们带来了很多烦恼。这个问题有必要引起家长的重视，否则，肥胖的身体不仅会在生活、学习中给孩子带来不便，还会使其心理受到伤害。

事例1

圆圆是一个个子很矮、很胖的孩子。同学们常常嘲笑他，叫他“矮冬瓜”，有时还要欺负他，打他一顿。圆圆很不服气，常常想去跟老师说。可是，圆圆觉得自己都是中学生了，去办公室没有面子，就一直没有告诉老师。同学们看见圆圆不告诉老师，就总是捉弄他。圆圆一忍再忍，实在没办法了，才告诉了老师。老师虽然批评了那些同学，但圆圆受捉弄的事还是时常发生。

事例2

小朱15岁了，身高只有1.5米，体重却有47千克。由于体态胖，小朱的妈妈经常说他“长得像个猪”，而且每次吃饭时，妈妈就要说一遍“你要注意饮食”，说得小朱的头都大了。小朱锻炼过，也控制过自己的饮食，但想到自己正是青春期长身体的时候，所以饿了，就忍不住还是吃，不过小朱每天晚上下晚自习回家几乎不吃东西，有时只吃1个水果，可也没减掉体重。他很害怕自己将来既长不高，又很胖……小朱很苦恼，也很自卑。

● 事因分析

从上面的事例可以看出，肥胖给孩子们带来了很多烦恼。事实上，这些只是表面上能够看见的危害，有些是完全能够制止或避免的。而那些隐性的、会给孩子身体带来的危害却是人们不易看见的和难以防备的。

据国外的研究报道指出：由于肥胖儿总能量、脂肪、脂肪热比、单不饱和脂肪酸、食盐和谷物摄入量明显高于非肥胖儿，而糖类、食盐、谷类食物对收缩压、舒张压有升高作用，因此肥胖儿易患原发性高血压及高血脂。

由于肥胖儿体脂多，胸壁顺应性降低，有效呼吸量不足，致大脑相对供氧不足，可造成神经突触功能降低，思维速度减慢，智商下降。由于神经传导速度减慢，造成效应器反应迟钝，操作能力差，动作不灵活，所以肥胖儿与其他人比起来显得笨拙、内向性格和孤僻，这又妨碍了智力的开发。

对于男孩子来说，肥胖男孩易出现前列腺发育萎缩、睾丸萎缩，形成小睾丸、小阴茎，使孩子生殖器发育停留在儿童期，到了成人期势必出现性功能障碍，严重者无法生育；肥胖女孩往往月经初潮提前发生、成年后易出现排卵障碍症、卵子发育不良，雌激素和孕激素大幅度降低乃至消失，从而导致不育。另外肥胖使孩子高发血液循环系统疾病、糖尿病等内分泌系统疾病，更为严重的是肥胖扼杀孩子的天性，严重危害心智健康、智力发育和思维及动手能力。既然肥胖有这么多的危害，那么大多数孩子的肥胖到底是怎样形成的呢？

1. 遗传因素，如果有肥胖的父母，那么其子女的肥胖发生率远高于非肥胖父母的子女。

2．进食过多，这是现代孩子发生超重和肥胖的主要原因。由于计划生育的实行和养育孩子的压力，许多家庭都是独生子女，家庭经济收入的增加和生活水平的改善，对孩子的宠爱程度令人不敢想象，在吃饭的问题上基本都是尽可能地满足孩子的愿望和要求；食品加工业技术的发展和进步，一些高热量、高糖、高脂肪的食品大行其道，其色泽、口味、包装等对孩子的诱惑力极大，而孩子尚未成年、缺乏自制能力，对食物的选择和进食量都没有足够的自控能力。再加上许多家长缺乏饮食营养方面的一些常识，所以造成孩子超重和肥胖，家长对比则是责无旁贷的。

3．体力活动不足，这也是孩子超重和肥胖的重要因素之一。由于孩子受家长娇惯，很少做家务活；学习上压力大、功课紧，养成了长期静坐的习惯，除学校体育课程外很少参加其他的体育锻炼。再加上现在交通极其方便，外出坐车、上下楼乘电梯，久坐的生活方式减少了能量的消耗。

4．不良的饮食习惯。由于对孩子的娇惯，使孩子挑食和偏食，一日三餐搭配不合理，漏餐后进食量增加等因素，对孩子的身体产生肥胖会起到推波助澜的作用。

无论肥胖的起因是什么，它都可能成为一种恶性循环。孩子越胖，就越难以多参加锻炼和各种运动；越不动，就越会有更多的能量变成脂肪，贮存在体内。这种恶性循环还表现在另外一个方面，由于体胖而不便参与活动的孩子就更感到自己像一个局外人一样，因此也更容易受到别人的取笑和嘲弄。

爱心贴士

对于家里有胖孩子的父母来说，帮助孩子减肥不要急功近利，千万不要让孩子尝试那些对他们的生长发育有害的药物或断食的措施，而应着重于帮助他们建立健康的饮食习惯和生活规律，动员孩子树立减肥的信心及坚持胜利的信念；让孩子意识到均衡饮食的重要性，并合理安排他们乐于接受的均衡饮食方式及内容；向孩子推荐并督促他们进行利于减肥的体育锻炼，如游泳、慢跑、跳绳等。

不和家庭的影响

科学家发现，儿童的身心发育受家庭环境影响甚大，不和睦的家庭会影响孩子的生长发育。英国流行病学专家蒙哥马利领导的小组对英国149个家庭的孩子健康状况和生活方式进行一项调查，发现孩子发育同精神健康之间有密切的关系。这个发现对一些擅长“酣战”的家长们敲响了警钟。

事例1

16岁的阿芳晚上做完作业之后就上床睡觉，可睡到半夜又被隔壁的父母争吵而惊醒。母亲歇斯底里地吼叫后，房里平静了片刻，接着就听到东西被摔碎。阿芳有些害怕，走出房门，看见父亲拽出母亲，两人厮打在一起……目睹了这一情景的阿芳，下意识地捂住自己的胃，跌倒在地。

父母这才停止，一起将女儿送到附近医院急救。医生询问了阿芳事发经过，准备找其父母谈谈时，对方显得很不耐烦，不愿多谈。

阿芳还说，其实这种情况也不是第一次，父母吵架频繁，每次她都会感到胃痛，但事后检查也没有胃病。

医生告知阿芳的父母：胃是人体最大的情绪器官，人在紧张、生气时容易出现胃痉挛和腹痛。孩子的潜意识是不希望父母吵架，故以胃痛来转移他们的注意力。所以，你们尽量换种方式解决问题，避免当着孩子的面打骂，以免影响孩子身心健康。

事例2

莉莉15岁了，以前从未出现过严重的健康问题。但近期她变得焦躁不安、性格孤僻，还深受胃痛的折磨。莉莉的母亲带莉莉来到医院，在医生的询问下，莉莉母亲说出了她的病根。莉莉母亲说：“我们的家庭一直处在一种压抑状态——我认为自己的丈夫在外面有外遇，我们经常大吵大闹，我的丈夫经常睡在沙发上，家里的气氛冷到极点。”在医生的极力劝说下，这对夫妇接受了心理咨询。虽然这并不能使他们所有的分歧都得以解决，但从此这个家庭恢复了一些昔日的平静，而家庭氛围的变化对莉莉的胃痛竟然产生了神奇的功效。

● 事因分析

日常生活中，夫妻之间难免有各种冲突，很多夫妻如遇争端，都会选择避开孩子，但是，这种情况往往还是会被孩子发现的。长期生活在“硝烟弥漫”的家庭中，除了攻击性显著增强以外，孩子的情绪、性格发展都会出现扭曲。

1. 对孩子智力、个性和身体发育都有不良影响

对于孩子来说，父母是他最可靠的依赖对象。因为父母在他心中是最伟大的人，如果父母之间的关系紧张，这种紧张也必然转移到孩子的心灵上，从而使他感到不安和忧虑。有些孩子的父母不能很好地控制自己的情绪，一有挫折或不顺心的事，便牢骚满腹，甚至互相打骂。父母那种气势汹汹的样子，尖厉的叫骂声，充满仇恨的语言，都会让孩子觉得害怕，感到无助，长期处于这种情绪紧张的环境中，就易引发各种心理疾病的发生。

据专家讲，孩子长期处于父母不和的家庭环境中对他们的影响非常深远。即使是并不严重的家庭暴力，比如父母冲突，也会使孩子睡眠质量下降，睡眠时间缩短以及负面影响增加。孩子对家庭成员的情绪十分敏感，很小的孩子就能感受到父母之间的冷战。父母敌意和冷漠的情绪往往最容易影响到孩子。长期处于父母不和的家庭环境中的孩子常常有害怕、恐惧、伤心、恼怒的情绪，在行为上常表现为自卑、焦虑、易发脾气等。

英国皇家儿科学院院刊《少儿疾病档案》公布一项研究报告称，孩子和经常吵架的父母生活在一起，或来自破裂家庭，其身高极可能较矮。生长缓慢的孩子

可能会产生由心理压力所致的心理障碍，并且这种障碍将影响其一生。

研究人员认为，家庭冲突对孩子造成不断加剧的伤害，最终导致其一生中健康问题的不断累积。

2．引发孩子的忧郁症

孩子也会发生忧郁症，不少的孩子将积郁积压于心，成为一名小小的“忧郁症儿”。具体表现为情绪低落，郁郁寡欢、思维迟钝，食欲不佳。本病多与父母的吵架有关，如果父母对孩子表现为冷漠不关心，或父母离婚，均可导致幼儿忧郁症的发生。预防治疗此病的最好办法是父母、亲人多给予孩子关爱、积极主动与孩子交流，家庭和睦温馨。

3．父母在孩子面前吵架，有损父母的形象

吵架时双方互相指责对方的弱点和缺陷，当孩子不愿意听从某一方时，便会利用这一点来反抗。有的孩子则在忠实于父亲还是忠实于母亲之间，感到不知所措，因而时常烦恼。当情绪强烈冲击，夫妻吵架时往往吵得脸红脖子粗，常常把孩子吓得不知所措。夫妻俩吵得投入的时候，根本顾不上理会孩子，对孩子的哭喊、恳求也听而不闻。幼儿不由得以为爸妈不要自己了，备感伤心和无助；而看到自己认为最亲密的人之间也针锋相对，孩子会感到自己认为最安全的避风港也不复存在，内心涌起深深的恐惧。

4．错误社交技能

每个人的社交技能不是天生的，而是在日常生活中学来的。夫妻之间出现了意见分歧，就吵架或者打架，往往使孩子误以为吵架、打架是解决问题的好办法，不知道应该克制自己的怒气，不会采用其他的、真正有效的办法解决冲突。

5．提供攻击坏榜样

花样年华的孩子模仿能力很强，父母吵架时的神态、姿势、语气语调、用语都有可能被学到。日后小孩子在游戏时，或者对自己的朋友说话时，都会用上他平常从父母那里学来的粗话、脏话。

6．情绪、性格、行为异常

孩子会慢慢地疏远人群，对任何人都非常冷漠，不相信他人，为人又刻薄，爱挑剔，脾气暴躁，或者性格内向，压抑，容易退缩，对外界事物丧失兴趣。这样长大的孩子，易于和不良少年交往。

爱心贴士

父母是影响孩子一生的人，言行举止都将带给孩子最好和最坏的示范，小心生活中的每个细节，给孩子做最好的榜样，让他们的心智都能得到良好的发展。当你发现自己的孩子突然变得不可理喻，那么你就该检讨自己平时都做了些什么，说了些什么，为了孩子，就应该改变自己的不良行为，为孩子的健康成长提供一片温馨的土壤。

破碎家庭的伤害

父母的离异对于孩子来说是非常不幸的，他们的心灵由此会受到沉重的打击。由于情绪受到严重扰乱，孩子会表现出爱发脾气或烦躁不安等心理症状；也有的会出现灰心丧气，孤独彷徨的自卑心理；孩子一旦染上这些心理疾病，性格就会变得扭曲，人生就会偏离正确的方向。

事例1

小宇的父母离婚了。爸爸跟小宇说："你可得记住，天下的女人都是狐狸精。"妈妈则对女儿说："你可得记住，天下的男人没有一个好东西。"父母相互怨恨、咒骂，还限制小宇与对方见面来往。父母的这些表现，在小宇的心中播下了仇恨的种子，她对任何人都不再信任，对整个人生也产生了疑虑和迷惘。从此，小宇的学习成绩直线下降，同学们在她的脸上也很难看到灿烂的笑容。

事例2

高女士和她丈夫离婚后，女儿晶晶有好长一段时间都不爱说话。有一次，高女士带晶晶回娘家，晶晶听到小姨说爸爸的坏话，表现得非常激动，她大吵大闹："不许说我爸爸的坏话！"高女士知道，不能把成年人的恩怨连带给孩子，否则会让她在心里埋下怨恨或自卑的种子。高女士给自己立了个规矩：绝不在孩子面前以婚姻的受害者自居，并要求亲朋好友，当着女儿的面不要谈论她爸爸的是非。更难得的是，这位母亲一直提醒自己做个乐观的单身妈妈，她陪女儿去兴趣班、逛街游玩，并鼓励女儿和爸爸制定每周出游的计划。渐渐地，女儿适应了生活的变化，懂事了，她开始帮妈妈分担一些家务，并主动关心妈妈，和妈妈谈心。

● 事因分析

月有阴晴圆缺，人有悲欢离合。当父母双方终因种种原因不能再接受另一方时，为了各自的幸福，选择离婚，本无可非议，但如果把离婚创痛的最大受害者——孩子也给“离”了，双方都放任不管了，那可要误了子女。

近些年，在校生中，父母离异的学生在不断增多，被离异父母“踢皮球”的学生也为数不少。这些父母离异的孩子，受家庭破裂的影响，在心理上逐渐形成了一些不健康的因素，与家庭和睦的孩子相比，这些孩子较普遍存在对他人怀有敌意，攻击性增强，理智认识水平减弱的心理现象；或变得日趋冷漠，遇事无动于衷；或变得爱撒谎，不爱回家。他们因为抑郁、悲观、暴躁，情绪不稳定，注意力不集中，导致学习兴趣减退，学习成绩下降。无怪乎教育学、心理学专家会发出这样的感伤：“离婚给孩子造成的影响是灾难性的。”

父母离婚后，孩子普遍缺少了家庭的温暖，缺少了母爱或父爱，有些甚至父爱母爱全没了，孩子被送到了爷爷、奶奶或外公外婆的身边。这其中有些父母离异后，情绪低落、万念俱灰，没有心情去照顾孩子，而把育人之责推给自己的父母或另一方；有些离异父母则把精力转移到了工作或生意上，对孩子不闻不问，放松了对孩子的教育和监管；有些父母离异后，又以孩子作为相互攻击的“媒介”，在孩子面前诉说指责对方的过错，如事例1中的小宇的父母；还有些离异后的父母为了寻觅新爱，觉得孩子是个绊脚石，对孩子少了爱抚与关怀，多了责骂与怨气，慢慢疏远了父子、母女之间的距离。导致孩子缺少了家庭的温暖，亲人的关爱，父母的教导，影响了孩子的身心健康，产生怨恨、欺骗、沉默的特殊心理，增加了学校育人的负担。当然，也有处理得比较好的，如事例2中的高女士，她就把离婚对孩子的伤害降到了最低点。

爱心贴士

当父母离婚时，应当用孩子可以理解的方式告诉孩子父母分开的原因，把孩子带出家门，尽量让孩子融入集体之中，享受大家庭的温暖；当孩子遇到麻烦时，父母要及时和孩子沟通，让孩子感到自己和其他的孩子一样享受父母给予的爱；离异后，双方应允许孩子在“两个家”之间自由走动，不要在孩子面前讲原配偶的坏话，更不能把孩子作为传递敌对信息的工具。否则，会让孩子从小对异性没有好感，长大后以否定的眼光去看待异性，给以后的情感生活带来消极影响。

值得注意的是，单亲家庭的家长觉得孩子得不到完整的爱，心存内疚，对孩子的要求百依百顺，以为满足孩子提出的各种物质条件就可以弥补离异给孩子带来的心理创伤。事实上，溺爱是非常危险的，孩子更渴望得到的是精神上的满足。

以离家出走抗争

离家出走，是青春期孩子对父母或学校进行抗争的一种极端形式。孩子们离家出走的主要原因是得不到父母和老师的关心和理解，心理压力过大。法国著名启蒙思想家、哲学家、教育家卢梭曾经说过："教育必须顺其自然，也就是顺其天性而为，否则必将产生本性断伤的结果。"

事例1

梦雨从小生活优越，被宠得像小公主，但就是不爱学习，成绩在班里中下水平。在家备受宠爱的梦雨，老师却并不喜欢，家访时和她的父母说了不少缺点，希望她的父母对她严加管束。

一天，梦雨的爸爸下班回家，还没进屋，就听见喧哗的音乐声，原来梦雨把很多同学请到家里，正在开party。爸爸一气之下，把音乐关掉，把同学们全赶走了。梦雨非常生气，说爸爸不尊重她，并一摔门扬长而去，而且一走就是三天。这期间父母把可能去的所有地方找了个遍，都没有梦雨的影子。三天后，梦雨回来了，但对于自己去哪儿了，闭口不谈。她还警告父母说："如果你们再对我不好，我还走！让你们永远都找不到！"

事例2

月月是一位中学生。一天，月月的爸爸发现她书包里有封情书，非常生气，厉声要她"坦白交待"，月月却缄口不言，她爸爸一气之下打了她一巴掌，月月捂着脸就跑了出去，当晚一夜没有回家。她的家长吓得又是报案，又是寻找，第二天才把她从同学家找回来。从此，女儿变得沉默寡言，情绪低沉。她的父母怕她再次离家出走，既不敢问那封情书的来源，又对她的情书感到不安，心情始终忐忑不安。

● 事因分析

青少年正处于生长发育期，由于年幼无知和独立意识的增强，非常容易产生“冲动”心理，以上的事例就证明了这一点。

青少年离家出走，给家庭、社会和本人都带来不少危害。孩子出走后，其家长和老师承受的精神痛苦是难以想象的。有的家庭落得不堪重负，家徒四壁；有的家庭家破人亡，惨不忍睹。而对于孩子本身，既荒废了学业，又影响了身心健康。那么，造成青少年离家出走的原因有哪些呢？

1. 家长的娇宠

由于家长一味迁就，致使孩子对学习、家庭和社会没有责任，老师和家长稍微没有顾及到自己，就认为失了体面，便以出走相威胁。

2. 与家长的矛盾冲突

粗暴的教育方法和代沟冲突是导致孩子出走的重要原因。有些家长和老师教育方法简单粗暴，不讲究教育的方法与艺术，孩子出现问题之后，便不分青红皂白施以粗暴的打骂、斥责，使孩子产生“破罐子破摔”的想法。加上双方缺乏沟通和交流，矛盾的不断产生和升级，导致孩子长期生活在感情缺失的环境中，感受不

到快乐和温暖，以至愤而出走，甚至走上违法犯罪的道路。

据统计，在出走案例中，有57.5%的孩子是因为与家里闹了矛盾而离家出走的，出去的目的就是为了躲避父母。

3．武侠、神话或科幻电影及小说的影响

一些少年由于看了武侠小说，传奇文学，便盲目崇拜那些武艺高超、浪迹天涯的英雄人物，于是离家出走，模仿心中的偶像去“闯江湖”。

4．外面世界的影响

由于中学生正处在多梦的年纪，充满幻想，好奇心强，对外面的世界充满憧憬，学业的繁重使少年无暇顾及外面的精彩世界，但年轻的心又无法抵御来自外界的诱惑，因此便拿了父母的钱到外面去开眼界。他们与父母并没有什么矛盾，只是想出去看一看，玩一玩，由于怕父母不同意，于是只好不辞而别。

5．具有盲目从众心理

当媒体披露因片面追求升学率造成一些学生压力太大而离家出走的消息后，有的学生就加以仿效，以为是解脱的好方法。从众心理本是一种正常的现象，但若盲目从众，将有百害而无一利。

爱心贴士

家长一定要随时关注青少年的心理问题，及时进行有效的疏导或请有关专家做必要的心理辅导，切不可盲目呵斥、谩骂或漠视不管。一定要把自己当作孩子的“朋友”，哪怕将手头的工作暂时放一放，也要经常与孩子进行一些必要的沟通，对孩子的思想动态和行为举止，要倍加关注，随时掌握，及时了解并做好预先判断。

除了做好预防工作外，对于那些曾经离家出走，并已经回来的孩子，父母要热情、亲切地对待他们，要像刚入学时一样，关心孩子的起居和学习生活，缺课的要及时和学校老师配合进行补课。待孩子的心平静下来以后，要和孩子做一次促膝长谈，了解孩子离家出走的各个细节，指出孩子离家出走的错误所在，以及对自身、对家庭、对学校、对社会所带来的危害，帮助孩子提高认识，以免再犯。

自杀念头的萌生

14～16岁这一阶段，由于青少年的生理及心理变化，容易产生种种烦恼，某些烦恼一旦解决不了，或是不能被家长及老师理解，青少年就会产生自杀念头。自杀是指个体蓄意或自愿采取各种手段结束自己生命的行为，这种行为对青少年的成长有极大的危害。

事例1

小琼是老师眼中没有缺点的好学生，她的综合素质出类拔萃，学习成绩一直位于年级前列，曾被选为代表到上海参加中小学生手拉手夏令营。然而，谁也没有想到，这个寄托了父母全部希望的16岁花季少女，会在一天晚上服下剧毒农药，用极端的方式结束了自己如花的生命。

小琼自杀后，人们在她的日记中发现这样的话：“我多么希望，自己可以就这样消失，可是就算我消失了，也没有人会记得我，想念我，我是一个孤独的人！”

她在给父母留下的遗书中这样写道：“爸爸妈妈，请原谅女儿的不孝，我累了，想要休息了。16年来我都在为你们而活，现在我要为自己活一回。我恨学习，一、二年级时，我对学习充满了兴趣，因此我成绩不错，可随着年龄的增长，你们开始对我更加严厉，考得好没事，考得不好便倒霉。其实学习成绩并不重要，重要的是好的心态，你们并不理解我，仿佛分数才是你们的女儿。我知道你们爱我、疼我，我也爱你们，可你们的方式太可怕，我承受不了……”

事例2

一天晚上，14岁的男孩小寒从一所医院19层的大楼上纵身跳下，不幸身亡。据了解，小寒是某初中二年级的学生，家庭贫困，其父母均是聋哑人，从小寄宿在三叔家生活。

当天下午4时，小寒父母发生矛盾，其父亲砍伤母亲。小寒母亲在旁人陪同下，来到医院治疗，当时缝了6针。

在跳楼现场，警方发现小寒身上有遗书。遗书称："我活得很痛苦，这世界要把我折磨死了，我不知道自己为什么要在世界上受这份罪。我只能说声对不起，我什么也不带，什么也不留，离开这个世界，就是为了逃避人间的痛苦，走了！"

据小寒的班主任张老师介绍，小寒在班上好朋友也不多，性格比较孤僻、自闭。

事因分析

自杀，这一非常沉重的话题，是社会学家、心理学家、教育家们十分关注的一个严重的社会问题。据近期国家卫生部公布的数字显示：中国目前是世界上自杀率高发国家，每年约有20万人以自杀方式结束自己的生命，即平均每3分钟就有一个人死于自杀！尤其令人震惊的是，近年来青少年自杀的比例呈上升趋势，并且年龄呈明显的低龄化趋势！造成如此严重的社会后果的原因分为以下三种：

1. 个人心理因素

首先，从青少年身心发展特点上来看，这个时期的孩子正处于个体身心发展的疾风暴雨、变化剧烈时期，此时的他们心理发展尚未成熟，尤其是面临考试、升学、就业、交友、恋爱等诸多人生选择，各种身心矛盾和众多的心理欲求，使其经常体验到失望、痛苦、悲伤、悔恨、激愤等负性情绪和严重的挫折感、不满足感，而其心理又不成熟、情绪波动大、缺乏应对挫折的能力和技巧，因而是最易出现心理冲突和心理问题的“危机期”。自杀企图即是心理危机的一种突出表现。

其次，研究表明，极内向型性格，孤僻、固执己见的或受挫折受委屈时承受能力偏低的青少年，理智不成熟、心理不平衡、自身控制能力差的青少年均容易自杀。

2. 外界环境因素

（1）学校生活的压力。

学校是青少年最为重要的一个生活环境，由于现行教育制度存在的种种弊端，这一最为重要的生活环境又是学生最感到压力的外界环境。而“压力”与“焦虑”是一对孪生兄弟，学校学习生活的巨大压力使他们经常感到情绪焦虑、紧张恐惧、身心疲惫。美国布洛姆的研究认为：学校的压力源，一是学生与教师的关系；二是同学之间的关系；三是成绩与考试；四是来自于学校的批评与处罚。来自学校的任何一方压力源，当其不堪重负时，就极有可能以死来逃避或抗争。在上面的事例中，小琼就是因为承受不住学习的重压而自杀的。

（2）家庭生活的影响。

家长的教育态度、教育方法失当。家长一味地宠爱、迁就孩子。有些家长错误地认为，只要孩子学习好，考试时拿到高分，才是有出息的。他们给予子女的往往只是物质上的满足，而没有在精神和思想上去关心他们，这样使孩子从小就变成了不能受丝毫委屈的“小皇帝”，这种惟我独尊的非正常心态，使孩子向畸形化性格发展，最终导致孩子受挫后自杀。

有的青少年家庭环境较复杂，或某些家庭事件使得亲子关系不良，或亲人的突然死亡带来强烈刺激。由于其阅历浅，对问题的分析认识能力低，方法少，易陷入束手无策境地，感到孤独无助，便轻率地选择了不归路。

（3）孩子的安全感不足。

对孩子来说，安全感来自很多方面，包括不饿着冻着、稳定的养育关系、与父母形成良好的亲子协作等。看看现在治疗心理疾病的很多成年人，追本溯源都是儿童时期安全感缺失。很多年轻家长让孩子寄居在爷爷奶奶家或者保姆家里，显然破坏了孩子安全感的形成。表面上孩子挺听话，父母走了也不哭不闹，这恰恰是孩子潜意识里形成的讨好意识，而成长到一定阶段，自信心不足、人际交流障碍、甚至厌学等心理问题也将逐渐浮现。

3．神经和精神疾患

不能排除个别青少年学生的自杀直接源自神经或精神方面的疾患，此类疾病的独特作用如幻觉、谵妄或抑郁情绪长期积郁，自杀念头长期酝酿，致使他们无心体验也无法体验到生活的美好，所以这种人会在旁人看来根本无法理解的情境下告别生命、走向死亡。

爱心贴士

14～16岁的孩子正值青少年时期，这个年龄段的孩子由于缺乏必要的挫折教育和心理素质教育，容易因为一时苦闷或瞬间冲动产生自杀念头，但他们的这种念头绝对没有成人因“价值观破灭”导致自杀那样坚决，只要及时发现并进行合适地开导劝解，青少年很容易走出“自杀”误区。令人忧虑的是，大多数青少年还不善于主动及时寻求心理问题的解脱，而是一味地掩藏在心里，长期积累，很容易导致孩子的心理扭曲，稍遇伤害就可能产生自杀等不良念头。作为家长，一定要经常和自己的孩子进行沟通，并及时帮助他们解决疑难问题，从根源上杜绝他们的自杀轻生念头。

第六章　孩子的多彩花季阶段（16～18岁）

16～18岁，是人生最美丽的岁月。但是，这一阶段也并不是天天晴空万里，日日花香四溢，这时的孩子也会有感伤，也会有失意。所以，对于处在这一时期的孩子，做父母的应该格外关注他们。

随心所欲的装扮

对于处在多彩花季的中学生来说，他们的着装本应该是最绚丽斑斓的时候，然而，如今的中学生却十分流行“中性化”装扮。在学校里，你若不仔细看，根本就分不清男孩女孩：许多女生梳着超短发，穿着宽松肥大的运动休闲服，打扮得像男孩一样；而男孩的头发则是不长不短，穿戴“色彩”也很丰富，看上去真是“没性别”。面对这样的孩子，许多父母是一脸的不理解和一肚子的不满意。

事例1

小雅是一个18岁的男孩，却身穿着稍显女性化的衣服，从他的言谈举止中，可以感觉到他很向往成为一名女性。小雅是家族的“独苗”，从小在亲属们无微不至地呵护下成长，他的姑姑是个“女强人”，是整个家庭的核心，父母也总是提醒他向姑姑“看齐”，就连他名字中的一个雅字也是随姑姑的。于是，他给自己输入了这样一个信息——要是能成为像姑姑一样成功的女性就好了。但在现实生活中，隐约又感觉到不妥，长期的矛盾心理，致使其心理压力越来越大，性格也越来越内向。

事例2

小芬原本是一个性格文静乖巧的女孩，可进入十六岁后，她便拒绝穿裙子，一头长发也剪得七长八短。小芬还喜欢穿宽松的衬衫、打领带，再穿上肥大的牛仔裤。爸爸给她买了一件漂亮的公主裙，可她却将裙子丢在地上并要拿剪刀剪破，还说这么土穿不出去。她的爸爸看不惯，父女二人便发生争执。小芬说："你不知道李宇春有多火啊！现在许多女生都喜欢李宇春那样青春洒脱的形象。"

在小芬的班级里，像她这样的"假小子"还真不少，她们的性格都非常直爽、开朗。相比之下，班级里有些男学生则举止文静，性格柔弱，缺少阳刚之气。

● 事因分析

如今的大街小巷，中性化打扮的人越来越多，其中短发、寸头、穿着领带装的女孩，染色发式、身体纤细、气质温柔的男孩，随处可见。据了解，在过去的校园里，温柔内敛、斯斯文文的女孩子很受欢迎，而那些性格直爽，偏向男性化的女孩子却被认为是粗鲁的"男人婆"。但现在却是今非昔比了，导致这些女孩子偏爱中性服装的原因是什么呢？

1．家庭因素

大多数家庭中只有一个孩子，家长考虑到社会竞争的压力，会要求女孩子能够自立，不要依附男人等，于是从小便向着男性化的方向去培养她们。一项对北京、上海和深圳1000名家长的调查显示，90%以上的父母对女孩的教育方式趋于男性化，包括鼓励女孩在和人交往的过程中能够影响他人、领导他人，在职业选择上能够从事一些传统观念看来不适合女性的工作等。

心理学研究认为，孩子3～5岁是性格、气质类型和心理状态形成的关键期，此时大脑的发育渐趋完善，心理和精神发育迅速，思维和模仿能力逐步形成，开始有多种情感反应，并在大脑中留下记忆的痕迹。如果女孩穿男装，常在男孩群里摔打滚爬，长大后有可能失去少女的温柔娴静，变成顽皮的假小子。若男孩穿女装，常在脂粉队伍中厮混，也会学得一副姑娘腔，喜欢做女人姿态，失却男子汉应有的风度。

2．先天形成的

先天遗传可能导致一个人从幼儿起便产生性倒错。比如有的女孩子生来就具有男孩气质，她们不喜欢花衣服、洋娃娃这些女性的物品或玩具，而喜欢刀枪、棍棒，因此她们被称为“假小子”，男孩也是如此。可以说，他们的思维和行为方式以及整体气质都是中性化的，角色认同于异性。

3．追求时尚，故意“扮酷”

在这个张扬个性的时代，有个性才会更有吸引力。反传统、求新，成为女孩吸引人的亮点。所以有些女孩借助中性化来得到更多的认同。有些女生从来不穿裙子，喜欢穿宽松的T恤，言谈举止模仿男生的样子，在校园里到处走动；这样的行为吸引了其他一些女生的喜爱和崇拜。处于青春期的女孩子都很“爱美”，在她们眼里，流行就是美。于是就去效仿、跟风。

4．想和异性做朋友

一些女孩子为了想和男同学交朋友，只得穿男装来吸引男孩子的注意，并和他们“称兄道弟”。

5．不可忽视的传媒力量

在信息化的社会环境里，快捷的信息传递影响着整个社会环境和社会观念的变化。电视、网络、报纸杂志等充分发挥其所长，其中电视的娱乐与教化功能尤为彰显。

大众传媒的作用超越了学校和家庭，直接影响青少年对社会的认识和人格塑造。“超女”作为社会环境、青少年成长环境中的一种正在发生的重要现象，与青少年有直接联系，对青少年的心理发展将有多方面的直接影响。

心理专家提醒，有些家长见到孩子追求“中性时尚”，立即加以斥责阻挠，甚至怀疑其有“性取向”问题，这种做法不恰当。但是，家长也不能因此就忽视孩子的细微变化，错过疏导的最佳时机。正确的做法是，家长要在心理上重视孩子的变化，多和孩子沟通，缓解孩子的心理压力，淡化他们对外在衣着等方面的关注程度，引导他们用更加积极健康的形式张扬青春个性。此外，要给予孩子更多的性别教育，在现在的家庭教育中，为了增加社会生存的砝码一些女孩子被教育的越来越“强势”，一些男孩则受到家庭无微不至的呵护，反而养成了文弱、多愁善感、“娘娘腔”等习气。家长应有意识地培养男女生不同的性格特点。如可以让男生多参加体育活动和体力劳动，以培养他们坚毅、勇敢的性格；可以让女生多学学女性礼仪，让她们形成良好的气质修养。

爱心贴士

对于孩子中性化的打扮，父母也不用太过着急，有关专家曾表示：“中性化”不一定是坏事，但“中性化”是要综合男性和女性的优点，而不是男人女性化和女人男性化。为此，作为父母应该多操点心，让孩子在发挥自己的爱好之上，更加注意自己的性别问题。而不只是一味地要求其改变，这样不仅没有效果，反而会加重孩子对中性装扮的想法。此外，在家庭教育方面，家长应该尽量多陪伴孩子，给予他们更多的关注，从生理和心理上正确引导孩子，防止孩子在成长中的“性格错位”。

恼人的单相思

单相思也叫单恋，是指一方对另一方的以一厢情愿的倾慕与热爱为特点的畸型爱情。单恋多是一场情感误会，是青少年“爱情错觉”的产物。“爱情错觉”是指因受对方言谈举止的迷惑，或自身的各种主观体验的影响而错误地主动涉入爱河，或因自以为某个异性对自己有意而产生的爱意绵绵的主观感受。

事例1

刘磊读高二时喜欢上了一个女孩。她叫芳芳，和刘磊同校不同级。芳芳是那种看上去很单纯，很文静的女孩。刘磊看见她的第一眼，就被她迷上了。他写了一封信给芳芳，后来他们就认识了，周末刘磊经常去找芳芳聊天。芳芳既不热情，也不反感。有一次刘磊对芳芳说：“我很喜欢你。”芳芳说：“在读书期间我们还是好好读书吧。”这句话令刘磊很失望，但他却不能不同意。

事例2

张进读高一了，在学校，他经常会不自然地想起初中的一位女同学丹丹。丹丹在另一所中学读书，可近段时间张进常想起她以前的一言一行，想起她和他有关的一点一滴。张进感觉到这种情况已经严重影响了自己的学习，想拼命压制不去想她，可是越不想去想反而越想。他这样想她，她其实是不知道的，张进也不想让她知道，他更怕影响到了她的学习和他们之间的友谊。

● 事因分析

在青春时代，少男和少女均可能会无缘无故地迷恋上一个异性，这种青春时代的单恋只有勇气在远方仰慕被恋者，但不敢接近求爱；每当和被恋者面对面的时候，便不禁心跳紧张，面红耳赤，张口结舌。这种青春时代的单恋是非常普遍的事情，几乎在每个人的身上都发生过，一次、两次甚至多次也说不定。造成单恋的原因有以下几种：

1．对性的好奇和向往，使人容易产生单相思。由于受青春期性生理和性心理的影响，他们开始注目异性，并且希望和异性接触。于是，便悄悄地喜欢上了某人。此时，青少年的两性人生还没开始，他们还没有多少两性和两性交往方面的经验，所以非常好奇。

2．对爱情的羞怯感。初涉爱河，内心难免有些羞涩和胆怯，加之对爱情的神秘感，这种羞怯心理也就愈加强烈。

3．不自信，害怕被拒绝。尽管对现实的恋爱十分向往，但却不敢轻易地向对方表白，深怕对方说出“不”字。怕被对方拒绝后自己感到难堪，只好在心旦去默默思念对方。于是将深情藏在心里，却又急切、焦灼不安地期待着对方的爱情吐露。长时间的感情压抑和失望，会加重忧郁和苦闷。

4．爱情的虚幻感，对爱情的美好憧憬与向往很容易使人因一些偶然的原因激发起对某人的强烈眷恋，从而陷入虚幻的爱情旋涡。

5．由于青少年心理尚未完全成熟，所表现的单恋现象，较多地出现在性格内向、敏感、富于幻想、自卑感强者身上。这类青少年首先会爱上对方，于是也希望得到对方的爱，在这种心理的支配下，他们甚至会把对方的亲切和蔼、热情大方当做是爱的表示。

单相思是一件很令人苦恼的事，如果长期陷入单相思不能自拔，必然会导致精神恍惚，注意力不集中，学习成绩下降。更有甚者，因为得不到所企盼的爱情而走上绝路。

面对孩子的单相思，父母怎样才能帮助孩子从中摆脱出来呢？

1．要帮助孩子正确对待自己的感情

进入青春期的少男少女，从心里喜欢异性，愿意和异性接近是极为正常的心理，是青春发育的必然结果，不必要内疚，更不用自己看不起自己，要正确面对自己，冷静审视自己。

2．要让孩子充分认识单相思的盲目性、危害性和幼稚性

这种单相思除了折磨自己外，一般结不出果实。强扭的瓜不甜，凡事都要顺其自然，水到渠成，要让孩子抛弃自己情感中不现实的成分，不异想天开，不做白日梦。

3．转移孩子的注意力

家长帮助孩子把精力集中到学习生活上去，让紧张的学习生活冲淡这种感情折磨。也可以多让孩子和其他同学交往，多参加有益的活动，培养孩子广泛的兴趣和高尚的情操。当他们深陷其中不能自拔时，可以让他们找自己信任的长辈、朋友倾诉，这样也可以减轻心理压力。

爱心贴士

单恋的人常沉湎于自我想象的虚幻情境中，在心理上表现出对单恋对象的强烈关注、幻想和冲动。而这一切又都是在对方毫无察觉或者得不到认可和接受的情况下产生的。一般来说，陷入单相思的少男少女，认识的范围相对缩小，目光受到局限，认识和评价都不知不觉地被炽烈的情感所束缚，如同陷入泥潭不能自拔。当他们一旦接触到更广阔的世界时，才会意识到“单恋”是多么幼稚的一场游戏，也就会很容易地结束这段单相思。

粉红色的日记

粉红色的日记是记载少女们的悲伤、喜悦、泪水和欢笑的地方，这些事情是不能与外人分享的，即使是父母也不例外。然而，有的父母却借口关心孩子，偷看她们的日记，侵犯她们的隐私，这使孩子们异常愤慨和无奈。

事例1

小红决定开始写日记了，她要记下生活中的酸甜苦辣，以及成长的轨迹。或许，等自己老了，这会成为自己人生中最宝贵的一笔财富。

小红是一个喜欢文学的女孩，从小到现在，不擅长说话的她更喜欢用文字来表达自己的感情。因此，从她认字的那一刻起，她便爱上了文字。于是，她在日记中，记下了学习的烦恼，记下了收获的欢喜，记下了朋友的不忠，记下了初恋的美好……然而，有一天晚上，妈妈悄悄从她包中拿出了那本粉红色的日记本。第二天醒来，她看到了妈妈留的信。那封信令小红整整伤心了一天，妈妈用极其难堪的文字表示了对她日记的不满。因为，妈妈从日记中发现小红早恋。从此，小红再也没写过日记，她不再相信别人，也不相信日记本能藏得住秘密，并和妈妈大吵了一架。

事例2

16岁的小微是一名高一的学生，平时有记日记的习惯。由于不善于和父母沟通，她便把自己的想法和苦恼都以日记的方式记录下来。母亲出于对她的关心，便偷看了她的日记。日记中的“秘密”被母亲知道后，小微被狠狠地责怪了一顿。小微发现自己的“隐私”被别人知道了，非常痛苦，她趁家人不注意，偷偷地服下一瓶安眠药，离开了这个世界。

● 事因分析

日记是个人生活的记录，属于个人的隐私，每个人都可以在这里释放自己的心理压力，发泄自己的喜怒哀乐，由于它的私密性，各种思想感情都能以其最真实的面目出现。青少年写日记，除了自己的文学爱好外，另一个原因就是他们在平时心里有话不愿意向别人说，所以只好把心里想说的话全部倾诉在日记里。这是属于他们的秘密，他们不愿意任何人（包括自己的父母）来涉足这一块禁地。当这块“禁地”被父母插足后，他们就会有一种秘密被泄露，失去一切保护的恼怒感，此时，他们便会气愤，会伤心，与父母之间的隔阂也会由此产生。

据调查，多数家长承认自己翻过孩子的日记或有过这样的想法，他们认为，这是了解孩子是否有问题的最佳途径。但是，据一项调查显示，39.9%的初中生和51.1%的高中生对家长的这一行为表示出气愤和反感。

孩子到了一定的年龄时，总会有一些难以启齿的事或者想法，而日记是孩子宣泄情感的一种途径，也是自我调解情绪的方法。他们把这种“成长的烦恼”写入日记，是为了缓解自己的压力以及内心的郁闷。

作为父母者应懂得，偷看日记的行为是一种不道德的行为，这种行为一旦被孩子发现，孩子们便会认为家长对自己不尊重，这会使他们的自尊心受到严重伤害。也会让孩子感觉到，自己是在父母的监视下生活，由此可能会造成孩子和家长之间的感情出现裂痕，进一步发展成信任危机。

据一项调查结果表明，随着网络博客的盛行，青少年对“开博”的兴趣超过了写日记。在这项调查中共有1000多名英国青少年参与。结果发现，其中只有不到10%的人称自己平时写日记，但却有47%的调查对象在网上开设了博客或者说网络日志。46%“开博”的青少年并没有告诉父母自己在写博客。

为了孩子的身心健康，家长必须要尊重和信任自己的孩子，保护他们的应有权益，允许他们拥有自己的私人空间，只有彼此尊重，互相关怀，孩子的内心才会主动向我们敞开，相应的一系列烦恼和矛盾才会烟消云散。

爱心贴士

家长偷看孩子日记这种行为的初衷是可以理解的，但这种做法是对孩子极其不尊重的一种行为。作为父母，要想了解子女的状况，可以面对面地与子女进行沟通，而不是采取偷窥的方法，打开她的秘密。这样做只会增加你们之间的隔阂。要知道，日记是家长和孩子之间亲密度和信任度的大考验。在日记面前，孩子是在和家长过招，他们是在试探你是不是值得信赖。家长如果因一时冲动而“中招”，把关系搞僵了，就更会增加亲子之间的交流难度。

收到异性情书

情书，是用来表达内心的真挚情感，向对方传达爱情信息的信件，在校园收到异性的情书，这是许多处于青少年时期的孩子都会遇到的正常现象。面对这种情况，作为父母一定要冷静对待，千万不可做出过火的反应。

事例1

小涛是一名16岁的男孩。有一次当他拿出课本做作业时，突然发现里面夹着一封信，他好奇地拆开信，只见上面写道："涛，也许你没有注意，我一直在默默地喜欢你……"当时小涛的脸涨得通红，心中不禁有些激动。可是，当他看到面前堆如小山般的课本，想到明年的高考，今后的前途……他犹豫了，怎么办呢？回绝她？这样会不会伤害她呢？不回绝？可是，唉！他真不知该如何面对这封感情炽热的情书。

事例2

阿慧是高二的学生，她长得唇红齿白，明眸皓目，加上她从小就学习芭蕾舞，所以凡是班上的活动，均让她主持，学校有演出，也让她挑大梁。众多的班务工作没使阿慧的学习受到丝毫影响，她的学习成绩在学校也是数一数二的。

按说有这样一个乖女儿，阿慧的父母应该非常满意。但近段时间，父母却十分生气。原因是父母在阿慧的书包里发现了两封男孩子写来的情书，他们认为"无风不起浪"，母亲要把这些情书交给阿慧的班主任，让班主任去处理给阿慧写信的男同学，阿慧则极力反对母亲这样做，认为这样会伤害别人的自尊心，双方争执不下。母亲一气之下，打了阿慧，阿慧则倔强地将那两封信撕得粉碎。

事因分析

处于青春发育期的少男少女，在性生理发育逐渐成熟时，常常会凭着对异性产生的幼稚、冲动的情感，把对他们的好感当做爱情，向对方发出情书，传达自己的求爱信号。这种情况被称为性意识发展的结果，是完全正常的现象。一般青少年写情书的原因主要有以下三种：

1．早熟、早恋的表现

青春期的性心理发育大致可以分为三个阶段：疏远异性阶段（初期）、接近异性阶段（中期）和爱慕异性阶段（末期）。一般地说，中学生早恋现象往往出现在爱慕异性这一阶段，最主要的表现就是偷偷地给异性写情书。

2．纯粹是为了好玩、凑热闹

有的同学是模仿电视、小说里的情节，觉得新鲜、好玩，并不是产生了真正的感情。

3．恶作剧，故意捉弄别人

有些同学和别人商量后，故意写情书捉弄别人，而让别人难堪。

德国诗人歌德说得好：“哪个男子不钟情，哪个少女不怀春。”处在青春妙龄的少男少女，都会朦胧而羞涩地产生一种渴望与异性相处的微妙情感。这正是情窦初开的美好时期。就在这爱情的天使悄悄降临身旁的时候，有的姑娘（或小伙子）会突然收到一封封感情炽热、不期而至的求爱信。这是正常现象，家长和老师都不应该大惊小怪。

作为孩子的父母，当你发现孩子收到这沉甸甸的、充满激情的求爱信时，将会怎样想和怎样做呢？通常处理这类事可供选择的方法有以下几种：

1. 当父母发现自己尚在读中学的孩子书包里有情书时，不必十分担心，因为高中生所谓谈恋爱大都是没有明确意识的，更没有经过深思熟虑，许多孩子都是模仿电影或电视中的情节，或者受其影响而为之。还有一些青少年是出于对异性的好感和友谊，这里边绝少有爱情的含义，应当充分相信孩子，他们只是一般地往来，没有更深的目的。千万不要以己之心度孩子之心。

2. 虽然不可做出过多的反应，但也不要对孩子的这种事情视若无睹，任其发展，因为这种做法同样也会带来不良后果。父母应从了解孩子的心理出发，和善地开导孩子，平等地提出建议，而不应该生硬地告诉他要这样做，或不要怎样做，更不能以“无耻”“不道德”等字眼来侮辱孩子的纯洁情感。

3. 了解孩子的真实思想。如果孩子对对方也有好感，就让他把自己心仪的人请到家里来，表态同意他们交往，但不能影响学习。告诉孩子，他们当前的主要任务是学习，只有学到了本领，才能真正地去谈感情，因为感情不是建立在空中楼阁上的，它是需要物质基础做后盾的。另外，他们的年龄还小，还不能承担家庭的重担，因此，交往可以，但这种交往应该是促进学习，鼓励上进，打实基础的交往，而不应该只顾了交往却影响了正常的学习。如果孩子不喜欢对方，家长则应教育孩子冷静地对待，千万不要鼓励孩子去伤害对方，更无须扩大影响，败坏他人的名誉。这样做不但会伤害别的孩子，也会给自己的家庭带来不好的影响。

爱心贴士

高中阶段正是孩子们的多梦时期，此时，少男少女们情窦初开，尚不成熟的心开始对自己倾慕的异性跃跃欲试。但是，此时的他们并不知道如何去表达这种感觉，为了避免陷入尴尬境地，就选择了写情书的表达方式，他们并不知道对方是否同样也喜欢着自己，因此，这些情书多是暗恋的情书，苦涩的居多。

其实，这种事情是很正常的。一些家长在孩子的书包里发现情书之类的东西就像见到了洪水猛兽的心态是完全错误的。家长的正确做法是，教育孩子既珍惜初现的朦胧情感，又不沉溺于这种情感，处在青春期的孩子，本身有一种逆反心理，特别需要和别人沟通，需要别人的爱护。家长只要处理妥当，孩子完全能够从这段朦胧的情感中跳出来，重新把精力放在学习上。

我爱上了老师

“恋师情结”是青少年内心深处最隐秘、最敏感的情愫，是不愿向任何人启齿的。不管是少男或是少女，“恋师情结”的出现一般都是幼稚和不成熟的表现，大都不会有什么结果。随着时间的推移和生活阅历的丰富，这种情愫会渐渐淡化。因此，恋师情节的出现在一定程度上也可看作是青少年正常心理的表现。所以，无论是家长、师友或学生自己，都不必对此过分紧张。

事例1

小白是一名高一学生，学习成绩也不错。但是最近她在上课时一双眼睛常常紧盯着年轻英俊的语文老师，对老师的举手投足、衣着服饰十分关注，只要老师无意中瞥她一眼，她的心里就会激动半天。课间休息，她总是想向老师靠近，还会有意无意地探听他的一些生活情况，只要一天不看见老师，她的心里就会感到非常失落。小白不知道，自己是不是爱上老师了？

事例2

小洁从小就被娇生惯养，父母对她是有求必应。她上高中后，因为要离家很远去独立生活，所以常常流眼泪。等过了一段时间后，同学们发现小洁对一任课男教师很有兴趣，在上这位老师的课时她特别认真。后来为了掌握这位年轻教师的行踪，她还经常制造路上“巧遇”。同学们对此议论纷纷，但她却我行我素。

事例3

小可是某校高一男生，有偏科的倾向，语文成绩在班里一直排不上名次，每次都在六七十分之间徘徊。但是，自从新学期来了一位新老师之后，他的语文成绩迅速提高。原因是他只要上这位温柔秀美的老师的课，思想就特别集中，做作业也特别认真。小可不知不觉从内心喜欢上了自己的语文老师。他喜欢老师微笑时翘起的嘴巴，喜欢她披散的长发散发出的阵阵清香，感觉上这位老师的课，心里有一种说不出来的清爽滋味。

事因分析

上面的三个事例，都是处于青春期的少年对异性的一种爱慕之情的流露，也是“恋师情结”的表现。

很多心理学家们发现，青少年在进入青春期后，就会羞于同异性交往。所以，这时候的青春期是男女相对隔绝的时期，男孩和女孩都在各自的群体中养成了符合自己性别的气质特征，如男孩的豪爽、勇敢、粗犷，女孩的温柔、文静和细致等等。而这些互补性的性格特征，又形成了日后男女之间互相吸引和爱慕的基础，以至发展到之后的完美结合。

现代青少年的性心理逆转有一个独特的现象，就是易将爱恋转移到异性老师身上。因为老师是少男少女人生的典范，学生对老师的情感经常会由钦佩、敬仰进而转向爱恋。然而，爱上老师的学生经常又是仓皇不安的，假如得不到正确对待，他们便会走向极端，引发心理疾病。

小白和小洁的“恋师情结”其实就是刚刚进入青春期的少女对异性的一种爱慕。这些年长的异性老师比她们同龄的异性同学更为成熟也更具有吸引力。上述两例都是女孩子的现象，同样的情况当然也会出现在男孩身上，他们也会在心底“暗恋”着那些温柔、和善、年轻的女教师。少男少女们出现的“恋师情结”一般具有以下四个特点：

1. 具有一定积极的潜在动力

从心理学的深层来分析，高中生这种对异性教师的钟情与“英雄崇拜”，实质上是他们内心自我完善动机的自然流露，他们常常产生一种自我完善的迫切意向，表现出较高的进取心和行动的积极化，具有积极的潜在动力作用。例如，有的学生希望将来报考师范院校，伴随自己钟情的老师终身从事教育事业；有的学生在学习中迸发出饱满的热情，力求取得优异成绩，以引起这些老师对自己的好感和注意，如事例3中的小可。

2. 有闭锁心理

具有“恋师情结”者大多具有闭锁心理和自责心理，他们极少向父母、师长或同伴吐露内心的这种隐秘。由于传统的伦理观念和社会舆论，人们对于年龄、能力、社会地位悬殊过大的恋情，通常采取不接纳态度，这种无形的压力迫使许多高中生将自己的情感深藏心底，或是通过日记独自倾诉和品味，结果发展为一种炽烈虔诚而又虚幻的单恋。这种理智与情感、幻想与现实、冲动与压抑的激烈思想斗争，常常搅得他们焦虑不安，对高中生正常的学习生活以及心理健康都会有一定的负面影响。

3. 女孩多发于男孩

心理学家认为，“恋师情结”一般以处于青春萌动期的少女居多。这可能与青春期的女孩对情感的要求比较深刻和细腻，渴望被人理解和保护有关。而且，这种情感的发生以内向型的中学生居多，尤其是那些缺乏家庭温暖与关爱、性格孤僻的青少年较易发生。

4. 绝大多数“恋师情结”没有结果

“恋师情结”多是一种精神上的单相思，被倾慕的教师通常并不知晓，即使偶尔有所察觉，大多也只能以一种慎重、得体的态度，巧妙地加以处理。所以，随着时间流逝，这种得不到强化的情感会逐渐淡化，只留下一缕美好而温馨的回忆。

随着年龄的增长，许多青少年开始能够比较理智地判断自己与对方在各方面巨大的甚至是不可逾越的差距。因此，随着时间的流逝，他们原有的痴情会随自我意识的成熟而逐渐冷却消退。

“恋师情结”虽然属于青少年时期非常正常的现象，但是这也会给他们带来一些烦恼，甚至还有可能会造成一些痛苦的悲剧。所以，当父母发现自己的孩子有了恋师情结时，一定要进行耐心地引导，让他们明白这种“恋情”的性质和危害，并通过适当的方法帮助他们摆脱这种情感，让他们顺利的度过这段时期。具体做法如下：

1. 尊重孩子情感，注意教育方式

“恋师情结”是处于青少年时期的孩子们的一个正常发育过程。对于发生这种情感的高中生个人来说，它既有积极的内涵，又有某些负面影响。

由于闭锁性，“恋师情结”通常不会带给别人什么伤害。但是，过度的情感压抑和持续的内心冲突，会把本人彻底压垮，严重时还会诱发某些精神症状或病态人格的发生，对青少年的心理健康非常不利。

在心理辅导过程中，父母要理解孩子的这种情感，应该做到扬长避短，因势利导，充分保护孩子的自尊心。同时，要把正面教育与暗示性引导巧妙结合，帮助青少年正确认识和理智处理自己的情感。

2. 提高孩子的评价能力

在“恋师情结”的形成、发展、转化过程中，自我意识的发展水平与成熟度始终起着关键的作用。要不断提高青少年自我评价与评价别人的能力，这是减少和消除“恋师情结”发生的有效手段。父母可通过“我是谁”“自画像”“个性发现”等团体或个别辅导方式，提高孩子对自我的理解和感悟。

3. 让孩子多些交际，增加与同龄人交往的机会

与同龄人交际贫乏的孩子最容易发生“恋师情结”。如果青少年长期沉溺于“恋师情结”难以自拔，在一个偶像的卵翼下，人的依赖性和自卑心理很难消除，同时与同龄人的交往也会非常困难。父母应该与学校配合让孩子多参加丰富

多彩的集体活动（如旅游、劳动、演出、文学社团、科技小组等），增加他们与同龄人交往的机会，促进同龄人之间的相互理解和沟通，这对于转化和消除某些青少年的“恋师情结”具有积极意义。

父母要注意引导孩子把成长过程中的这种美好、正常的情感和追求理想自我的强烈动机，转移到更有价值的精神领域的不倦追求中去，激发出孩子的学习动机。从某种意义上说，在正确教育和引导下，青少年“恋师情结”的消失和转化，无异于心理的一次精神洗礼，也是青少年对自我的一次超越和重新发现。

爱心贴士

青少年“暗恋”异性教师，是一件很正常的事情。这从生理和心理都不是什么大逆不道的事情。这时候的他们，情感是纯洁的，但却是幼稚的、不现实的。作为家长，一旦发现自己孩子有这种情结，一定要认真对待，不能一笑置之，更不能鄙视和挖苦，而是应该利用他们对自己的信任与尊重，及时地、巧妙地对其进行适时适度的青春期教育和爱情观教育，引导他们度过这段不寻常的青春期阶段。如果在这个问题上，家长和老师不重视，就很有可能酿成恶果，这是所有人都不愿意看到的。

偷吃禁果后

青春期可以说是一个人一生中改变最多的一个时期，此时，心态的变化，外界的刺激，各种各样的幻想，以及对知识的渴求交织在一起，形成了青少年丰富多彩又变幻莫测的生活。在这种背景下，青少年有的发奋学习，有的朦胧示爱，也有的会偷偷地品尝“禁果”。面对孩子们的各种行为，作为父母都应该冷静对待，特别是对于偷尝禁果的孩子，一定不能粗暴、简单地以打骂、斥责待之，否则将会带来难以预料的后果。

事例1

上高一的阿紫漂亮、迷人。阿紫所在学校有许多人谈恋爱，然而阿紫却没有，别人认为阿紫太高傲。其实，阿紫是想找一个值得她爱的人。不久，阿紫的恋人出现了，是转学来的阿飞，阿飞长得很帅，不但学习很好，也很会打球，一到学校就成了女生们的偶像。当阿飞看见阿紫时，也被阿紫的漂亮迷住了，就这样，她和阿飞“相爱”了。

那天，阿飞约阿紫出去。他们到万绿园去散步，天突然下起了雨，两人都没带伞，被淋得像个落汤鸡。阿飞把阿紫送到家时，已是晚上十一点，阿紫的父母上夜班，家里只有他们俩人。阿飞突然冲动地抱住阿紫，阿紫竟然也有一种莫名的冲动。于是她没有一丝的反抗……

事例2

高二学生海海和婷婷是同班同学。在海海的眼里，婷婷是一个既可爱又招人喜欢的女生。只要她有任何要求，海海都二话不说主动帮忙。直到有一天，海海觉得自己对婷婷不是一种对普通女生的关心，而是一种自主的关爱、又有点心动的感觉，海海觉得自己喜欢上了婷婷。不久，他们就偷尝禁果，并致使婷婷宫外孕。此后，两个人精神、心理和身体上承受了巨大的痛苦与压力。

● 事因分析

在人生最美好的时期，一些中学生懵懂地超支着自己的青春，这让许多家长苦恼和痛心，但却找不到解决此事的办法，俗话说“治标先治本”。要想找到解决此事的方法，首先要找到导致青少年偷尝禁果的原因，一般来讲，造成青少年偷尝禁果的原因主要有以下几种：

1. 性早熟。据调查显示，与40年前相比，现在青少年第二性征的出现与以前相比，都普遍有所提前，其中男性提早了3年多，女性则接近1年。

2. 外来文化的影响，特别是受西方“性解放”思想的影响较大。不少青少年都有强烈的冲破传统“禁锢”的意识，觉得同居、性交很时髦。

3. 性知识的贫乏或性视听材料“泛滥”。至今，我国性教育仍然处在半遮半掩的状态，学校缺乏对青少年性问题的科学引导，家长也因自身意识和知识等问题，极少与子女就性问题进行沟通，造成相当部分青少年选择非正确途径了解“性”。

4. 好奇心理和消极模仿心理。好奇，是人的天性。未成年人自我意识增强，具有成人感和独立意向，反映在认识和行动上就是什么都想知道，什么都感到新鲜和好奇，什么都想尝试，越不知道的东西，好奇心越强。但由于未成年人是我们社会的弱势群体，正处于不成熟向成熟发展的过渡时期，这期间他们的心理和生理都在发生着剧烈的变化，加上社会阅历浅，判断是非的能力差，知识面有很大的局限性、片面性和表面性，往往分不清是非、善恶、美丑，缺乏正确的是非观、法制观和审美观，在缺乏良性诱导的情况下，很多情窦初开的学生们在此期间偷尝禁果。

5. 家庭因素。父母不关心孩子的感受，不及时了解孩子心理，也是孩子“偷吃禁果”的诱因。

中学生偷吃禁果不仅是一个单纯的青春期心理问题，更是一个复杂的社会问题，在处理这类问题时，作为家长，应该从以下几个方面着手：

1. 要善于洞察学生的心理、思想状况，只有了解他们，才能有针对性地做好引导教育工作。家长应随时观察孩子的动态，并通过交谈发现某些迹象。比如：孩子变得爱打扮，讲究穿戴了；学习成绩明显下降；不按时回家等等，了解了孩子的异常情况，就可以采取适当的方法对他们加以教育。

2. 发现孩子早恋，不能采取粗暴干涉的方法，而是采取和风细雨的方法，用亲近、理解的态度与他们耐心交谈、引导。家长一定要记住，在对待这类事情时，不能简单粗暴，否则的话事倍功半。我们应该告诉孩子，青春发育期的少男少女们渴望接触异性，对异性怀有好感是正常的，不足为怪，但早恋的危害是很大的，它不仅影响学习，还会严重影响他们的身心健康。

3. 作为家长，还应该相信孩子、关心孩子，给孩子精神上的支持和爱，使孩子能及时调整自己的心理。青春期的孩子已经有了自己的思想，也善于思考问题，家长如果不能及时解决他们的心理问题，很容易使其寻找其他的依赖，或走上早恋的道路。

当然，除了以上的方法外，还可以与学校、社会配合，多让孩子参加一些适合中学生的活动，提高中学生的鉴赏能力。比如：参加一些团体或单位举办的“男女生如何正确交往”指导讲座，这样既可以消除对异性的神秘感，又可以提高中学生审美鉴赏能力，从而减少中学生盲目的越轨现象的发生。

避免孩子偷吃禁果的方法有很多，但最主要的一条是尊重他们，理解他们，相信他们，用真诚的心去感化他们，只要家长适时、适度地对待这个问题，中学生偷吃禁果的问题一定会得到缓解。

爱心贴士

当父母得知自己的孩子“偷吃禁果”之后，无论孩子是自发的，还是暴力被迫的，作为孩子身边最亲近的人，对他们的影响作用是毋庸置疑的。尽管父母生气、情绪激动，但一味就此攻击孩子，会让孩子觉得这一错便没有生路，只有将错就错，一错到底了。“小色鬼”“小骚货”这种污辱性的“贴标签”做法，只能使孩子在歧路上越走越远。因此，当受到冲击的孩子认为自己再也不纯洁了，父母的关心爱护便是使自己重新振作回头的首要条件。

当然，事后的关怀只能是亡羊补牢，事前的爱才更为可贵。如果家庭多些温暖，父母多些与孩子平等交流的机会，那尚在成长中的青少年就会乐意听从父母的意见和指点，从家里寻求情感寄托，而不是到外面去寻找慰藉。

该不该谈恋爱

“该不该恋爱？”这是一个被丘比特爱神之箭过早射中的高中学生朋友所提出的一个很实在的问题，它也是许许多多进入青春期后的少男少女们可能遇到的共同问题。即为什么不给他们这方面的自由，为何要反对中学生恋爱。

事例1

清清是一位16岁的高中生，在学校有一位英俊的男生向她表达爱慕之情。清清对他也有好感，但却不敢轻易表态。她知道，同龄女同学中许多人已有自己心目中的白马王子，只有自己还是孤身一人，这次假如对他不理不睬，就有可能失去机会。可老师有关早恋的告诫又时常在她的耳边响起，使她的心中非常矛盾。她在自己的日记中写道：我们这样做，到底有什么坏处，为什么不准我们有这方面的自由？

事例2

高辉和吴岚上高一时就开始恋爱了。他们经常晚上外出，在咖啡厅或在一些娱乐场所玩，双方亲密无间。他们的父母知道这个事情后，都表示反对，可不管家长怎么劝告，都没用。终于有一天高辉的父母忍无可忍，使用了武力，可是令众人没有想到的是，高辉竟然离家出走了，这使高辉的父母感到十分无奈。

事因分析

每个人心中都有自己喜欢的异性，人性的本能促使自己去追求自己喜欢的异性，目的在于将两颗陌生的心融会在一起，这段追求的过程就是恋爱。

恋爱是创造和谐美满婚姻的前奏，能否通过它来实现理想的目标，心理因素十分重要。但是，现在却有许多高中生也在谈恋爱，面对如此问题，许多家长都是以强硬的语气、气愤的态度来表示自己的反对。家长在对待这类事情上，有的只让孩子们知其然，却没将有关道理讲深讲透，没让他们知其所以然；有的采取简单、粗暴的态度打骂孩子，使他们产生强烈的逆反心理。在学校、社会强大的打压环境下，这些情窦初开的孩子心中都有这样一个疑问：谈恋爱错了吗？

其实，高中生之间的爱恋，只不过是一种“爱慕”，而且这种“爱慕”也不同于严格意义上的爱情，只是对对方有一种好感，他们的恋爱一般有以下几个特点：

1. 单纯性

高中学生投入恋爱的情感因素多数较为纯真，这种单纯性与他们自身的经历、阅历、知识、生活经验和社会经验有着极大的关系。他们不懂得什么是真正的爱情，多数只是把男女之间的异性吸引以及青春期特有的对异性的性冲动来作为爱慕的因素，作为爱情对待。

2. 矛盾性

有恋爱关系的青少年内心充满了矛盾。他们既想接触又怕被人发现，恋爱的过程中愉快和痛苦并存。

3. 模仿性

据有关调查发现，目前学生中较为普遍地存在恋爱现象，恋爱动机有相当

一部分是出于对他人或影视剧的模仿。

4. 不成熟性

恋爱中的高中生由于对于恋爱关系的发展结局并不明确，他们渴望与异性单独接触，但是对未来组建家庭，如何处理恋爱关系和学业关系，如何区别友谊和爱情都缺乏明确的认识。

那么，高中生谈恋爱到底对不对呢？下面我们从以下几个方面来分析一下：

1. 思想尚未定型

高中生的世界观尚未成熟形成，对世界、对社会、对人生的看法还比较幼稚、片面，个人的思想、道德品质在今后的人生道路上还会有很大变化。今天的思想可能很一致，明天的就有可能产生分歧，后天就有可能分道扬镳。所以，在现实生活中，高中阶段谈恋爱者失败的占绝大多数，后来成为伴侣的就更少。

2. 心理尚未成熟

高中生的心理和生理尚处在发育阶段。在自我意志方面，存在一种“盲目的成熟感”，爱自以为是；在情感方面，比较冲动而且感情转移得也比较快；在意志发展方面，自制力较差。因而，高中生早恋的感情一般不会长久。

3. 经济尚未独立，带有游戏心态

高中生的经济来源还是父母，自己尚没有自立能力，而从恋爱到结婚、生育，这一切都要有一定的经济基础。况且，高中生的恋爱并没有把结婚这一块放在心上，抱有游戏心态，因此成功机率非常小。如果把心过多的放在恋爱上不但会影响学习，有时还会对别人造成心理伤害，所以不适合谈恋爱。

4. 高中是人生的关键时期

高中是打基础时期，高中生将来从事何种职业尚未确定，这一时期，人的精力最充沛，求知欲望最旺盛，观察、记忆、思维、想象等认识能力也最强。因此，高中时代是积累知识、增长才干，为事业打基础的关键时期，尚不具备恋爱的条件，更不是谈恋爱的最佳时期。

从以上原因得知，高中生是不适合恋爱的，因为这个时段的恋爱之花只能结出苦涩之果。但是，我们每一位父母都应该明白，青春期孩子的爱恋是一种正常现象，它虽然是无花果，却并非是洪水猛兽，不值得我们大动干戈。我们应该做的是用最平静、和谐的态度、用朋友似的语气向孩子讲明一切轻重利害，当然，这需要一些语言技巧，也不可能一蹴而就，但你只要明白了以上道理，就一定能以自己的智慧和魅力来说服孩子。

爱心贴士

从心理学的角度看，随着青春期的到来，少年男女会对异性逐渐产生思念与爱慕之情。这是一种正常的异性吸引现象，也是人生旅程中很重要的一次心理发展事件，其中不含一点不健康或下流的成分。当家长发现自己的孩子恋爱时，不可过多指责，更不能粗暴干涉，而是应站在家长或朋友的角度给予他们适当地指导，亲切地关怀。只有尊重他们，理解他们，才能使他们理智地、认真地对待这种青涩“爱情”。

高考的压力

高考，是检验学生学习成绩的试金石，也是决定青少年以后发展方向的竞技比赛，在这样一种关系人生命运前途的重要大考验面前，许多考生都会产生一种焦虑和紧张情绪，这是一种名为“高考焦虑症”的病症。其主要症状为情绪紧张、心慌意乱、坐卧不安、头痛、失眠、食欲不振等，这种病症会使考生紧张过度、思维混乱，发挥不出正常的水平。严重的考试焦虑症，不仅影响到学生的学业成绩和学习活动，而且还会影响学生的身心健康。面对如此情况，家长要帮助孩子调节好自己的心情，以使其在考试中发挥出正常水平。

事例1

18岁的小东学习成绩一直不错，可是在2、3月份的备考期间，小东突然莫名地感到紧张和焦虑，并经常感到心慌、胸闷，接着就开始连续失眠，不良的身体状况严重地影响了他的备考复习。结果，一模、二模都考过580分的小东，高考竟只考了480分，连本科线都没达到。

事例2

何进自从上高中之后，学习更加努力。然而，第一学期中段考后，他的成绩明显下降，总分从全年级的第10名下降到第45名。何进回家大哭了一场，从此情绪萎靡。以后每逢重大测验和考试的前两天，他总是吃不下饭，睡不着觉。考试后，则情绪低落，郁郁寡欢，有时几天不说一句话。三年的高中学习结束，何进竟然没有考上大学。

● 事因分析

孩子主要是出于对考试后果的担忧，在这种情绪的阴影里引发了考试焦虑症。一旦焦虑产生，孩子又不能正确看待焦虑，就会给自身带来心理负担。其实焦虑对于孩子的学习和考试既有积极的一面，也有消极的一面。

积极的一面是：适度的焦虑具有预警和发动作用，可以维持大脑的兴奋度，增强学习的积极性和自觉性，提高注意力和反应速度等。

消极的一面是：过度的考试焦虑会带来思路不清晰，注意力不集中，自信心下降，情绪难以稳定，社会适应力减弱，人际关系紧张等。要是严重的考试焦虑，会形成多种类型的神经症，同时对心血管系统、消化系统、内分泌系统等都有一定的损坏，降低身体免疫机能。

学生产生的考试焦虑症是多种因素相互作用而形成的，其焦虑水平也受多方面因素的制约，既有学生自身的内部因素，又有学习、生活环境的外部条件。

1. 来自家长的压力

据一组调查显示，90.2%的高考生感到压力主要来自家庭，而压力大小直接会影响学生的高考发挥，不同心态下的考试，成绩上升和下降的幅度最多相差高达400分。也就是说，家长的教育方式和期望水平会影响学生的考试焦虑程度。

家长对学生考分的过分关注，不恰当的教育方式，成绩好时眉开眼笑、表扬有加；成绩差时冷眼看待、训斥、责骂，均会加重学生的心理压力，使学生产生紧张焦虑情绪，形成惶惶不可终日的状态。

还有一些家长害怕给孩子带来压力，多次向孩子保证，“无论考得好与不好，自己都不会怪罪孩子”。孰不知，正是家长这种战战兢兢的心态给孩子造成了压力：小心翼翼、如履薄冰的言谈举止，殷殷热切的眼神和“武装到牙齿”般的细致关怀，也是很多考生们最不愿意面对的压力——这时候家长的“不在乎”在孩子看来是“太大的在乎”。

2. 考生的自身承受能力差

认知评价是造成考试焦虑诸多内在因素中的首要因素。学生自己认定甚至专大考试的可怕程度，从而陷入恐惧、担忧以致不能自拔，就会产生考试焦虑。

3. 来自社会的压力

时下社会就业对青年的要求较高。相当部分的企事业单位过分追求学历高的毕业生。而现在的考试仍是“一考定终身”，人为地加大了学生对考试的期望值，这也是学生考试焦虑产生的一个社会因素。

面对这样的压力和焦虑，孩子肯定是考不好了，下面就为广大父母们介绍一些帮助孩子缓解焦虑的几种方法：

1. 帮助孩子确立自信

考试前几天，最重要的不是考虑复习的是否全面，而是帮助孩子建立自信心。复习不可能做到百分之百的充分、全面，重点内容基本掌握就可以了。比如：教师明确指定的反复强调的重要内容，自己最薄弱的多次做错的地方。如果这些方面没有什么问题，完全可以安下心来，家长可以教孩子暗示自己“已经准备充分，相信能够考好”，这样考试时才能进入最佳状态。

2. 帮助孩子放松自己

焦虑会引起紧张、担忧和激动，如果孩子能够放松自己，就会比较容易地消除焦虑。放松的方法应集中于注意自己的呼吸、心跳以及肌肉紧张、手心出汗等身体反应，可以做深呼吸，以身体反应来感觉放松，这样有助于克服焦虑。给孩子一个安静的环境，让其舒服地躺着，闭目养神，全身放松，想象一些美好的景象、幸福的经历。例如，想象童年时期所经历过的一些开心、单纯、无忧无虑的生活。或者，想象一些美丽的场景，大海、草原、天空，都可以。

3. 理性接受专业引导

如果高考前孩子的焦虑已经严重地干扰正常的生活，就得理性地求助于正规的心理咨询机构。一般来说，解决考试焦虑症的主要方法有情绪宣泄法、情绪转移法、行为治疗法、认知治疗和催眠放松疗法等，另外，全身松弛与系统脱敏法以及各种形式的认知辅导方法，都是治疗焦虑较为有效的办法。教会孩子正确看待考试，考试只是一种检测手段，不是学习的目的，它不会决定一个人的生命内涵和价值，只不过是人生中的一次经历而已。不要把考试看作是至高无上的东西，把自己的命运交给了某一次重要的考试，这种认识是偏颇的。

爱心贴士

在高考临近时，紧张和焦虑并非全为坏事，这是人面临重要的、紧迫的事情时出现的一种自然反应，这种反应有“预警”和“发动”作用。所以不要一发现自己有焦虑情绪就认为会影响自己的复习和考试发挥，这样更容易加深紧张和焦虑感。

作为家长，首先自己要保持一种正确的心态，不可给孩子施加压力，更不能表现出比孩子更焦虑的神情。其次，要为孩子创造一个宽松的学习环境，帮助孩子树立自信心，调解心理障碍。另外，还要督促孩子加强体育锻炼，保证充足睡眠，以良好的身体素质迎接高考。

吸毒的恶果

毒品泛滥作为当今世界的重大公害之一，越来越引起各国政府和人们的关注。联合国国际麻醉品管理制署在1997年年度报告中指出，世界人口的10%卷入了毒品的生产和消费，并已在以每年3%～4%的速度增长。目前至少有1.4亿人服用大麻，1300万人服用可卡因，860万人服用海洛因。我国截至1997年底，全国登记在册的吸毒人员超过54万，其中约75%是25岁以下的青少年。毒品问题已经成为青少年违法犯罪的直接诱因之一。

吸毒是一种高额消费。据调查，每个成瘾的吸毒者一天需花费100～1000元不等的毒资。如此高额的消费，一般说来凭正常的合法收入维持是不可能的，更何况青少年是一个没有收入的群体。为了支付巨额的毒资，他们不得不采用非法的方法来获得钱财，从而诱发多种违法犯罪，给社会带来极大的危害。吸毒无论是对青少年的身体还是对他们的心灵都会带来极大的危害。所以，家长在青少年时期一定要对孩子加强教育，千万不能让他们走上涉毒的不归路。

事例1

高中生泰泰学习成绩一直不错，后来因为父亲有外遇失去家庭温暖，转而憎恨父亲的女友而不愿回家，将情感寄予经常帮助他不受欺侮的同学，结果受同学感染，染上毒瘾。泰泰第一次吸毒完全是因为好奇，他听信身边的朋友说吸粉根本就不会上瘾，于是，他抱着试一试的心态就把粉放在香烟里吸了一口。第二次，那个朋友就让他再找一找上次的感觉，他听从了。到第三次，他什么都不想了，主动要吸。吸后脑子里空荡荡的，总是回味那种飘飘然的感觉。为了凑齐毒资，他想尽了办法，先是拿家里值钱的东西去变卖。随着毒瘾的一天天加大，他就发展到经常小偷小摸或是“顺手牵羊”，直到他在一家小卖部购买毒品时被警方抓获。

事例2

小栋在学校是一个有名的吉他手，他的父亲也常以孩子能在学校崭露头角而引以为荣。然而这一切的美好生活在小栋结识了社会上的几个摇滚乐手以后便停止了。在和这几个“朋友”喝酒时，小栋吃下了“朋友”给他的摇头丸。从此，小栋一发不可收拾，开始吃摇头丸，吸食大麻、海洛因，到注射冰毒，每次都把演出挣来的钱挥霍得一干二净。

● 事因分析

上面的两事例说明青少年一旦染上吸毒，就会无法控制自己。当孩子进入青春期后，毒品、酒和香烟对他们的诱惑力便会大大地增强，尤其是毒品对他们的侵害最为明显。

在毒品势力日益猖獗的今天，每个人都可能有与毒品接触的机会，稍不留神就有可能会被卷入其中。而青少年又处在一个心理状态较为脆弱、动荡、多变的时期，这使得他们对毒品的免疫力尤为低下，极易受其侵蚀。那么究竟是什么心态促使许多青少年投入恶魔的怀抱从此无力挣扎呢？我们试从以下几个方面来分析青少年的吸毒心态：

1. 好奇心理

好奇心是青少年求知上进的“内驱力”，但是在强烈好奇心的驱使下，他们也会不顾后果的去干出危害自身的事情。据国家禁毒委员会调查，绝大多数的吸毒者是由于好奇心而开始吸毒的，如有的青少年看到书中描述吸毒后能产生种种梦幻，就好奇地不顾后果去尝试，低龄的中小学生好奇试吸毒的比例更大。

2. 排遣烦恼

青少年阶段是人生的黄金时期，也是人生的“危险期”。这一时期他们的人

生观、价值观、世界观尚未定型，生理和心理还不成熟，最易受外界的影响，一旦遇到生活困难、人际冲突、恋爱失败等挫折，就会灰心丧气、精神颓废、心灵空虚。为了弥补这种空虚，他们便会去寻找各种刺激，而毒品就是一种可以在短暂时间内给人以强烈刺激的物品。他们往往欲在毒品中寻找安慰，忘却烦恼而染上毒瘾。

3. 追求时尚

许多青少年为了追求前卫，标榜自己的前卫行为，选择与怪异行为为伍，认为吸毒时髦、气派，是高档消费和富有的象征。甚至认为“好吃的，吃了；好玩的，玩了；天上飞的，地下跑的，水里游的，差不多都见识了，抽就抽点，不枉来到人世一趟”，许多青少年就是这样尝试着吸毒的。可是，他们并不知道，这一吸，就把父母辛苦积攒的家业很快抽光，并把自己的美好前途也断送了进去。

4. 个人交友不慎

处于青春期的学生们大都喜欢交朋友，但由于他们对身边的人以及事物缺乏一定的辨别能力，所以很容易交到一些坏朋友。交友在人生的道路上有着非常重要的作用。交上一个好的朋友，可以一生对自己的工作和生活产生良好的影响，交上一个坏朋友，可能会影响自己的前途，使自己的一生暗淡无光。所以对于青少年来说，交友应当非常慎重，以免因交友失误悔恨终生。从吸毒青少年的情况来看，其中的相当一部分即是因为交友不慎走上吸毒歧途的。据某县调查，在吸毒青少年中，因为朋友吸毒觉得好奇而吸毒和受朋友引诱后吸毒的占76.92%。

5. 同伴压力

对于很多青少年来说，吸毒也并非自愿，只是受不了同伴的压力。社科院的一项调查发现，吸毒青年受同伴影响力、同伴压力很大。很多人都有类似的遭遇，即起初交了一群不良少年为朋友，虽然此前在学校受过禁毒教育，但朋友告诉他："怕什么，你看我不是好好的吗？"有些朋友还会不断地刺激他们说："这个也不敢，你还算不算个男人？"最后这些青少年就在明知毒品有危害的情况下，逐渐吸毒成瘾了。而女孩，则更容易受到同伴影响，对毒品产生错误的认知，认为可以使人变苗条、更有魅力，可以减轻病痛等等。所以青少年交友一定要谨慎，不要交损友。

6. 寻求刺激

由于青少年身心发育尚未成熟，对任何事物都存在强烈的好奇和探索欲望，缺乏辨别是非的能力。当听别人说吸毒后"其乐无穷"时，自己也想体验这种感觉，寻找刺激，结果被毒魔死死缠住难以自拔。

那么，如何预防青少年吸毒呢？

1. 注意家庭环境的影响

目前，我国未成年人或中小学生的家长，吸烟现象非常普遍。家长吸烟不但危害自己，而且容易使孩子沾染上吸烟行为。研究表明，父亲吸烟，对儿子有很大的影响；而母亲吸烟，则对女儿的影响很大。家长要想消除在子女中的负面行为，应逐步做到不吸烟，首先可尝试在子女面前不吸烟，然后再做到家中来客后少吸烟或不吸烟。

由于目前青少年吸烟年龄趋低，对于出于好奇心偶尔沾上烟的初中生，家长要严加管教，不能姑息。如发现孩子已有多次吸烟行为，应与学校联

系，并对自己的子女采取有效的教育和管理办法。

2. 注意学校环境的影响

（1）学校要逐步做到禁止吸烟，在此以前，全体教师要减少吸烟，特别是减少在学校里吸烟，做到不在有学生的场合吸烟。教师以身作则，同样也表现在减少吸烟和禁止吸烟方面。这点也是能够做到的，许多无烟校的出现就是证明。

（2）要正确解释“大人能吸烟，为什么未成年人不能吸烟”的疑问。同时，要对吸烟的危害作科学说明。教师要明确告诫学生，未成年人吸烟是违反法律的行为，吸烟是越轨的第一步，发展下去不但有损健康，而且可能导致犯罪。可以组织有意义的“禁烟”宣传活动，让中学生自制禁烟宣传画，自编自演有关禁烟的文艺节目，并深入到群众中去宣传。努力使中学生在这些活动中，提高对吸烟危害的认识。

（3）发现吸烟的中学生，不能简单处罚，而应该加强个别指导和个别矫正。要查清学生吸烟的原因和经过，了解烟的来源、吸烟的场合和该生的思想、学习等情况。对偶尔吸烟者，重在教育引导，注意日常观察，采取具体措施促使他们不再继续抽烟。对吸烟情况比较严重或有吸烟习惯的中学生，应特别重视，需采取专门的治疗措施进行矫正。

3. 心理治疗方法

对青少年戒烟应该当机立断，要立即让其停止吸烟，以切断香烟对他们身体的损害。实际情况表明，青少年吸烟者一般都能在治疗过程中有效地戒烟。但要注意吸烟习惯的复发，能在较长时间内不吸，甚至一次戒掉，才能算是成功的戒烟。为了帮助青少年成功地戒烟，可采取下列心理治疗方法：

（1）厌恶疗法。采取一定的措施，让青少年从喜欢吸烟转变为讨厌吸烟，一旦形成讨厌吸烟的倾向，就不会再去吸烟了。如对吸烟的中学生放映吸烟死于肺癌的电影，或其他现身说法的教育，让他们看后感到害怕、认识到吸烟的危害性，从而厌恶吸烟。

（2）价值改变。许多中学生吸烟是为了自我显示，表示自己具有真正男子汉的风度。因此，采取改变与吸烟有关的价值观念，使吸烟的中学生感到吸烟有损于中学生的纯真形象，吸烟只有让他人产生恶感，显示出的是不良品行的倾向，这样，他们就会在新的价值观念的支配下，不再吸烟。

（3）切断消极影响源。一部分学生是在同学或同伴的吸烟行为的影响下，开始吸烟和逐步学会吸烟的。也就是说，同学或同伴的吸烟行为成了一种强化吸烟的因素。家长或学校可以采取割断消极影响源的措施，在一定时期内不让他们与吸烟的同学或同伴接触，让他们不再有复发吸烟的机会。经过一段时间的巩固以后，他们即可产生一定的分辨力和抵制力，不易再受别人的吸烟行为影响。

（4）增强压力法。家长、老师以及好朋友要经常支持吸烟者向不吸烟转化，对他们要表示信任、期望成功的态度。这种压力是中学生戒烟过程中的一种无形的推动力量和监督力量，有利于防止吸烟的复发。

爱心贴士

青少年吸毒已成为一个日益突出的社会问题。作为学校，禁毒教育应当成为素质教育的一项内容，不容忽视；作为家长，对孩子过于严厉或过于溺爱都是要不得的，一旦发现孩子吸毒成瘾，千万不能怕家丑外扬而耽误挽救的时间，要告诉他们吸毒的危害性，要关心他们的心灵。总之，父母应当把青少年吸毒者当作病人一样去关心爱护，使他们从根源上摆脱毒魔的纠缠，而不是讽刺、讥笑他们，让他们永无回头之路。

毕业前的迷茫

“快毕业的我，如何选择未来？”这是每个即将毕业的人都会遭遇的心理。对于快毕业的高中生来说，心中一般都很茫然，他们不知道自己的未来是什么样子的，自己又该如何努力。这都可以归结为毕业生对职业定向的迷惘。

事例1

小强是一个即将毕业的高中生，但是他却整天闷闷不乐，因为他对前途感到很迷茫。由于国家现在重视对职业性人才培养，他想找一所能够学到真正技术的技校，可是又不知道该往哪个方面去发展。

事例2

小刚是一个学习很好的高中学生，尤其是擅长理科。该毕业了，他想报考某校的化学系，但他的父母却非要让他学计算机专业，说计算机专业有前途。这下小刚没有了主意，他的心一直徘徊在这两个专业之间。

事因分析

由于高中毕业生已经站在人生的十字路口，从某种意义上说，选择专业就是选择未来的人生道路。而现实生活中，不乏这样的事例：两个高考成绩不相上下的同学，因为读的专业不同，毕业后的人生际遇也有着天壤之别！选择一个好的专业，对高考考生来说，是一件至关重要的事情。考生读到了中意的专业，入学后必然信心十足，学习有劲。反之，上了一个不喜欢、甚至讨厌的专业，不要说虚掷了四年青春年华，甚至还会影响一生。于是就出现了许多孩子在快要高中毕业时，对未来感到很茫然的现象。那么这种现象是怎样产生的呢？

1. 家长对孩子的期望过高

由于父母“望子成龙，望女成凤”心切，都希望孩子考一所好的大学，而不考虑孩子的实际情况。家长的这种心理，不仅不会起到积极的促进作用，相反还会阻碍孩子的未来发展。一些在“重压”下长大的孩子，虽然上了大学，但内心世界仍然被自卑感笼罩着，不能自拔。

2. 对职业定向和规划不明确

所谓的职业定向和规划是指根据职业发展趋势、社会需要和个人心理素质、特点来确定职业的方向与目标。我们可以把它看作是做出职业选择决定的过程，通过这些决定，个人就可以使自己的爱好和社会劳动分工系统的需要保持最好的平衡。

一般来说，个人进行职业定向和规划时，必须要考虑到两个方面的因素：一是从宏观上了解和把握未来职业发展的趋势和就业特点，这是青年职业定向和规划的前提和基础，也是职业定向和规划的外部宏观条件。二是从微观上分析和把握择业者个人的心理素质和特点，

这是职业定向和规划的核心和关键。

下面，我们谈谈父母如何帮助孩子来选择自己的职业定向：

1. 帮助孩子充分了解自己。了解自己，是指了解自己与专业选择相关的个人特点，主要包括：能力、兴趣、个性、价值观等因素。这些心理因素直接会影响到学生对于各个专业的适应性。

首先，父母要帮助孩子根据自己的志趣、特长和社会的需求来选择专业。只有选择他自己感兴趣的专业，在未来的学习、工作中才能扬长避短，充分发挥他的聪明才智。而选择社会需求量大的专业，将来的就业就有保证。

试想，如果让一个并不喜欢与人打交道的孩子去当老师显然是不适合的。通常我们可以通过很多种方法了解孩子的特点，例如通过孩子的自我反省、朋友、老师等的评价，尤其是可以采用心理学的方法来了解每个人的特点。

心理测验法是一种比较客观的方法，它的编制通常都依据严格的科学程序，通过科学的分析能够从专业的角度解析学生特点。如果将各个方面的信息汇总，通过沟通、讨论就会对孩子有一个比较客观的认识。

2. 帮助孩子学会了解专业前景。通常从高二开始，父母就会开始留意各种各样与高校、专业有关的信息，甚至还把收集到的各种资料做成剪报；高考前，各大高校的招生简章更是铺天盖地地进入中学，供学生和家长进行选择。

了解专业一定要有重点，也应该有科学的方法，具体应该把握：

（1）专业的学习内容、研究范畴与学习方法；

（2）毕业能够从事什么样的工作；

（3）专业发展前景与就业前景；

（4）专业对学生有哪些特殊的要求等等。

3. 确定发展目标。既然让孩子知道了自己的特点，又掌握了相关专业的信息，最关键的一步就是让孩子将自己的特点和专业要求进行匹配，看看所具备的特点到底适合哪些专业，然后确定自己发展的学习（专业）目标。

4. 选择专业时，孩子还应该充分考虑到所填志愿实现的可能性。一些高校招生办负责人表示，考生在填报专业志愿时，不仅应该以招生院校在当地近3年的录取分数统计为参考，还必须客观地分析各个专业的档次和“冷”“热”情况，结合自己的实力，正确填报专业志愿。

所以，正确选择专业的目的，最终也是为了个人的发展和生活的幸福，强扭的瓜不甜。就像一位演员出演“像自己”的角色更容易成功一样，“本色出演”

是个人职业定位应该遵循的原则。定位不是为了改变孩子，而是为了在职业和人生的舞台上更好地展现他自己。

爱心贴士

“快毕业的我，如何选择未来？”这是青少年典型的对自己的未来没有信心的表现。作为家长，当发现孩子对未来没有信心时，要帮助他们树立明确的生活目标。当孩子有了一定的职业取向，家长就应该根据孩子的生理、心理特点，扬长避短，进行有目的的培养。如孩子喜欢教师职业，但性格却比较内向胆小，不敢在众人面前说话，家长就可以让他参加一些家庭聚会，并让他出面联系、主持、接待等，还可以鼓励他去参加学校的演讲比赛。通过一系列活动，使孩子逐渐开朗、大胆起来，以适应将来工作的需要。

第七章　孩子的人生转折阶段（18～22岁）

18～22岁，既是人生的新起点，又是走向成熟的开端，也是人生的过渡阶段。

这一阶段，他们有的走入了社会，有的走进了高校。处在新环境中的他们，会出现情绪、学习、心理异常、心理障碍和人际交往等方面的问题。如何处理这些问题，是摆在这一阶段孩子面前的首要问题，家长和社会应携起手来，共同解除孩子们的心理困惑，以使他们走向美好的未来。

象牙塔里的浪漫爱情

生活在象牙塔中的高校学子们，虽然可以说是命运的宠儿，但同样也要面对学习和生活的双重考验。在学习上，他们要在这短暂的四年学习中，奠定事业的基础，所以丝毫也不敢有半点松懈；在生活上，中学时代曾向他们封闭的爱情大门，现在向他们敞开了，他们可以自由地畅游在爱情之海里。然而，生活并非时时都是鸟语花香，当四年的大学生活结束时，这些时代的骄子们又必须要经历择业与失恋的双重选择。由于种种原因，选择职业，就必须失去恋人；而选择恋人又必须舍弃职业。这种两难抉择，考验着爱情的纯度，也磨炼着学子们的心志。

事例1

某大学医学院的毕业生小刘与女友娟娟已经恋爱了5年，如今却面临着是否分手的痛苦抉择。原来娟娟的父母一直嫌弃小刘的家庭条件不好，还在家中公开给娟娟介绍男朋友，甚至让女儿尽快订婚。其实小刘是一个非常上进的男孩，已经通过努力找到了一份不错的工作，但娟娟的父母却看不到这些。娟娟父母的不理解，小刘还可以接受，最让他痛苦不堪的是，娟娟的态度一直摇摆不定。“现实，破坏了我们在校园里那段完美无瑕的爱情。”小刘无奈地说，“这对我是一种打击，却也让我更加清醒地认识到，社会上没有所谓的纯洁爱情。”

事例2

小李，是某大学大四的学生，他与他的女朋友是同班同学，一年前他们相恋，但不久前他的女朋友就与他中断了爱情关系，这对他来说是一个沉重的打击。多日来，他借酒消愁，情绪抑郁，心烦意乱，无思学业，他对新生活的所有期待与憧憬也顷刻之间化为乌有。据了解，这是小李的第一次恋爱，而且是对方主动追求自己，相恋后，感情曾经一直很稳定，但因毕业在即，女朋友因其毕业后不能留在本地工作，与其分手。

● 事因分析

失恋是众多大学生都经历过的事情，而造成这一现象的原因有以下几种：

1. 家庭的压力。在子女选择恋爱对象的过程中，父母的影响是较大的，由于恋爱双方缺乏勇气和信心，又惧怕父母的威严，觉得双方门不当户不对，或相貌差异太大，感到自卑，再加上父母的干涉，只好痛苦地选择分手。

2. 社会舆论与风俗的压力。由于不良的社会舆论与风俗偏见，有些人认为不同地方、不同方言的双方不宜在一起，怕这种结合会影响一方与另一方父母的沟通，恋爱双方因压力而分手。

3. 大学生入学前后环境的变化，对大学生恋爱有着特别的影响。入学前，男女虽有对异性的向往，但由于学业的压力和学校、家庭等因素的干涉，青春的骚动被压抑着，不敢释放。入学后，学校没有禁令，家长无法直接干涉，处在自由状态下的异性，在共同的学习生活中频繁交往，相互了解，为大学生的恋爱提供了客观环境。然而，大学生被称为“天之骄子”，是受宠的一代。虽然思想不再像小学、初中时那么幼稚，但终究没经过社会的洗礼，在情感上还不够成熟。

这也是造成大学爱情绝大部分夭折的原因。

大学生调适失恋的方法具体如下：

1. 正确认知，冷静分析失恋原因。要摆脱痛苦，就要了解痛苦的根源。因此，作为家长必须引导自己的孩子认识到爱情虽然重要，但不是生活的全部，人生更重要的是理想和事业的追求，爱情在生活中的位置应得到重新的认识。另外，父母可以帮助孩子分析一下失恋的原因，帮助他忘记那些令人痛苦的回忆，让他慢慢地从失恋的痛苦中走出来，这时他就会认识到当初的分手是值得的。

2. 学会采取转移的方法。转移包括两种：一是环境的转移，二是感情的转移。失恋是痛苦的，它在人们心境中的印记常常具有触发性，因此失恋后立即换个环境，暂时与会触动自己恋爱痛苦回忆的景、物、人隔离，并主动置身于新的、快乐的和开阔的人际交往与自然环境之中，或将自己的注意力集中在自己感兴趣的事物中，如专心学习，将失恋的痛苦转化为动力。失恋者会在努力学习中体会到人生的意义不仅仅是爱情，还有比爱情更重要的事业。另外，可以转移感情，寻找新的替代者，抱着“天涯何处无芳草”的信念，以诚心去寻觅真正属于自己的爱。

3. 帮助孩子学会自我安慰。失恋者为了缓解内心痛苦，应当学会自我安慰。首先，采用“酸葡萄效应”和“甜柠檬效应”，让孩子想象一下让自己失恋的人的缺点，把他的所有缺点都列出来，再想象自己的优点，把自己的优点全部列出来，再把这两项相互比较，就会发现自己是这么的优秀，没了他，还可以找到一个更好的。此外，父母还要给予适当的鼓励，当孩子坚实的后盾，帮他疗伤。

4. 倾听孩子的心声，当他的垃圾桶。失恋后如果把自己的苦衷、烦恼、怨恨过分压抑，就容易使自己更加苦闷、孤独和惆怅，如果得不到合理宣泄，心中淤积的消极情绪会对身心造成极大的伤害。因此，采取合理宣泄的方式将其释放出来，是一种自我保健的有效措施。这时，父母可以做孩子的倾诉对象。在倾诉的过程中，父母不用说过多的话，只要静静地听他讲，并时不时的应答一句就行了。这样可以减轻孩子的挫折感，增强他克服挫折的信心。

爱心贴士

对于失恋，多数大学生还是能正确对待和妥善处理的，但也有一些失恋者不能及时排解这种强烈的情绪，导致心理失衡。失恋是大学生求学期间遇到的最严重的挫折之一，它会给大学生造成一系列消极心理，如羞辱、愤恨、悲伤、失落、孤独、虚无、绝望等。如果这些不良情绪得不到及时的排除或转移，就会使大学生出现自杀、报复行为，或罹患心理疾病，这将给学校和社会带来巨大危害。作为父母，这个时候要做的不是责备孩子，而是帮助他们走出困扰，开始接受新的生活。

我是不是同性恋

同性恋是一种性取向或指向，具有同性恋性取向的成员对与自己性别相同的同性产生爱情、性欲或恋慕。同性恋性取向者对社会中与自己性取向相同的同性或者社会中与自己性取向不相同的同性产生爱情。

事例1

王兰和张静是2007届同班同学，但不在同一宿舍住。大一那年冬天的一个中午，王兰不想打饭，正好张静下楼，主动要给她捎饭，王兰就同意了。张静买回了两袋方便面，她们就一起在宿舍煮面吃。王兰想，要是找个男朋友能像张静这样体贴该有多好。大二的时候，王兰丢了刚买的新手机，张静很仗义地借给她2000元钱，买了一个一模一样的。大三情人节那天，张静买了一个MP3送给王兰，王兰特别高兴，凑到张静脸颊上亲了一下，她们突然有一种触电的感觉。用王兰的话说，跟高中时候找男朋友的感觉一样。从此，她们就分不开了。

事例2

小清是大一男生，他平时不爱与女生来往，虽然不乏有追求者，但他从来都不接受她们。小清并不讨厌女生，只是当她们对他表现出好感时，小清就会很恐惧，很反感，只想让她们赶紧从眼前消失，这时他会表现出很强的厌烦心理，会想办法躲避她们。但是，小清和男孩们在一起就会很开心，他非常喜欢和男孩聊天、在一起玩，和他们在一起，小清感觉很放松也很舒适。他身边的朋友都觉得他不正常。

● 事因分析

同性恋，异性恋和双性恋，被认为是不同类型的“性倾向”，即“持久的对某一特定性别成员在性爱，感情或幻觉上的吸引”，同性恋指的是“对自身性别成员基本的或绝对的吸引”。20世纪初，世界医学界否定了同性恋性取向与道德相关的观念。认识到同性恋是人性的一种自然流露，并非同性恋者内心的扭曲，应尊重他们个性化情感的发展。经过医学专家从生物学方面的研究，认为同性恋的形成有如下缘由：

1. 生物本能。人类性行为是多元化的，本能的宣泄和外界的刺激所产生的渴求，是人性正常的需求。在缺乏异性的环境中，如军队、监狱等，同性间的性爱是一种满足性欲的取代行为。

2. 遗传因素。携带有同性恋基因的个体细胞，在适宜的条件下，易于发展成同性恋细胞。这就说明，同性恋的性取向有70%是遗传基因所产生的结果。

3. 性激素影响。胎儿的大脑受何种性激素的影响，决定了个体细胞未来的性取向。如果男性胎儿未得到睾丸激素的影响，而是受到母亲卵巢的雌激素影响，男性胎儿大脑就会女性化；女性胎儿如果受到睾丸激素的影响，女性胎儿大脑也会雄性化。

另外，还有几种其他因素：

1. 感情受到挫折。由于受到异性的伤害，因而在同性身上寻找寄托和安慰。他们本质上从未拒绝过异性，只是想以同性恋的方式来娱乐自己或报复他人，这种人只是临时的同性恋。

2. 缺乏亲情。单亲或者离异，有的是家庭不和谐也会导致同性恋的发生。

3. 纯粹因为好奇或是标新立异的心理。他们追求时尚，追求与众不同，只是觉得“好玩”，他们从同性的“恋情”中获得的是对好奇心理和时尚需求的满足，而非性方面的生理和心理的满足。

4. 不是同性恋而是同性依恋。在调查中，还有一个普遍的现象：大多数人对同性恋的判断标准并不明确，其实无法准确判断自己的性取向是否异于常人，因而误把同性之间比较亲密的友情当作同性的爱情。心理学上把以同性当作满足性欲的对象叫做同性恋，由此可见，真正的同性恋是建立在“性”的基础上的，一个基本的特征就是对异性表示淡漠和排斥，对同性具有持久而强烈的好感及性欲。

同性恋是一种复杂的社会现象。许多人并不了解这个隐秘和世界，从而导致了误解乃至憎恶都是很正常的。

同性恋心理有其自然性，这一点已被越来越多的心理学家所认同。有人把同性恋看作精神病，性变态，性倒错，这是不对的，其实他们的心智是完全正常的。在一个世纪之前，同性恋一直被认为是邪恶的“行为”。同性性行为被基督教会谴责为罪恶，并在一些欧洲国家，包括英国，被定为违法。1879年，美国发表了有关同性恋的第一案例研究，揭开了人类对同性恋研究的序幕。在这一时期，很多专家用“性倒错”来形容新意义上的同性恋者。同性恋被认为是一种性别身份的倒错，或者颠倒。研究专家总结出：对于想要做男人的女人，或者想要做女人的男人，同性恋是一种尽量接近正常异性恋的关系。

然而，同性恋者毕竟是属于性倾向的少数者，其性对象悖于传统社会形态。当法律与社会约俗反映多数人或统治者的意志与意向时，对同性恋者的歧视与迫害成为必然。所以，要消除公众对同性恋者的歧视，主要靠普及的教育，其中既要有感性的关怀，也要有理性的判断。

总之，同性恋是一种复杂的人类社会问题，由此引起争议是随着社会的开放而产生的。单一地从个人权利，或社会伦理，或心理学，或自然法则都无法准确定义同性恋行为。这种争议将长期存在下去，我们所做的结论只是属于阶段性的。实际上主流社会都有一种保守的特质，而正是在这种保守的特质保护下，社会才得以平稳发展，剔除了人类发展过程中的浮躁和不良现象。某些事物的存在有其必然性，在我们还无法确定孰是孰非的情况下，持谨慎而相互尊重的态度才是正确的。

爱心贴士

对于同性恋，许多家长还是不能接受的，尤其是独生子女，更是不能接受的。然而，面对孩子的异常问题，首先，父母不要急于先给孩子定罪，以免造成与孩子的冲突，从而强化孩子“我是同性恋”的观念，因为在大多时候孩子也是困惑的，他们不知道自己是对同性有好感，还是真正的同性恋。

其次，增加跟孩子的沟通，了解孩子的情感挫折与情感需要。独生子女在成长过程中，存在异性交往的挫折和恐惧，缺少异性交往的经验。作为家长，要帮助孩子面对生活，而不要一味指责他们的生活方式，每一代人都有不同的处境，今天的孩子有着许多父母当年没有的压力与困惑，他们需要帮助而不仅仅是批评。

总之，我们面对两代人的问题，要学会面对，积极沟通，主动了解，宽容相处，积极营造和谐的家庭环境。

无形的自卑枷锁

自卑心理一般是指由于某些生理、心理或社会诱因引起的一种轻视自己，认为自己在某些方面不如他人的心理状态。有关调查结果表明，自卑心理是部分大学生中存在的一种心理亚健康状况，个别情况下亦可能导致严重后果，但这是大多数大学生都能遇到的问题，父母不必着急，只要耐心、正确的处理，就能帮助他们度过危机。

事例1

拉拉是一个来自新疆小地方的女孩子，也是她所在镇里唯一来北大读书的人。在她准备启程到北大上学前，当地的人都为她能到北大上学而感到自豪，她自己也庆幸能有这样好的机遇。但是，拉拉的兴奋劲还没过，就忽然对自己的感觉越来越糟糕了。她在北大过得很辛苦，上课听不懂，说话带土音，许多大家都知道的事自己却一无所知，而许多她知道的事大家却又觉得好笑。有时候，看别人穿着漂亮的衣服和男朋友约会，她自卑的不得了。慢慢地，她开始后悔到北大来，人变得郁郁寡欢，学习也提不起一点劲头。

事例2

小孙是某大学的一名二年级学生，学习成绩不错，第一学期还得了甲等奖学金。可是他心里总觉得自己不如人，在公共场所甚至都不敢大声说话，和别人交流也感觉困难。他认为他这个来自山区的孩子和城里的学生无论在生活上，还是在其他方面都是没法比的，因此感觉活得很压抑，甚至每天都有想哭的感觉。

事因分析

重视和研究自卑心理对大学生的影响，是每一位父母都不容忽视的一个问题。下面我们就以“事例1”分析一下他们产生自卑心理的原因：

1. 活在过去，不敢面对未来，不能迎接生活中的挑战。因为自己来自小地方，说话土里土气，做事傻里傻气，就认定周围的人在鄙视她，嫌弃她。可她没有意识到，正是因为她的自卑，才使周围人无法接近她，帮助她。从而导致她对于能来北大上学这一辉煌成就已感到麻木不仁，这种人眼中只看到困难与挫折，却没有信心去再造就新的辉煌。

2. 习惯了做羊群中的骆驼，不甘心做骆驼群中的小羊。生长在新疆的一个小地方的她，到离新疆遥远的北京来求学，面临的是一种乡镇文化与都市文化的冲突，她没有想到，北大对她来说，不仅是知识探索的殿堂，也是文化融合的熔炉。身材瘦小的她，长相平常，多年来惟一的精神补偿就是学习出色。可眼下，面临来自全国各地的“学林高手”，她已无优势可言。种种的不顺心拥挤在一起，使她丧失了承受能力，面对这些挑战，她不是想方设法加以适应，而是缩在一角，惊恐地望着他们，哀叹自己的无能与不幸。

3. 妄自菲薄。拉拉长相平庸，学习平庸，又不接近别人，同学们因为她的孤僻也慢慢地疏远了她，此时的拉拉陷入了自卑的沼泽中，认定自己是全北大最

没出息的人，这说明她过于扩大了自己精神痛苦的程度，看不到自己在新环境中生存的价值。这就彻底打破了她多年的心理平衡点，使她陷入了空前的困惑中。她叹息自己来北大是个错误。可她忘了，多年来，正是这个北大之梦在支撑着她的精神。她虽然战胜了许多竞争对手而进入北大求学，却在困难面前输给了自己的妄自菲薄。

4．不懂得检讨。当自己心理充满不满时，会检讨自己的人，才能找到自己不满的真正原因。而拉拉却一味的怪罪别人，认为别人是在故意取笑自己，难怪她会在北大有自卑的感觉。

总而言之，拉拉的问题核心就在于：她往日的心理平衡点被彻底打破了，她需要在北大建立新的心理平衡点。

在现实生活中，你是否发现你的孩子也像拉拉一样为自己来自小地方而自卑呢？下面我们就再以拉拉为例教给你一套解决的方案：

1．帮助孩子宣泄不良情绪，调整他的心态，使他能够积极地面对新生活。拉拉陷入自卑的沼泽中，认定自己是全北大最自卑的人，这说明她过于扩大了自己精神痛苦的程度，看不到自己在新环境中生存的价值。所以作为父母你一方面要承认她当前面临的困难是她人生中前所未有的，反映出来的情绪也是自然的，同时应该先告诉她，对北大的不适应，产生种种的焦虑与自卑，这在北大很普遍，并非只是她一个人，促使其产生“原来很多人也和我一样啊”的平常感。以拉近她和其他同学的距离。

2. 竭力引导她把视野从别人身上转向自己。拉拉的自卑是来自于和同学们的相互比较之中，她感到自己处处不如别人，事事都不顺心，因而觉得自己好像是天鹅群中的丑小鸭。她在来北大之前，学习成绩一直很好，但到北大后最好的成绩只不过是4分。

以前，都是别的同学向她请教问题，但现在，她却陷入了“不知道”的泥潭里——向别人请教问题。因此，拉拉当初那份引以为自豪的自信已荡然无存。以前，拉拉是所有老师心目中的得意门生，校园里的风云人物，众人羡慕、敬佩的对象，可如今她已成为校园里最不起眼的人物。

这一系列的心理反差，使拉拉产生了自己是北大多余之人这种信息。她没有意识到，自己之所以会有这样的心理反差，是因为在与以往的同学比较中，她获得的尽是自尊与自信；但现在与同学的比较中，她获得的尽是自卑与自怜。

所以，在这时做父母的应竭力让拉拉懂得自己才是自己最大敌人的道理。在一个新的环境里，每一个人都要学会多与自己比，而不与别人比。如果一定与别人比的话，还要透视到别人在学习成绩、意志等方面不如自己的一面。

此外，家长还要和学校配合帮助拉拉采取具体行动，彻底清除拉拉在学习中的具体困难，并制定相应的学习计划加以克服和改进。同时，鼓励拉拉参加北大本科生组成的学生电话热线，让拉拉在帮助别的同学解决问题的同时，结交新的朋友。更重要的是，让她在帮助别人的过程中，重新找回自己的自信心。经过这些活动，慢慢地就会让她感觉到，她在北大里不是一个可有可无、毫不起眼、多余的大学生了，因为北大是需要她的。

奥地利心理分析学家阿德勒认为，每个人都有先天的生理或心理缺陷，这就决定了人们的潜意识中都有自卑存在，只是程度不同或者说表现形式不同而已。自卑心理是部分大学生中存在的一种常见的心理障碍之一，在现实生活中有以下几方面的表现：

1. 自我评价过低。自我评价是指自我意识的一种形式。主体对自己思想、愿望、行为和个性特点的判断和评价，部分大学生不能正确分析自己的能力，产生一种强烈的、与丧失信心相关联的沉重的情绪体验。他们在心理上的一个特征就是自我排斥，他们往往会产生否定自己、拒绝接纳自我的心理。

2. 行为回避。由于自卑而采取回避的方式与别人交往，避免别人看出自己的缺陷和不足。在学习和生活中不敢大胆地表现自己的意见，做事思前顾后，缩手缩脚，缺乏应有的胆量和气魄；在公共场合拘谨，不善于自我表现；在学习上，不积极进取，才华得不到充分发挥；不参加集体活动，以逃避别人的评价与批评，游离于班级、集体之外，独来独往。这类大学生往往降低人的社会需求水平，对自我过分怀疑，压抑自我的积极性，并可能引发严重的情感损伤和内心冲突。他们的心理体验常伴随较多的自卑感、盲目性、自信心丧失和情绪消沉、意志薄弱、孤僻、抑郁等现象，尤其是面对新的环境、挫折和重大生活事件时，常常会产生过激行为，酿成悲剧。

3. 性格怪异。由于家境的差异，许多贫困大学生总是表现出有强烈的自卑感，但自尊却没有减低，久而久之就更加自卑。为了抗拒自卑心理掩盖自己的缺点或不足，他们往往不切实际地吹嘘或炫耀自己的优点和长处，给人一种明显的“矫饰”感觉。有些具有自卑心理的贫困大学生往往表现出轻视、贬低同学和老师的倾向，以及表里不一的自大傲慢态度，这也是自卑的特殊表现，是贬低别人抬高自己的另一种形式，目的是达到某种心理平衡。

那么，作为父母，如何正确引导大学生克服和摆脱自卑心理的困扰呢？

1. 正确认识自卑。古希腊曾把“认识自己”看作人类的最高智慧。“不识庐山真面目，只缘身在此山中”，说的也是认识自己不容易。不能正确认识自己，往往是产生自卑和自傲的根本原因，会影响自己的心理健康和顺利成长。而这也正是许多大学生产生自卑的主要因素。

著名的心理学家阿德勒认为，人人都有自卑感，只是程度不同而已，人类的所有行为都是出于对自卑的克服和超越，在他看来，自卑并非是坏事，而是人们的积极行动，是改变现状的精神动力。人应客观地评价自己，相信和悦纳自己，日本著名心理学家关计夫也指出：“全然没有自卑感，也不可能成为一个卓越的人。”可见，在大学生身上产生的自卑心理是一种正常的心理现象，作为父母要鼓励孩子正确地看待自己，正确地对待自卑。

2. 使其从思想上认识到自卑心理的危害，学会全面客观地评价自己。自卑心理一旦形成，就会产生一种心理防御机制，这表现在不敢大胆、主动地与人交往，慢慢地疏远别人，把自己孤立起来，从而更加自卑。作为家长要引导孩子找出自己身上的优、缺点，客观地分析和评价自己，在生活和学习上扬长避短，相信自己，不断发挥、挖掘自己的才能和潜力。

3. 采取有效方式，建立和谐关系。自卑心理具有敏感性、封闭性、虚荣性、掩饰性等特点，如果采取一些有效的发泄方式可降低和消除这些不良情绪。

保持心态平和，建立良好的人际关系，是消除抑郁、焦虑、孤独等消极情绪的重要手段。在大学里，许多人都是奔着同一个梦想才来到这里的，面对志同道合的人，只要大胆地放开自己，很容易达到心理上的沟通，这对于大学生克服心理障碍，增强人际交往能力是极为有利的。

4. 要求其明确奋斗目标，执著地去追求。有理想的人生活才不会感觉空虚，但这个理想要建立在现实之上。父母一方面要教育、开导自己的孩子正确认识自己，既看到自己的短处，也要认识到自己的长处，不能因为自己某些方面存在的不足而轻视自己甚至完全否定自己，放弃对理想的追求；另一方面要鼓励他们勇于实践，在实践中锻炼自己，增长才干。

爱心贴士

自卑是许多大学生都会遇到的问题，属于正常现象。当父母发现自己的孩子也是其中之一时，应采取措施帮助他们营造健康、向上的精神风貌，分析他们产生自卑心理的原因，教育他们客观地认识自己、审视自己，从而，从心灵深处铲除这种危害身心健康的不良心态。

偏执的性格障碍

偏执型人格是一种以猜疑和偏执为主要特点的性格障碍。有这种性格缺陷的人常会感到孤独、忧郁、烦闷、死板，有不安全感，且经常处于一种紧张状态之中。其日常生活中的主要表现为极度敏感多疑，时常怀疑别人不怀好意，或责难别人有不良动机；广泛猜疑，爱将他人无意的、非恶意的甚至友好的行为误解为敌意或歧视，或无足够根据，怀疑别人伤害或利用自己，因此过分警惕与防卫；这类人将周围事物都解释为不符合实际情况的“阴谋”。作为家长，若遇到此类性格发生在自己孩子身上，一定要慎重对待，切不可放任自流，否则将会造成难以收拾的后果。

事例1

小俐是大二学生，学习成绩优良。但近来她脾气变得很坏，在学校经常和老师顶撞，甚至跟平时看重她的老师在课堂上也争吵顶撞，平时不爱参加学校及班级的活动。同学们关心她，被认为是看不起她、小看她，或者联合起来整她。老师劝她不要这么自以为是、固执己见，她却认为老师是在故意整她。她本人在日记中这样写道：“我对任何人，包括老师、同学、亲戚，甚至是父母都持怀疑态度”“我常对别人存有戒备心理，总是觉得他们对我都不怀好意，要是看不习惯，就跟他们急”。

事例2

大三学生刘才原是学生会主席，后因工作不力，被撤换。刘才疑心是学生会的另一干部张文因嫉妒他的才干，在背后搞的鬼，认为自己受到了排挤和压制，对此事耿耿于怀，愤愤不平，此后常与张文和老师发生冲突。他还跑到校长那里，要求恢复他的职务，说不答应他的要求就要上告和报复。大家都耐心地劝他，可他总是不等人家把话说完，就急于申辩，始终把大家对他的好言相劝理解为是恶意的、敌意的。

● 事因分析

偏执型人格障碍又叫妄想型人格障碍。其行为特点表现为：极度的感觉过敏，对侮辱和伤害耿耿于怀；思想行为固执死板，敏感多疑、心胸狭隘；爱嫉妒，对别人获得成就或荣誉感到紧张不安，妒火中烧，不是寻衅争吵，就是在背后说风凉话，或公开抱怨和指责别人；自以为是，自命不凡，对自己的能力估计过高，惯于把失败和责任归咎于他人，在工作和学习上往往言过其实；同时又很自卑，总是过多过高地要求别人，但从来不信任别人的动机和愿望，认为别人存心不良；不能正确、客观地分析形势，有问题易从个人感情出发，主观片面性大。有这种人格障碍的人在家不能和睦，在外不能与朋友、同事相处融洽，别人只好对他敬而远之。偏执型人格障碍很容易发展为偏执型精神病。造成这种结果有以下三个因素：

1. 家庭的娇惯造成。由于家长在家里无原则地迁就或宠爱自己的孩子，使孩子在百依百顺的家庭环境中听惯了家长的肯定与客人们的颂扬，习惯以自我中心主义的眼光来看待周围的人、事、物，缺乏正确的自我评价和社会评价，即使发现自己错误了，也不愿改正自己的缺点。但出了家庭，都是来自四面八方的人们，没有人时常迁就、宠着他，于是不可避免地会遇到很多不顺心的事或挫折，这些性格弱点很容易发展成为偏执型人格。

2. 不适当的教育方法造成。长期以来，在高考指挥棒的调遣下，学校和家长在教育学生的过程中只给他们输入了学习好才能有出息这样的信息，而没有将培养学生心理素质渗透到其中，忽略了学生健康人格的培养。同时，在教养方式

上，由于相当一部分家长因为受教育程度较低，采用的教育方式简单、粗暴。这种消极的教养方式，容易使子女形成敏感多疑、易怒、偏执敌对等不健康的品质。总之，大学生的心理健康与学校、父母的教育观念、家庭教养方式之间存在着不同程度的正相关系。

那么，如何矫治偏执心理呢？

1. 认知提高法。偏执型性格的主要症状就是敏感、多疑，不懂得接受别人的善意忠告，因此矫治偏执心理首先要让患这种病症的人建立起相信别人的意念，然后在相互信任的基础上与他人交流情感。对于自己的孩子，家长要向他们全面介绍其自身人格障碍的性质、特点、危害性及纠正方法，使他们能够正确、客观地认识自己，并逐步产生改变这种人格缺陷的观念。这是进一步进行心理治疗的先决条件。

2. 交友训练法。学校或家庭应鼓励偏执型性格的人主动地进行交友活动，使其在交友中学会信任别人，消除不安全感。

3. 自我疗法。具有偏执型人格的人喜欢走极端，这与其头脑里的非理性观念有关。因此，要改变偏执行为，偏执型人格患者首先必须分析自己的非理性观念。所以父母要指导孩子，让其学会自我疗法。

4. 敌对心理纠正训练法。偏执型人格障碍患者易对他人和周围环境充满敌意和不信任，采取以下训练方法，有助于克服敌意对抗心理。

（1）作为父母要经常提醒孩子不要陷于“敌对心理”的旋涡中。父母要让孩子平时多进行自我提醒和警告，注意纠正处世待人的态度，这样会明显减轻敌意心理和强烈的情绪反应。

（2）懂得尊重别人。让孩子明白只有懂得尊重别人，别人才会尊重他，这是做人最基本的原则。

（3）学会微笑。微笑是人类的天使，家长应要求孩子学会向他认识的每一个人微笑，让人人都感觉到他的善意，他的笑容能够很快引导其走出偏执的泥淖。

（4）在生活中学会忍让和耐心。生活在复杂的大千世界中，冲突纠纷和摩擦是难免的，作为父母，一定要让孩子学会忍让和克制，“心字头上一把刀”，它能够化解一切怨恨，消除无数烦恼。

爱心贴士

现实生活中存在着许多固执的人，但固执不同于偏执。适当的固执，为人平添一份可爱的“原则美”，而偏执往往容易把人生打成死结，伤害自己，也伤害他人。所以，家长要时常留心孩子的异常举动，不要把这些举动看作是正常的，更不要神经质地把孩子的正常举动当作是病态。当确定自己孩子真的患了人格偏执时，千万不要给他讲大道理，那只会把他进一步推向深渊，也不要任由他自然发展，而是应该去求助有关人士，积极配合他们，在最短的时间内有效地进行治疗。

焦虑的心理成因

焦虑心理即通常所称的焦虑状态，全称为焦虑性神经病。它是一种具有持久性焦虑、恐惧、紧张情绪和植物神经活动障碍的脑机能失调，常伴有运动性不安和躯体不适感。大学生的焦虑心理主要产生于对前途的迷惘和学习动机的不纯。

美好的前途是学生将学习需要和愿望转为学习行为的心理动因，是发动和维持学习行动的内部力量。如果动机不足，没有明确和具体的学习目标，就会把学习看成是苦差事，就会因死记硬背，疲于应付考试，而对所学专业失去兴趣，最终因难求上进诱发焦虑不良的心理反应。

事例1

高鑫是复读了两年才上的大学，进入大学校门后，新鲜感还没有过，他就有了烦恼。原来，他的英语本来就不怎么好，现在老师讲课大都用英文，他有很多句子都听不懂，为此每次上英语课他都紧张、着急。大一上学期结束，他的英语听力考查课只得了50分，是全专业惟一一个在考查课上挂科的人。第二学期开始后，高鑫强迫自己提高听力水平，每天从早上五点到晚上十一点耳朵上都戴着耳机，连吃饭时都不摘。这样持续了一段时间，他的英语听力虽然有所提高，却影响了其他学科的成绩，而且耳朵也嗡嗡响，头也间断性疼痛。一天在寝室填表，寝室同学看到他填的年龄，问了他一句。他觉得从此以后寝室同学看他的眼神都不一样了，并且都开始疏远他。

事例2

上大三后，小蒋身边的同学都开始张罗考研或找工作，一直打算毕业后再找工作的小蒋见此情景，不免也担心起自己的就业前景来。他像其他同学一样，也试着投了几份简历，但没有一封有回音。这样过了几个星期，小蒋开始出现失眠、心跳加速的症状，到医院做常规检查，诊断结果是身体状况一切正常，医生建议他去精神科检查。来到精神科，医生得出的结论是：他患上了心理焦虑症。

● 事因分析

焦虑是一种很常见的情绪感受，而焦虑症在大学生群体中也颇为多见。常见大学生焦虑症主要有三种，一种社交方面，一种考试方面，另外一种，则是就业方面。

1. 大学生社交焦虑症。社交焦虑发展到极端就是社交焦虑症或社交恐怖症，在大学生中，有不少患有社交恐惧症的学生。社交恐惧症表现为情绪上的紧张、不安、担心甚至害怕，还伴随植物神经功能紊乱的情况，如：心跳加快、出汗、脸红、发抖、呼吸困难、尿频、尿急等生理表现，可能还会伴有回避行为。

2. 大学生考试焦虑症。考试焦虑症的学生一上考场，脑子就变得很乱，原来复习过的内容也想不起来了，急得浑身出汗，心慌意乱，勉强交了试卷，考试成绩失败。考试焦虑为中心的心理障碍，伴有睡眠障碍，主要是由于心理负担太重。事例1中的高鑫就患的是这种病症。

3. 大学生就业焦虑症。近年来就业形势不容乐观，大学生在就业过程中产生一些焦虑、抑郁的情绪是正常的，轻度的焦虑有一定的积极作用，可以激发潜能，使自己产生紧迫感，从而更努力地寻找就业机会。可是一旦焦虑过度，上升到“焦虑症”就应该及时给予关注和心理干预，以免病情加重，导致过度失望带来的郁闷和焦虑，产生过激行为。

大学生焦虑症作为一种心理障碍，若是不予重视，会影响学生的身心健康，因此，家长一定要及时了解孩子的心理状况，发现问题，及时解决，以免影响孩子的健康成长。那么如何防治孩子的焦虑症呢？

1. 大学生社交焦虑症的防治

（1）社交能力是要在与人交往的实践中才能够真正练出来的。因此，有点过度社交焦虑的同学要采用“小步子原则”，也就是以逐渐扩大自己社交范围的方式解决自己的过度焦虑问题，比如：可以先从家族中的同龄人开始学习交往，也可以从宿舍关系开始，再扩大到班级、系里和学校乃至于社会。

（2）要去除完美主义倾向。很多年轻人有过度社交焦虑，不是因为有人际交往的能力问题，而是由于他的完美主义倾向使他习惯于把注意力集中在别人对自己的否定性评价上，久而久之，就容易产生社交焦虑。因此需要从调节完美主义倾向入手。

（3）要增强自己的自信，很多时候，年轻人社交焦虑的根子在于不自信，如果我们对自己有足够的自信，在与人交往时就会坦然、从容得多。

（4）要学习一些基本的社交常识，包括：主动介绍自己、微笑、与人说话时要正视对方、倾听时神情要专注；要懂得欣赏并夸奖别人的长处，学习用实事求是的称赞去满足他人的“社会赞许需要”；还有就是要学习用建设性方式去处理自己面临的人际关系问题。

2. 大学生考试焦虑症的防治

（1）理喻法：正确评价自己，既看到自己的优势，也要看到自己的不足；合理地设定自己的期望值，考试目标不要定得太高，要正视现实，理想与现实之间的距离不要太大。调整一下自己的目标，就能从困境中得到解脱。

（2）宣泄法：当自己处于一种莫名其妙而又有难以言明的精神痛苦，整天心神不定，焦躁不安，看不进书，饭吃不香，觉睡不好，对一切都不感兴趣，甚至坐卧不安、心跳加快、胸闷气短、容易出汗时，可找朋友、同学谈心说笑，参加一些文体活动，使自己的焦虑郁闷情绪，在不同场合上得以宣泄而达到情绪的稳定。

（3）意控法：也就是借助于意念，“遇事不慌”“遇难不忧”，自觉调节情绪，心平气和地进入考场，稳健自如地应付考试。

（4）充足睡眠法：以足够的睡眠消除疲劳，换取充沛的精力和清醒的头脑。足够的睡眠是从容应考的前提。考前如果经常失眠，可适当使用一些调节情绪的药物，如利眠宁等。

3. 大学生就业焦虑症的防治

“就业焦虑”已不是大学生的个别现象了，这一心理健康问题具有普遍性，应当引起家长的高度关注。大学生“就业焦虑”的深层次原因主要是怕找不到好的工作，其问题根源与大学生不愿降低自己择业标准有关。解决的方法自然是尽快找到一份称心的工作，解决“心病”，可在“待业”状态中，大学生更要做的是，了解和正视“就业焦虑”这一现象，适当降低就业期望值，积极进行心理调适，保持快乐健康的心境。

爱心贴士

对于罹患焦虑症的孩子，家长主要应给予心理治疗，其方法包括劝慰、鼓励、适当的保证、对孩子的躯体症状进行清晰而令人信服的解释，让孩子认清此病是功能性的，并非是身体某一器官患有重病，以减轻孩子的精神压力和心理负担，从而使轻症患者的焦虑得以解除。另外也可以辅以药物治疗，如用苯二氮杂卓类药、受体阻剂、多环类抗抑郁剂等。

欲罢不能的网瘾

“网络成瘾”是一种过度使用互联网行为的心理疾病，患者年龄介于15至45岁之间，未成年人患病比例远远高于成年人。所谓“大学生网络痴迷”是指大学生花费在网络上的时间越来越长，不玩网络就会出现各种躯体不适和情绪障碍的一种社会性现象。大学生独立性差，自控能力低，如果长期到网吧玩游戏，极易产生上瘾的症状，所以又称网络游戏成瘾或“网络成瘾症”。

心理医学专家对“网络成瘾症”患者的描述是：对网络操作出现时空失控，而且随着乐趣的增强，欲罢不能。医学专家介绍，“网络成瘾症”可造成人体植物神经紊乱，体内激素水平失衡，使免疫功能降低，引发紧张性头疼、情绪焦虑、忧郁、低落、头昏眼花、双手颤抖、疲乏无力、食欲不振等，甚至可导致死亡……这些是“网络成瘾症”患者经常出现的症状。家长若发现孩子染上此类病症，必须高度重视，并及时给予诊治。

事例1

小超，北京某大学学生，在本科学习阶段初未能达到自我期望，但在网络游戏技术上却进步很快，在游戏中找到满足感，一段时间之后，对网络的使用和游戏有强烈的渴求和冲动感。迷上游戏后，小超与同学交流减少、性格变得内向、时有自卑感，并出现对数学知识、体育运动和其他事物兴趣下降等精神心理问题。经同学和班主任劝告，一段时间内停止网络游戏，但出现身体不适、心烦易乱、易激动、上课注意力不集中、睡眠障碍等反应，后又再次沉迷网络和游戏，网络已经成为其逃避问题或缓解不良情绪的途径之一。

事例2

某大学哲学系大四学生小信一直为找工作的事情而烦心，尤其到了晚上，总是觉得漫漫长夜难以忍受煎熬，活着特别没意思，这种时候他总是无所事事地在网络上闲逛，遇到同学或朋友时，就有一阵没一阵地聊天，偶尔也到BBS上插科打诨，然后看看帖子和新闻，再盯着屏幕发发呆，不知不觉就到了凌晨三四点。

事因分析

如今网络促进了信息化时代的迅猛发展，可是在这迅速发展的网络背后却存在着很多隐患，很多人因把持不住对上网时间的控制，引发了生活规律上的扭曲及心理上的阴影。为什么当代大学生那么容易成瘾呢？经调查统计分析，造成“网络成瘾”的主要原因有：

1. 舒缓学习压力、摆脱孤独感

大学生在学校课程多，压力大，同学之间竞争激烈。为了舒缓这些压力，摆脱生活中产生的孤独感，他们只好到网络中去寻找慰藉。网络本身的娱乐性使学生获得快感，这些内容以形象生动、刺激性极强的形式出现，对独立性差的人有着极大的诱惑力。为了寻求心理平衡，他们避开现实社会的一切，随心所欲的做自己的事，从网络中获取成就感，以此来弥补自己在现实社会中的不足与失败。

2. 网络游戏对大学生有强化激励作用

设计者将游戏结果通过屏幕显示出来，让人得到赞赏，可以促使游戏者为了得高分而过分投入，这种游戏的强化激励作用往往使大学生难以从游戏中自拔。在游戏中追求“高分”的成就动机提供了从事这种活动的源源不断的热情。游戏对大学生的吸引还表现在新异的刺激和求真的乐趣上。在经过苦苦思考、探索，化解了一次次险境，闯过道道难关，进入又一个引人入胜的新境界，完成一次次攻略，或解决了一个个挑战性的难题，探索和思考带来的自我满足和自我肯定对大学生而言是一种财富。

3. 网络游戏可以满足大学生的好胜心理

根据马斯洛的需要层次理论，每个人都希望别人能够尊重自己。尤其是大学生，认为自己是“天之骄子”自尊心更加强烈，他们不仅尊重自己，也希望别人尊重自己，在群体中占有一定的位置，获得良好的社会评价，但他们的社会价值观却容易走向极端。当社会评价与自身的需要相一致时，有一些人往往会沾沾自喜，得意忘形，如果社会评价与其自身需要相矛盾时，他们就会妄自菲薄，情绪一落千丈，沉溺于网络游戏之中。

4. 网络游戏能帮助学习困难者获得某种成功的体验

长期以来，由于学习压力过重，加上家长期望值过高，致使许多大学生心理不堪重负。当他们遇到困难、挫折、失败时需要发泄，正确的发泄途径是建立在不对他人和自己造成伤害基础上的，而网络游戏不仅能够宣泄压抑的情绪，还能获得成功的体验。他们可能在网络游戏中不断闯关积累财富，成为亿万富翁，补偿使他们获得了心理上的平衡，尽管是虚拟的满足，但心情的愉快却是实在的，平时在学校时体验到的“压抑感”在这里荡然无存。

5. 网络游戏可帮助大学生逃避现实

一般来讲网络成瘾的大学生，其家庭教养方式的共同点是家长对子女行为的过度干涉，他们看不到子女的优点，一味地强调子女的缺点，在这种教养方式下成长的孩子，一般性格都比较孤僻，也很难适应大学的群体生活。这些孩子由于在现实中得不到心理满足，就转向虚拟的网络世界寻求自我满足。

知道了游戏成瘾的原因，家长对于治疗孩子迷恋网络游戏可采用以下方法：

1. 建立预防网络成瘾症措施，督促孩子学会利用网络进行科学研究，学会利用网络发展自己，充分利用网络资源提高学习效果、工作水平和综合素质。

2. 父母对子女的健康心理发育要有足够的了解，学会成绩不理想并不代表人不中用，虽然现在的社会对学历要求比较高，但一个有头脑和健康心理的人是有十足把握在社会上立足的。在子女的上网和游戏方面，更多要做的是培养健康的使用习惯，而非一味地禁止。

3. 加强心理疏导，帮孩子创造人际沟通的条件。孩子之所以迷恋网络游戏大体原因是压力太大，因此，如何帮助孩子处理学业压力和人际关系，如何面对挫折和困难，如何寻求心理平衡找回自信等等都是非常重要的内容。为此，父母要多和孩子接触、交流，主动了解其学习、生活情况，为其营造一个宽松、和谐、民主氛围。另外，要多鼓励他们参加集体活动，在集体活动中不仅可以增加与同伴的交往和接触，提高人际交往能力，还能锻炼意志力、自我控制能力等，从而使心理得到健康发展。

另外，家长要与学校双方配合，使他们暂时在家长和学校两方面活动，禁止与染上“网络游戏成瘾”的人群来往。同时，也要让他认识到网络游戏的危害性，设法使该成瘾者与同龄人有良好的关系，使其不脱离正常人群。此外，向有关部门举报违规经营的电子游戏机场所，使之及时得到查处。

爱心贴士

对没有成瘾的孩子，家长应采取预防措施，重在防范教育，以免其成为网络游戏成瘾者；对于已经成瘾的孩子，家长应该及时进行正确治疗。治疗过程中应注意培养孩子的自信心、兴趣爱好，应与学校取得联系，共同努力；也可以在心理医生的指导下进行治疗，切忌盲目进行治疗，那样只会耽误学生的前途。总之，对孩子网络游戏成瘾者的诊治是一个全方位的过程，需要成瘾者、社会、家庭、学校的共同努力，各种方法综合运用才能取得良好的效果。

上学，还是就业

四年的大学读完后，是继续上学，还是立即就业，这是决定大学生人生道路的重要关口之一，也是令大学生最费神的两难抉择。家长此时的正确做法是，尊重孩子的选择，适当地给予指导，不要过多地干涉。

事例1

小红的父母一直希望小红能出国留学，小红自己也不反对。可到了大四，看着同学们都忙着参加宣讲会、填写个人资料、制作简历、赶赴公司笔试面试，小红也动心了。这一天，小红拿到了一家公司的通知。面试当天，小红的心态比较放松，回答问题时也较冷静和自信，当时她把要出国的事抛在了九霄云外。小红应聘这家公司的各方面条件都不错，它是小红大学时代一直关注的企业之一，凭借她对该行业的分析与对该公司的了解，小红最后幸运且意外地拿到了录取书。可拿到录取书，小红却开始犯愁了。究竟是留下工作，还是听父母的话，去国外留学？小红犹豫了……

事例2

张博是2006级的学生，学的是土地资源管理，但当他毕业后，却发现这个专业的就业形势不太好，只好放弃就业，准备考研。后来他又听说，这个专业研究生的就业形势也不容乐观，所以又有了跨专业考研的想法，因为他平时比较关注政治方面和企业宏观方面的东西，所以想去考行政管理或是企业管理，可究竟该如何选择，是继续努力学习原来的专业，还是跨专业考研，他心中始终拿不定主意。

● 事因分析

造成历届大学毕业生不知该上学还是该就业的原因总结起来有两点：

1. 21世纪的中国，自从改革开放以来，出现了翻天覆地的变化。经济由过去的商品经济过渡到现在的市场经济，这给各行各业的就业人员带来了激烈的竞争。竞争归根到底是人才的竞争，所以21世纪对各行各业的人才要求更为严格。要适应社会必须改变自己，改变自己就离不开学习。社会给每个人提供了广阔的舞台，自己要想扮演什么角色就必须通过自己的努力。所谓能者上庸者下，这是社会的用人原则，但也为大学生出了难题：

是找一份实实在在的工作，先赚钱，还是考研，为志向和兴趣，开拓一条更宽广的就业之路？考研，怕失去很好的就业机会，等读研归来之时，恐怕也没有这时的机会好。就业，又怕自己学历只差一步而影响了将来的升职机会。另外，由于每年毕业的大学生人数太多，许多人怕放弃了考研又没有找到好的工作，这不是让人很郁闷吗？不满意

现状，想改变又面临变数和不可预知的风险，这是许多大学生处于十字路口，不知道该向左走还是向右走，犹豫、徘徊的原因。

2. “投资”与“回报”不成比例。据北京市劳动和社会保障局发布数据显示，北京有10类职业求大于供。其中，推销人员、餐厅服务人员、治安保卫人员3种职业目前缺口最大，各缺1万人左右，营业员缺7070人。然而，却有许多大学生面临找不到工作的难题。一方面，有些职位求大于供；另一方面，找工作难度增大。造成这种情况的原因，除了大学生“高不成，低不就”的尴尬之外，相对于此前为了走上社会而支出的巨额教育费用，上述10类行业普遍被认为是“含金量”不高的行业。从事这样的工作，就意味着“投资”与“回报”不成比例。而这种“投资”与“回报”的差距，让众多大学生不得不提高自己的就业要求。

一个家庭培养一名大学生到底要花费多少钱？早前，一项调查结果显示，幼儿园费用12324元，小学花费17868元，初中为13146元，高中为19872元，大学为79824元，如再加上择校赞助费5452元，一个家庭培养一名大学生在教育方面的投入共需近15万元。这还是保守估计，在北京等大城市，一名小学生每年就得6000～10000元，而培养一名大学生，仅在学习方面的支出，就达20万元左右。

比较之下，北京10类求大于供的职业中，大部分月收入为1000～2000元不等。如果以每月1500元收入计算，扣除生活开支500元，年纯收入为10000元。这意味着，如果是一名大学生从事此类职业，至少需要20年的时间，才能使教育“投资”与“回报”持平。

面对这种巨额教育支出，不少家庭感到压力，对于大学生来说更是一种压力。毕竟对于一个人来说，花费是多方面的，如衣食住行、婚丧嫁娶、住房、医疗、养老等，何况还要面临收入不稳定等隐性压力。按一般工薪阶层收入计算，培养一个大学生约需一对夫妇9～10年的全部收入。面对这样的结果，使许多大学生更难选择是就业，还是继续上学？

那么，如何选择是就业，还是继续上学呢？

家长遇到这种情况时，应该具体问题具体对待，比如“事例1”中的小红留学问题，如小红是到发达国家去读研，可能在学识上，尤其是在语言环境上，会有更大的收获。但从另一个角度考虑，出国读研，如能拿到全额的奖金，当然就没有什么问题，若需要自己的家庭来负担，你的家庭能不能给你这种支撑？这里有主观因素，比如你特别想到国外读研，去接受发达国家的信息，提高一下自己的语言能力，接触到一些先进的信息，自己家庭经济又能承担得起，你就完全可以去读研。但反过来想一下，如果国内有合适的工作，而且也能使你有更大的发展，那么，先就业也未尝不是一件好事。因为读研之后的目标还是就业，倘若能先就业再进修，也是一种不错的选择。

一份初步意向统计表明：在即将毕业的大学生中，有86%的人表示曾经考虑过要考研。面对如此庞大的“研民”队伍，专家们的看法并不乐观。

从2000年起，我国研究生招生规模不断扩大，数量也不断增加，但是扩招如此快速的增长不可能满足更快速度的考研人数数量的增长，因为我国现有的研究生教育毕竟是高级别的精英教育，不可能成为一种大众化的义务教育。这就意味着必定会有一部分一门心思打算考研的大学生最终无法考上，从而也就错过了就业的机会。

其次，即使有一部分人通过自己的努力考上了研究生，两三年以后他们所学专业的就业形势未必会和现在一样，这种变化谁也不可能很准确地预料到。

再次，读完研究生出来后，学历起点高了，但社会经验和实践经验与已经就业的同届毕业生比起来，会显得有些单薄，这从某种意义上来说还是不利于就业的。

因此，考研不一定能规避就业风险，这是在报考之初应该想清楚的。

考研是否有利于就业，至今也没有一个明确的定论。不过有一点需要注意的是，不管你是选择就业还是选择考研，都必须要摆正自己的心态，看清自己的位置，只有这样才能得到有利于自身发展的结果。

爱心贴士

面对如此问题，父母要理解孩子，不要一味的埋怨他们，“高不成低不就”“上完了学还让我养你”“你就不能有出息吗”“你就不会出去找一份工作”“上上上，还上，上到老你也找不到一份好工作”……此类的话，这只会更伤孩子的心，他们面对如此状况已经是晕头转向，不知如何应对，本想向父母讨个建议，好给自己指条明路，然而面对父母那些尖酸刻薄的话，会使他们更加无地自容，甚至会逼他们走上绝路。

考研的酸甜苦辣

当代大学生考研的问题，是令许多人头痛的问题，经过了四年的大学生活后，多数考研同学的顾虑就是未来三年苦读是否有价值。商业社会，经济收入成为衡量人才价值的首要标准。而考研就意味着三年放弃工作，没有收入，受到众人的白眼和鄙视。多数在高校泡了四年的啃老族都希望立即找到工作独立，与美眉交往的男生更是囊中羞涩，充满了自卑感，考研似乎是一条绝望的迷途。但放眼社会，你会发现有志之士都在选择学习成长的道路。

事例1

阿水本科毕业后，在城市换了几份工作都不满意，于是决定考北大的研究生。在整个备考过程中，他每天坚持学习15个小时以上。困了，就掐自己的手背，时间长了手背上满是淤血肿块……

英语是阿水最薄弱的环节，为了练好英语基本功，他每周二都去政法大学的英语角练口语；在床头贴上没记住的英语句子，使自己每天早上第一眼能看到；坚持用英语记日记，一天一篇，从未间断；坐在公交车上，走在路上，甚至在厕所，他都在大声地念英语，这引来了很多人的侧目，有人骂他是疯子。不管别人用什么异样的眼光看他，他终究没有动摇自己的意志和理想，一直把复习坚持到考研来到的时刻。事实证明，坚持是阿水最后取得成功的主要因素之一。当一份北京大学硕士研究生录取通知书送到阿水的家里时，阿水激动不已，家里人和他一起留下了欣慰的眼泪。是啊，对于农村一个打工的学子来说，能够走到这一步是多么不易啊！

事例2

小文自从决定考研后，白天一般在首师大上自习。枯燥的复习生活使他熬过了三九严寒，也走过三伏酷暑，可当还有近一个月就要上战场时，小文突然得了抑郁症，他失眠、头痛，甚至想找一个没人的地方大哭一场。他停止饮用咖啡，但无济于事。次年的1月份，离考研还有不到半个月时，小文突然有了一种什么都不会了的感觉。专业课看了一遍又一遍，可仍然很快遗忘，再也没了其他的进展。当时，他甚至都不想考了！

考试的那天上午，第一场考政治，小文开始很紧张，但是当进入答题状态以后，他的感觉却奇好；下午考英语，这是他很自信的一科，果然很快就完成了。当众多人围在一起讨论英语考试的难易度时，小文走回了住处，准备第二天的专业课考试……随着考试结束的铃声响起，伴随着铃声，小文听到了考场上夹杂着各种感情的尖叫声。走出考场，一些研友抱头痛哭，小文却感到一身轻松。

事因分析

随着落榜的考生越来越多，“屡战屡败，屡败屡战”的考生也越来越多。很多应届毕业生考研失败以后并没有去找工作，而是离校以后在校外租一间房子，成为了“考研专业户”。有一些工作一段时间的人也会辞去工作而回到学校附近租一间房子，早出晚归地在学校里自习、听课。在北京，这种人司空见惯，尤其是在北大附近住着许多这样的都是准备考北大研究生的。为了听某位老师的课，这些人可能一大早就会去教室占座位，其积极性和娴熟程度令北大在籍的学生都望尘莫及。听课之余，他们便在教学楼或者图书馆自习，深夜回到“家”里还要继续熬夜。他们当中很多人考了一年又一年，精神上的压力可想而知，加上没有经济来源，生活条件非常艰苦，所以不少人极为憔悴，二十多岁的人就“早生华发”了。因此，许多人都把考研称之为“痛苦的安乐死”。而造成这种局面的原因有以下几种：

1. 研究生招生规模以年均30%的速度增长，但由于考研报名人数的增长速度也在20%以上，所以从绝对数字来看，每年考研落榜的考生只会增加不会减少。2003年硕士研究生报考人数79.9万，录取26.9万，53万考生落榜。2004年报名人数94.5万，录取33万，61.5万考生落榜。2003年虽然招生规模扩大了14.6万，但落榜考生却增加了8.5万。

2. 选择考研纯粹是迫于就业的压力，觉得目前本科毕业找不到理想的工作，过两三年拿到硕士学位以后就胜券在握了。

3. 考研是为了证明自己的能力。这种学生都比较自信，且考上的希望也比较大。

家长对于一心考研的孩子，应该分析利弊，对于有能力考好且有就业前途的孩子一定要全力支持，并指导他们做好以下事项：

1. 拥有坚定的决心。让孩子随时随地问自己：我到底想要什么?是想要，还是一定要？如果是想要，你可能什么都得不到；如果是一定要，你就一定能够有方法得到。考研成功就在于你做决定的那一刻。

知道自己需要什么，是发展坚韧的最重要的一步。强烈的驱动力会使一个人去克服许多的困难。所以，复习一开始就要确定自己要考哪所大学，分析考上的难度，给自己定个位，告诉自己要实现这个目标需要付出多少汗水。

2. 强烈的愿望。要考研成功，你必须先有强烈的成功愿望。

人在追求强烈愿望的目标时，较容易获得和保持坚韧的精神。想想自己考上研究生后会实现自己哪些愿望。或许你考上研是为了换个更好的工作挣更多的钱，或许是为了找到女朋友，或许是为了实现夙愿，为了扬眉吐气，或许……这些都是个人的愿望。

同样，在考研复习过程中，当你想放弃想松懈时，想想如果因此而失败，就永远和自己的向往擦肩而过了，你就会重新拿起书本——这也是为什么往往在职的考生会比应届生更有动力的原因。

3. 高昂的自信心。世界上最伟大的力量便是自信。请相信，有志者事竟成；请相信，自己有能力实现计划；请相信，自己可以以坚韧的精神来完成每天的计划。

没有自信心，在复习过程中遇到困难就易产生迎难而退的念头。如果你缺乏自信心，建议你定个合理的短期计划，并强迫自己完成。每次完成既定任务后，就会产生兴奋和短暂的成就感，由此可帮助你去完成下一个短期计划。如此循环往复，效果一定不错。

4. 热情的团队精神。在考研复习中，要积极和别人合作，尤其是和与自己考同一个专业甚至同一个导师的研友合作。有些人往往处处“树敌”，特别是对那些和自己考同一个专业，同一个导师的人，简直恨之入骨。其实，这些做法是完全错误的。殊不知，就算你使他没有考上，也未必能保证你考得上。天下之大，比你强十倍、百倍的大有人在，你要做的是和他连手，一块儿复习研讨，一块儿考上。

要特别交代的是，和一个研友（尤其是和自己考同一个专业的人）一起复习，还能够促使双方不断发奋，坚持不懈。因为你们相互之间可以互相帮助鼓励，取对方之所长补己之所短；而且，相互之间形成的学习气氛也是产生动力的源泉。

5. 自律与自乐。别人在看电视、看电影的时候，你能否在背着英语单词?别人在睡懒觉的时候，你是否能逼着自己马上起床？这一切，就是你必须“强迫”自己付出的成功代价。自律，是另一种快乐。

在寂寞乏味的考研生活中，自己为自己找些快乐，找到前进的动力来慰藉心灵。在清冷的早晨迎着升起的朝阳，去体味心被照亮温暖起来的感觉。想想考研同路人坚韧不拔的精神，想想远方为我们日夜牵挂为我们做坚实后盾的父母，我们还有理由不快乐，还有理由懦弱地退出竞争行列吗？诚然，决定考研就意味着可能被淘汰，但我们完全没必要戚戚于此，不能预知的结果想它千遍也只是徒劳无功，把握住手里的每一分钟才是成功者必备的潜质。

6. 科学的学习方法。固定的计划：计划分两种，一种是长期计划，一种是短期计划。对于考研复习，长期计划的时间跨度为整个复习阶段，以月为单位分

配复习任务。短期计划的时间跨度最好为一个月，再以旬或星期为单位分配任务。

这样，对于整个复习就有一个充分的认识准备，以防止当看到别人复习比自己快时心慌，使自己在复习阶段心态平和。

7．高效的学习效率。效率也是培养坚韧精神的一个重要因素。复习考研阶段，建议大家准备几种不同颜色的记号笔：红色、蓝色、黑色、绿色、黄色等。不同的颜色代表不同的意义。在复习数学时，就用黑色代表做错的解答过程；用红色代表易错和重要的内容和步骤；用蓝色书写解题的思路等。这样，在以后翻阅时，就有针对性，提高复习效果。

另外，学习时房子内的摆设也是制约学习效率的因素。比如：学习时背对着门，会引起心理上的警觉（这种警觉是自己很难感知的），会降低学习效率；而面对着窗户，容易使人被窗外的事物所吸引，也会降低效率。最有宜于提高学习效率的是，室内摆设简洁，房内色调呈暖色调，学习时面对着门等。

8．劳逸结合张弛有道。一个人光复习不娱乐，会渐渐消磨自己的体力和脑力。每天一定量的锻炼是必不可少的。此外，对于相当多的“非学习类型”的考研人来说，适当的上街购物和游玩也是大有裨益的。娱乐的轻松愉快可以消除心理上的紧张和压力，对于保持复习中的坚韧精神也是有帮助的。切不可为了复习而牺牲全部的娱乐活动，变成一个考研的“苦行僧”。

9．不怕吃苦。人生有两杯水要喝，一杯是苦水，一杯是甜水。只不过不同的人喝甜水和喝苦水的顺序不同。成功者常常是先喝苦水，再喝甜水。不愿吃苦，不能吃苦，不敢吃苦的人，往往吃苦一辈子。

在考研中，要求自己要看到日出，这不仅仅是一个作息习惯，而是在不停的传达给自己一种生活的理念——要用一种积极健康的心态对待考研这样较为艰苦的考试，不需要把考研定义为昼夜颠倒的狂学特学，不需要把自己弄得很可怜，但一定要看到太阳冉冉升起。正常的学习时间不仅会减少考研中艰苦难耐的感觉，还可以增长有效学习的时间。

10. 坚持到底。很多人总在叹息为什么成功从来不垂青于他们，其实，他们并不明白成功的含义。成功，不是失败的反方向，而是失败的终点，只有能够坚持着走过失败的人，才能终有一天抵达真正的成功，哪怕还有一步之遥，也不能叫做成功。

那么，坚定的选择你的目标，放弃那些与目标无关的东西。然后，按丘吉尔的话去做：坚持到底，永不放弃，直到成功。

爱心贴士

考研是一个漫长的过程，当你义无反顾的为之奋斗，为之拼搏时，其实结果已经不再重要。也许那时那刻，你的遗憾不是“没做好”，而是“没有做”。既然做了，就不要后悔，也不要抱怨。作为父母在这个时期一定要仔细分析自己的孩子是属于哪种考研症状，从而引导他们走向正确的道路。

选择合适的职业

大学生毕业后，旋即要进行职业的选择：是“入仕为官”，还是经商，亦或是进行学术研究。

“入仕为官”指进入党政军和其他一切“吃皇粮”的事业单位。“经商”指的是加入或创建以营利为目标的市场主体，参与市场竞争。而学术之路主要是指获得一定学位、在某个学术领域有一定造诣之后，在大学或者其他学术研究机构专门从事教学和学术研究。一些企业的技术研究人员似乎也可以归入到学术的行列。

事例1

阿浩曾经一心想考研究生，准备读完博士找所大学教书，安安稳稳地过日子。为此，他每天都背着厚厚的考研辅导资料去图书馆自习。大四的时候，他突然觉得考公务员更有意思，于是转而考公务员去了。在政府机关工作一年以后，他发现自己又不适合在官场发展，便辞职去了深圳。此后他又陆续换了几份工作，但至今仍然一事无成。

事例2

阿术从小就是一个书呆子，大学即将毕业，他不知道自己该何去何从，因为他不知道自己该是到政府机关去工作，还是去当教师。

毕业之后，阿术和同学一起到国家机关去实习，在实习期将完之际，他又去应聘了一份教师工作，对于这个教师工作他并没有在意。后来，实习期过，他被机关继续留用，而那份教师工作此时也有了回音。面对这两份工作，阿术无从选择，相对于机关工作，阿术更喜欢教师这个职业，但是他觉得自己现在干得很好，离开也不合适……

● 事因分析

仕途、商界、学术，大致说来，每个人都注定要走上三条道路中的某一条，但是许多人总是在这个三岔路口徘徊，不知究竟该踏上哪边的旅途，造成这种情况的原因有以下几种：

1. 目标不明确。一个人如果没有理想，不知道自己想走的路在哪里是很可怕的，能看到自己的未来也就有了人生追求的高度，而人一旦有了追求，远方也就不再遥远。许多大学生在大学选专业时，不是选择最热门的专业，就是在家长建议下进行的，根本不了解自己擅长什么。只有知道自己以后要做什么，才能知道自己该学什么。有人曾经说过："每个人都应该有一个能够让自己信服且为之奋斗的目标，这个目标并不一定是个确定的值，而是自己设定的在将来的某个时间点要达到的成就。"而大学生缺的就是目标，所以才会在仕途、商界、学术这个三岔路口徘徊不定。

2. 家庭因素。许多家长总是想给自己的孩子铺好人生道路，让孩子走上去，一生平坦且不会摔跤，殊不知这样却使孩子走了更多的弯路。让他们在就业的道路上，选择自己不喜欢的工作，生活没有斗志，工作是选了又选，换了又换，做什么都提不起精神，最终一事无成。

3. 自身因素。定性不够强，就如上述例子中的阿浩一样，决定完目标之后，不能够坚持，朝令夕改。

分析了大学生们在三岔路口上徘徊不定的原因之后，从中得出解决就业迷茫的办法如下：

1. 为自己制定可衡量的目标。目标必须能量化，可测定，这样才能循序渐进。同时，目标要量力而行，可给自己树立一个切合实际的总目标，然后，再给自己树立分目标，分目标是为总目标服务的，分目标容易实现，这能提高你的自信心，会增加你战胜困难的勇气。

2. 现实性。要符合自身条件和环境的实际情况。热门的职业并不一定最适合你，顶尖的行当或许并不符合你的兴趣。多多了解社会需求、职业特点、自身优势和性格特征，才会使你的目标是为你“度身定制”的。

3. 工作兴趣化。工作有时就像演戏，演员想扮演的角色，导演却不让，演员不想做的，导演偏偏让演。但俗话说“干一行爱一行”“行行出状元”，就是说，如果能把工作兴趣化，那么个人对工作的投入也将由被动变成主动，唱戏的一听锣鼓响，嗓子就发痒，一个人对兴趣的投入是没有条件的，主动的。

爱心贴士

职业的选择，是孩子一生的大事，但到底应该从事什么职业，父母只有建议权，而不应该横加干涉，因为通过十几年的学习，孩子已经具备了选择自己职业的能力，他已经知道了自己的特长、自己能够胜任的工作。所以，作为父母不要过于着急，只需在他旁边给予支持、参谋即可，一切由他自己做主，才是最明智的做法。